JN062462

データベースサービス業の誕生と展開

1970年代に出版界で起こった奇跡の物語

三浦　勲　著

SMP
mediapal
出版メディアパル

序　文
『データベースサービス業』への回想

　この書物では、1971年(昭和46年)から1995年(平成7年)及び1996年から2000年までの情報コンサルタント時代の4年間を加えた、29年にわたり携わってきたデータベースビジネスに関して書かれている。

　学術専門誌に掲載された論文の多くが、公的機関が運営するCiNii及びJ-Stageのオンライン情報検索システムで見ることができる。

　しかし、手許に保存した論文掲載誌や論文の抜刷の処分に困り、出版学会での勉強仲間の出版メディアパル下村昭夫氏に相談したところ、私の書いたものは「データベースビジネスの歴史そのもので、出版の形をとった方がいい」と、勧められた。

　確かに、世界的オンライン情報検索サービスであるDIALOGの商用サービスが始まったのは1972年のことで、データベースサービス業などは存在していなかった。日本でデータベースサービス業連絡懇談会という業界関係者の集まりが出来たのは、1979年(昭和54年)のことであった。

　顧みると、私の29年間は、米国のデータベース制作機関との契約交渉に始まり、先進諸国のさまざまなデータベースサービスを日本に導入し、市場の開拓と形成、サービス業界の成立と育成に関与していた。

　恐らく、データベースビジネスの揺籃期から発展期での20年間、このビジネスにどっぷり浸かり、一線で活動した者はいなかろう。そして、その間に起こった専用回線、著作権、海外の諸サービスの日本への導入、それに伴うサービスの紹介、ユーザへの必要情報の報告などについて執筆したものが、手許に残った。J-StageやCiNiiには学術論文しか収載されておらず、ビジネスに関する情報は、さまざまな商業紙誌に掲載された。

　という次第で、本書で主要な論文・書き物をピックアップしてまとめることにした。

　本書の出版の理由と目的は次のようなものである。

　第一は、共にビジネスを遂行してくれた同僚・仕事仲間に届けること、第二には、さまざまな業界・学協会などで活動を共にした人たちの手許にわたるようにすること、第三は、情報流通・データベースサービスの歴史の研究者に資料を提供すること、第四は、情報サービス業に従事している人たちにサービスの歴史を知ってもらうこと。

　ビジネスの一線にあって書かれたものも多いが、主要なものは、ビジネスの一線から離れたコンサルタント時代、教員時代に書かれている。

　『情報管理』誌には、Dialog などの情報サービスとともに、出版業界と図書館に関する記録も収録されている。

　いずれも、データベースサービスを行う過程で発生し、関係が深いものである。出版業界の活性化を図るための BOOK データベース構築、情報検索サービスと不可分なドキュメントデリバリーサービスの最後の砦と言われる英国図書館、そして、世界中の図書館に必須な種々のサービスを提供している OCLC についての報告もある。

　本書への掲載はないが、『データベース白書』などの白書類でも、その時々の内外のデータベースの市場などの最新情報の報告を行っていた。海外からも投稿の依頼があり、当時のアメリカのオンラインサービス専門誌『ONLINE』の 1990 年 7 月号に「Distribution and Sales of CD-ROMs In Japan: Status and Problems」（本文割愛）という論文を寄稿している。また、Ninth Annual UMI/Data Courier Award（1990 年）の選考委員を委嘱されたこともあった。

　つまるところ、本書は、このように内外で高い評価を獲得するに至った、日本のデータベースサービスそのものの実務を、実際に行った当事者による証言・軌跡と言うべきものである。

　2000 年から 8 年間、短期大学の教育現場に身を置いた。この間にも何篇か執筆している。この中で、書店である丸善と紀伊國屋書店の学問・文化への寄与について書いたものがあり、英文にもなっている。学協会や大学の関りも、すべてデータベースにまつわるものであった。

　2021 年 10 月

国立の自宅書斎にて　三浦　勲

目 次
データベースサービス業の誕生と展開
——1970年代に出版界で起こった奇跡の物語

◇コラム目次 ─────────────────────────

第1章

データベースサービス業
の誕生と変遷

本章の内容

　ここでは、『情報管理』誌に連載されたデータベース余話18編から選別した記事を収録している。

　第1節から第6節を中心に、内外のデータベースサービスの市場への導入過程が述べられている。

　1970年代初頭から紀伊國屋書店により開始された情報検索サービスが、日本におけるデータベースサービスの始まりで、その内容は海外の主要な学協会により構築された学術専門情報であった。

　それらがいかにして日本にもたらされたか、それはどのようにして利用者に提供されたのか、相手方の米国物理学会やロッキード社などの企業との交渉の実態が詳細に記されている。

　特に、ロッキード社のオンライン情報検索サービス DIALOG が日本のオンライン情報検索サービスに与えた影響は大きいものがあり、同社との交渉過程についても、資料を交えて述べられている。

　また、データベースサービスに大きなインパクトを与えた CD-ROM についても触れている。

第1節

データベースの最新事情
―1980年代の状況―

（初出誌：『情報管理』Vol.41 No.4 July 1998）

　私は、何かの因果でテータベースビジネスに1971年(昭和46年)から従事し、1995年（平成7年）10月に会社勤めを辞めた後も、情報分野のビジネスコンサルタントを生業としていた。

　1971年には、無論、データベースサービスは業として存在しておらず、恐らく、日本では、1979年（昭和54年）12月にデーターベース・サービス業連絡懇談会（後の日本データベース協会）が結成されたことをもって、業界らしきものが形作られた嚆矢と考えてよいだろう。個人的な感想を言わせていただくと、それまで孤立無援でデータベースサービスに取り組んできた者にとって、この業界関係者の結集は、誠に感無量の出来事であった。

1.1　プレイヤーたち

　私が、1971年（昭和46年）に接触した最初のデータベース関係機関は、ニューヨークに所在したアメリカの物理学会（American Institute of Physics：AIP）であった。当時、私は紀伊國屋書店の営業部門に在職していたが、社がコンピュータを使ったバッチモード*注1 の情報検索サービスを新規事業として開始することになり、この事業の提案者であった私が、主要なデータベ

＊1　バッチモードとは、データをひとまとめにし、一括処理する形態のコンピュータの処理方式をいう。

ース製作機関を訪問し、それぞれが保有するデータベースの使用契約の交渉に
派遣されたのであった。

　相手は、AIP のほか EI（Engineering Information, Inc.）、IEEE（Institution
of Electrical and Electronics Engineers, Inc.）、ISI（Institute for Scientific
Information, Inc.）、The Macmillan、BIOSIS で、データベースを持たな
い IEEE を除き、後に CAS（Chemical Abstracts Service）、INSPEC、NTIS
（National Technical Information Service）の各機関を加えて、全てとそれ
ぞれのデータベースのライセンス契約を取り交わすことになった。

　振り返ってみると、日本では 1970 年代はバッチモードによる情報検索の全
盛時代であった。一方、米国では 70 年代からオンライン情報検索サービスが
始まっていた。と言う訳で、70 年の後半には、飛行機・ミサイル製造会社の
ロッキード社、ミサイル弾道軌道計算を得意とするシステム開発会社の SDC
社と、それぞれが NASA（米国航空宇宙局）の支援を受けて開発したオンラ
イン情報検索サービスシステム DIALOG と ORBIT の日本でのサービス実施
についての交渉に入っていた。

　また 1980 年代の後半には、CD-ROM が出現することになり SilverPlatter
社、Oxford University Press など新たな出版社とも交渉を持つこととなる。
こうした数多くのデータベースサービス関係機関との長年にわたる交渉の一端
を、これからご紹介していくことになる。

　『情報管理』の情報界のトピックス欄は毎号必ず目を通している。上述のデ
ータベースサービスに関わる諸機関は、これまでに私が直接交渉を持った機関
の一部に過ぎないが、これらを含め私が関わりを持ったほとんどの機関が、依
然としてこのトピックス欄を賑わせているデータベースサービス及び情報界の
メインプレーヤーとして健在である。トピックスの記事から、こうしたプレー
ヤーたちがインターネットを核としたデジタルとネットワークの時代にどのよ
うに対応しようとしているかを窺い知ることができる。

　1970 年代初頭に、これらプレーヤーにとって最先端の技術分野であったデ
ータベースは、現在のネットワーク時代にあっても今なお最新のテーマであ
る。ここ 30 年の情報技術の進歩に彼らがどのように対処してきたか、30 年前、
20 年前そして 10 年前に遡って実ビジネスの面ではどうであったか、について
も振り返ってみたい。

1.2 データベースの定義

　これからの話の中心は言うまでもなくデータベースサービスなので、最初に、データベースとそのサービスについてのコンセプト（定義）について触れてみたい。1979年（昭和54年）にデータベース・サービス業連絡懇談会が発足したときに真っ先に行ったことは、テータベースの社会的重要性に対する啓蒙活動とデータベースとそのサービスについてのコンセプト（定義）を固めることであった。

　まず、同懇談会が行ったことは、「データベース業振興のための提言書」を作り、当時の通産省、郵政省、文部省、科技庁＊注2などの諸官庁、新聞杜などのマスコミに提言書を提出することであった。その過程で、データベースの定義について議論がなされ、「データを整理統合し、コンピュータ処理が可能な形態にした情報ファイルもしくはその集合体」という定義が作られた。

　現在では、この定義に「複数のユーザが種々の目的で利用できるよう、内容を高度に構造化することによって、検索や更新の効率化が図られたもの。オリジナル情報（一次情報）を参照するための情報（書誌事項、抄録など）を内容とするレファレンス・データベース（文献データベース）と統計数値データ、テキストなど事実そのものを内容とするファクト・データベースに分けられる」といった解説がつけられている。

　一方、同懇談会では、電子化情報の著作権処理が従来の著作権法で律することが困難との考えで、1980年9月に、青山学院大学の半田正夫教授を主査として、弁護士、通産省の情報処理振興課長補佐、私のような実務経験者などで著作権委員会を発足させ種々検討がなされた。

　この委員会は、今日に至るまでのデジタル情報（マルチメディア）著作権検討のスタートをなすものであり、ここでの議論、問題提起も力になって1986年の著作権法改正（データベース著作権）へとつながっていった。改正された著作権法では、データベースは「論文、数値、図形その他の情報の集合物であって、それらの情報を電子計算機を用いて検索することができるように体系的

＊2　中央官庁の再編により、通産省は「経済産業省」に、郵政省は「総務省」に、文部省は科学技術庁と合併され「文部科学省」に再編されている（2001年施行）。

に構成したもの」と定義された。

　さて、データベースサービスであるが、『データベース白書1997』の用語解説では、「ユーザの利用に供することを目的としたデータベースの構築、提供などに関わる活動の総称。具体的には、データベースのプロデュース、ディストリビュート、クリアリング、代行検索、代理店業務、営業、販売業務など」と定義されている。データベース産業の構造としては、プロデューサ（出版社等のデータベースメーカ）、ディストリビュータ（コンピュータシステムを用いて情報サービスを行う流通業者）、ネットワーカー（通信回線サービス業者）、エンドユーザ（利用者）で成り立っている。インターネットとWebの出現は、これらの明確な区分をなくしつつある。

1.3　データベース最新事情

　データベースの提供を情報検索サービスと呼んでいる。情報検索という用語は、1960年代初頭に米国で用いられ始めた。研究活動に必要な情報の爆発的な増大に対処するために、情報処理の効率を高める目的で情報検索というテーマが登場する。

　情報検索は、当初から機械化と結びつき、コンピュータによる文献探索と同義であった。情報検索は、バッチ*注3であれオンラインであれ伝統的に、第一のステップとしては、探したいテーマに一致する書誌事項を二次データベースで検索する、次にそれを見て、該当するオリジナル文献の入手を図る、という方法で行われてきた。原文献を入手するのが情報検索の究極の目的であるといっても過言ではない。

　JOIS*注4やDIALOGで検索して情報の所在を確認して、自機関の図書館や情報センターで原文を読むかコピーする。そこで入手できない文献は、ドキュメントデリバリーサービスを使って、外部機関からコピーの入手を図ることになるので、原文の入手には手間と時間がかかるなどの問題も多かった。

　しかし、現在ではCASのChemPort（Webサービス）、ISI社のWeb of

---

*3　注1に同じ。
*4　科学技術振興機構（JST）が提供しているオンライン情報検索サービスJ-Stageの前身。

Science、Elsevier 社の Elsevier Electronic Subscriptions などに見られるように、急速に、ユーザは原文献に直接、電子アクセスして原文を端末に出力できるようになりつつある。こうしたデータベースサービスの質的な変化は、今後データベースサービス業界の構造はもとより、図書館サービス、学術・専門雑誌の輸入販売などに大きな影響を及ぼすことであろう。

　米国で 1995 年から始まったフルテキスト型オンラインサービスに Electric Library というのがある。このサービスの特徴は、学術・専門情報ではなく一般情報を個人、学校、図書館に提供している点にあるが、雑誌では、Time、Fortune、Business Week、Computer world、Sports Illustrated など 550 誌、新聞・通信サービスは、Los Angeles Times、USA Today、Reuter など 150 紙、本では 2000 Great Works of Literature、シェイクスピア全集、Collier Encyclopedia、Webster's New World Dictionary など 2000 タイトル、そのほかに写真、地図、テレビ・放送の報道原稿が 10 万件以上という、いわば巨大な電子図書館の情報・資料がすべてフルテキストで使いたい放題で、年額 59.95 ドル（ただし個人。図書館の場合は、1995 ドル）で Web サービスされている。私は、Electric Library は、現時点の究極のオンラインサービスと思っている。

コラム

JICST のこと

　JOIS（JICST Online Information Service)は、JST に統合される前の科学技術情報センター (JICST) が提供していた情報検索サービスであった。

　JICST は、世界の主要な数千の科学技術専門雑誌の日本語抄録を作成し、雑誌で発行するとともに、オンラインでも情報提供を行っていた。

　企業の研究開発部門などの情報管理の担当者と、特に資料を持たない中小企業は、JICST のサービスに大きく依存していた。

第 2 節

ASK サービスの概要

（初出誌：『情報管理』Vol.41 No.5 Aug. 1998）

　私が携わったデータベースビジネスの主たるものは、情報検索サービスであった。バッチモードであれ、オンラインモードであれ、あるいはスタンドアロー*1 であれ、すべてが商用の文献情報検索サービスであった。

　1971 年（昭和 46 年）には、米国を中心とした学協会、出版社との契約がほぼ整い、1972 年 5 月からバッチ処理による日本で最初の綱羅的な科学技術文献情報検索サービスが、開始されることとなった。

　このサービスは、Alerting-search Service from Kinokuniya のイニシャルをとって ASK サービスと呼称され、ASK には、Ask anything please の意味が込められていた。

　スタート時の検索サービスは、カレントアウェアネスのサービスであったが、後に JICST が同様の情報検索サービスを開始し、こうしたサービスのことを SDI（Selective Dissemination of Information：選択的情報提供）サービスと称するようになり、この名称が一般化した。

1.1　情報検索サービスの価格と価値

　商用サービスとは、課金することを意味し、紀伊國屋書店が開始した ASK サービスは、当初から有料であった。例えば、Chemical Abstracts の検索料

＊1　スタンドアロンとは、ネットワークから切り離された状態を意味する。

金は年52回の処理で、年額7万円であった。

　何せ日本では、参考にしたくとも前例がなく、価格は、電算機の費用、人件費などの経費、CASへのデータベース使用ロイヤリティ費用をベースにして設定された。価格についての当時の評価は、大方の人が高い、わずかな人が妥当もしくは安いというものであった、いま振り返ると、文献探索は、マニュアルで抄録索引誌を引くのが常道であった時代に、かなり高価な有料サービスを行うことは相当無謀なことであった。

　そういうわけでサービス価格の正当性をどのように理解してもらうかは、極めて重大なことであった。当時のユーザ向けのパンフレットの文言をみると苦心の後が窺える。

　以下に、パンフレットのキャッチフレーズ的な部分を列記してみる。

* 「情報が遅い」、「雑多な情報が多すぎる」、「調査に時間がかかる」、そんな悩みをお持ちではないでしょうか。

* 研究者の皆様へ：文献探しは煩雑なものです。皆様の貴重な時間をそんなことで浪費することはありません。文献探しはコンピュータにまかせ、その時間を研究に振り向けてください。

* 情報担当者の皆様へ：企業の情報アンテナとして広範囲、大量の情報をキャッチするのは大変なことです。最初の粗ぶるいはコンピュータにおまかせください。皆様はそれを材料に選別評価を行えば少人数で広範な分野をカバーできます。

* 研究管理者の皆様へ：無駄のない研究には、事前調査と継続監視が大切です。さもないと既に行われたことを金と時間をかけて繰り返すことになりかねません。科技庁＊注2の行った調査によると研究者の45%は重複研究の経験者でした。企業だけの集計ではこの率は51%にもなっています。

　一方、日本の研究者は、情報の入手整理に研究時間の20～30%を割いているといわれています。この時間を減らすことができれば、それだ

＊2　科学技術庁は、当時の総務省の外局であったが、中央官庁の再編で文部省と統合され、、現在では、文部科学省となっている。

け研究者が増えたのと同じです。

　駿河台大学の戸田教授は、「研究情報は研究のために役立ち、研究のために収集する情報」と定義したうえで、その特性を次のように整理されている。
　（1）**情報に漏れがないこと。**
　　研究情報では漏れは許されず、網羅的であることが要求される。
　（2）**情報が体系的で総合的であること。**
　　部分的あるいは断片的では研究情報とはいえない。全体の中のどのような位置付けであるかが明らかになっていなければならない。
　（3）**情報が最新であること。**
　　最新の情報でなければ、研究は始まらない。
　（4）**情報量が必要最小限であること。**
　　大量の情報はむしろ研究の妨げになる。情報を各種の技法を用いて検索して、必要最小限に絞り込むことが重要である。
　（5）**情報が正確であること。**
　　情報が正確であることを保証する根拠が要求される。

　ASK サービスが開始されたのは、1972 年 5 月のことであり、その間の情報技術の進展は著しく、情報を取り巻くメディアとネットワーク環境の変化は大きすぎて、現在との比較は難しいが、当時としては、戸田先生が挙げられたような特性を持った研究情報の収集に有効なサービスであったことは疑う余地がない。
　ちなみに紀伊國屋書店がセールストークに使用した科技庁の調査は 1968 年に発表され、他人の研究成果を知らなかったことによる研究遅延、初期目的の不達成の経験者は、大学で 45%、企業で 50%、国立研究機関で 44%、平均では 48% となっている。亡くなった中井浩氏（常盤大学教授、元 JICST 監事）の「データベース発展の経緯」という論文であったが、「研究者の創造的な活動は、世の天才の発明年齢をみても若年の一時期に集中しており、もしこの貴重な時間を文献探索で消耗させるようなことがあったら人類の損失である」と書いておられたが、レファレンスツールとしての文献情報検索の有用性と価値は、インターネット時代にあっても不変であるばかりか、さらに重要さを増し

つつあるように思える。

　情報検索サービスの理論的な有効性や価値は誰もが認める所であろう。しかし、市場の現実は理屈とは無関係で、ASK サービスの初年度の売り上げは、経費 1 億円強に対し 1400 万円余りでしかなかった。

1.2　ASK サービスのメニュー

　ここで ASK サービスのメニューを後学のために紹介しておきたい。

　1972 年当時としては、主要な自然科学分野のデータベースが網羅されている。医学分野のファイルは、米国 NLM の MEDLARS は政策として民間企業に提供していなかったこと、オランダの Excerpta Medica Foundation の医学ファイルは結論的には使用価格が高すぎたことでメニューに加えることができなかった（**表 1 参照**）。

　1970 年代は欧米でもデータベース制作は政府・学協会主導で行われており、上記の ISI、Macmillan Information は数少ない民間の出版社であった。

　マクミラン社は PANDEX という科学技術雑誌 5000 誌をソースとした網羅的な自然科学系データベースを作っており、当初はこのファイルもサービスメニューに入っていたが、間もなく同社は制作を中止してしまった。

　情報検索サービスの価格問題は別稿でふれたいと思うが、第 1 表に示したサービス価格と現在のオンラインサービスによるサービス価格はそう変わりがないように思われるがいかがなものであろうか。

　STN International の CA の SDI 検索料金は、1 回当たり 876 円で検索結果（情報）のプリント料金は 1 件 107 円となっている。バッチ処理時代の 1 件当たりの出力情報料金は、現在の 10 分の 1 程度であった。前稿で IEEE 以外の各機関とデータベース使用契約を結んだと記述したが BIOSIS とも契約しなかった。市場調査の結果、採算がとれないと判断されたためである。

1.3　ユーザの反応

　1960 年代の終わり頃から、製薬、化学関係の企業を中心に RINGDOC や Chemical Abstracts の磁気テープを購入して自社内で情報検索サービスを実

施する企業が増え始め、ASK サービスが開始された頃には 30 社余りがコンピュータ検索を行っていたと思われる。『情報管理』誌上でも実施事例報告がなされ、企業を中心にコンピュータによる情報検索への関心は高まりつつあった。

こうした機運に乗って、3 か月の無料の試用期間を設けてサービスは開始された。物珍しさと興味から瞬く間に約 400 程度テーマの登録がなされ順調にスタートをきったが、試用期間を過ぎて有料になったとたんに約 90% がキャンセルされた。余談になるが、こうした現象は、現在のインターネット Web

---

表 1 ASK サービス一覧

以下、ファイル名、制作元、分野、処理頻度、年間サービス料金の順で記載。サービス料金とは、例えば、「癌の化学療法についての最新情報」などと登録された検索テーマ 1 件の料金を示している。

Automatic New Structure Alert (ANSA) Institute for Scientific Information (ISI)：有機化学・薬学	月刊： 60,000 円
Automatic Subject Citation Alert Subject (ASCA-IV) ISI：科学技術。医学・生物。	週刊： 50,400 円
AGRIDEX：Macmillan Information：農学	月刊： 40,000 円。
CA Condensates ：CAS; 化学・化学工学 (但し、Chemical Abstracts の有機化学と無機化学のいずれかの分野選択で 26 回処理の場合は 、50,000 円)	週刊； 70,000 円
Chemical-Biological Activities (CBAC)：CAS： 生化学（CA の Biochemistry Section で抄録付き）	隔週： 60,000 円
Computerized Information Index (COMPENDEX) Engineering Index, Inc.；工学全分野	月刊： 50,000 円
ERIC：Educational Resource Information Center 教育学・心理学	月刊： 50,000 円
INSPEC：Institute of Electrical Engineers; (A) 物理、(B) 電気・電子工学、(C) コンピュータ・制御 AB、AC、BC 二つの組み合わせで 60,000 円 A、B、C 三つのファイルすべてで 70,000 円	月刊： A・B・C 単独 50,000 円
METADEX：American Society for Metals 金属に関する工学。物理・化学	月刊； 40,000 円。
Polymer Science & Technology (POST)：CAS：高分子化学・高分子工学（CA の Macromolecular Chemistry Section で抄録付き）	隔週： 60,000 円
SPIN：American Institute of Physics：物理学；	月刊： 40,000 円。
U.S. Government Reports Announcements (USGRA) National Technical lInformation Service (NTIS)： 科学技術全般、社会科学	24 回： 50,000 円

でのいろいろな情報サービスが、無料の間は、何万というユーザがいるのに、それほど高くもない有料サービスになると、ほとんどのユーザが逃げてしまう状態に酷似している。

　1980年代に入りオンラインサービスが始まったときには、あまり問題にならなかった検索精度がマニュアル検索に比べ劣る（当たり前のことだが）、「料金が高い」との不満も多く機械検索のメリットは、その後かなりの期間理解してもらえなかった。

　JICSTは、ASKサービスに半年遅れて理工学文献ファイルの検索サービスを、翌年（1973年）4月からは、CA CondensatesのSDIサービスを開始したが、機械検索への市場の評価は政府機関がサービスを開始したことにより著しく改善され、民間では販売しやすくなった。政府機関が同様のサービスを行っているのであれば、民間のものも価格とサービスは、信用できるということであったのであろう。ある官庁の会計担当者は、ペラの用紙に打ち出される文献タイトルリストがなぜ何万円もするのか理解できず、それが電算処理される時間を測定するために、電算室に調査に訪れた。当時は、コンピュータは高額な機械であり、それが検索料金に見合う時間本当に使われているかを自分の目で確かめるのがその目的であった。

　1975年（昭和50年）4月からはCOMPENDEXとUSGRAの両ファイルのバッチによる遡及検索サービスを始め、料金は、1テーマ1年分の検索料金を10万円と設定した。しかし、このサービスは好評で、1978年（昭和53年）には、SDIと合わせ受注テーマは年間2000件にまで拡大した。

　民間では、1978年の後半からはテレックス回線により実質的なオンライン検索サービスが開始される。サービス提供側もユーザも、前述のようなバッチによる情報検索サービスの時代を経験したことによって極めて容易に、新しいオンライン情報検索の時代を迎えることができたのだと思う。

【参考文献】
(1) 戸田光昭. 研究のための情報：研究情報の特性、対象並びに収集法. 情報の科学と技術、48 (4) 214-219 (1998)
(2) 科学技術庁. 科学技術研究者等の情報利用の実態に関する基礎調査. 昭和43年

コラム

紀伊國屋書店のこと

　1970 年代の紀伊國屋書店は、ライバルの丸善に追いつき追い越せを目標にしていたと言える。ライバル会社に勝つためにはロケット砲が必要という思いもあって、当時、常務取締役で実質的な経営者であった松原治氏が、電子計算機を導入して情報検索サービス事業に踏み切った。他の役員は全員事業化に反対であったが、松原氏の英断で事業化できた。

　数年間大赤字が続いたが、私が会社から身を引いた 1995 年には、この情報サービス部門は、社員 200 名強、売上 65 億円にまで成長した。

　当時、出版業界では、出版物の取次販売をほほ二分していたトーハンと日販のみが電算機を導入していたに過ぎない。

　一書店が電算機を持ち、それを使った事業を始めたのは異例なできごとであった。

　ASK サービス（紀伊國屋書店の情報検索サービス）の電算処理は、中井浩氏の紹介により東レよりスカウトされた坂本徹郎氏によって運営された。当時、画期的な事業ということで、東京大学理学部の若手教授だった国井利康氏（後に会津大学学長）が推薦した教え子二人に、新規募集した電算技術者も加わって、その基礎が築かれた。

　この事業のために創設された電算室は、情報検索だけでなく、書店では稀有な社内の電算化の推進の中核になった。後には情報システム部へと発展し、ASK サービスを推進した根本勝弥氏が部長になって書店の単品管理システムを完成させた。

　このシステムは全国展開している紀伊國屋の各店舗での書籍販売データがリアルタイムで見られるもので、PubLine というサービス名で大手の出版社・新聞社・広告会社で利用されている。

　紀伊國屋書店の各地の店頭での販売データという限定はあるが、利用者は販売されている本の売れ行きが 5 〜 10 分のタイムラグで得られるという、全国展開している紀伊國屋書店のみに可能な画期的なシステムだったと言える。

第3節

ISI の情報サービス

（初出誌：『情報管理』Vol.41 No.6 Sept.1998）

　紀伊國屋書店が科学技術文献の情報検索サービスを開始したのは、1972 年
（昭和 47 年）5 月であった。このサービスは、あらかじめ検索テーマをコン
ピュータに登録しておき、磁気テープの刊行頻度に合わせてバッチ処理した検
索結果を定期的にユーザに届ける SDI サービスであった。

　実は、この SDI サービスは、日本でも 1965 年（昭和 40 年）の初めから先
駆的な民間企業の手で行われていた。後に詳しく述べる ISI 社は、1965 年か
ら Automatic Subject Citation Alert (ASCA-IV) という SDI サービスを開始
し、当時 ISI 社の出版物の販売総代理店であつたユーエス・エイシアテイック・
カンパニー（現・ユサコ（株））が、既にこのサービスの取次販売を行っていた。

　また、1967 年（昭和 42 年）には、日外ドキュメンツ貿易社（現・日外ア
ソシエーツ（株））が U.S. Government Reports Announcements (USGRA:
現在の NTIS ファイル）を自社処理で OVISS SDI サービスとして販売してい
た。OVISS の方は、3 年でサービスが中止されたが、ASCA は紀伊國屋書店の
ASK サービスのメニューの一つとなり、その電算処理は米国から日本に移さ
れた。

　実は、私自身が情報検索サービスに関心を持つようになり、このサービスの
事業としての可能性を考えるようになったのは、ISI 社の商品とサービスに触
発されるところが大きかった。

　当時、既に学術雑誌の目次提供誌として同社の『Current Contents』誌は多
くの大学図書館、企業の情報管理部門で購入されていた。

また同社は、1964 年には引用索引誌『Science Citation Index』を新商品として刊行し、図書館・情報界はこの素引の発明者であるガーフィールド社長の名とともにこの会社に注目していた。

　この新しい Index が創刊されたとき、私の営業担当得意先であった慶応大学の医学図書館に現物を持参したところ、当時、図書館の責任者だった津田良成氏（慶応大学教授）が、ついに夢の索引ができたと言われて感慨にふけっておられたのが思い出される。確か、当時の価格で年額 40 万円と大変高額な商品であった。

1.1　ISI とガーフィールド

　私が、データベース分野では、日本に代理店を持たなかった ISI（Institute for Scientific Information）を初めて訪問したのは、1971 年（昭和 46 年）2 月のことであった。交渉相手は、Richard Harris という担当副社長で、この人物とは、後に同氏が Predicasts 社の社長になってからも、同社と総代理店契約を結ぶなど 20 年にわたり交誼を持つこととなり、データベースビジネス上の良き相談相手になった。

　ガーフィールド社長と親しく交渉を持つのは、しばらくあとのことになるが、デジタルとインターネットの時代になって、多くの学術出版社が将来方向を見定めるのに苦労しているかに見受けられる状況のなかで、明るい展望を抱いているこの会社のこと、ガーフィールド氏のことにまず触れてみたい。

　1997 年 10 月に紀伊國屋書店時代の先輩の窪田輝蔵氏が『科学を計る―ガーフィールドとインパクト・ファクター』を上梓され、ガーフィールド氏の業績と氏のアイデアを商品・サービスとして具現した ISI のことを詳しく書いておられる。

　この書物の序章の 4 節「ガーフィールドの仕事」の冒頭で「科学とは、その成果を論文にまとめて、しかるべき雑誌に発表して初めて完結する。したがって、科学と出版は分かち難く結びついているという認識が、彼の仕事の土台にある。科学は出版であるから、科学者は、一方で「書く人」になり片方で「読む人」になる。科学の世界では「書く人」は「読む人」であり、「読む人」は「書く人」なのである。読む一方の科学者、あるいは書く一方の科学者というもの

は存在しないという観察がガーフィールドの考えの基本的な枠組みになっている。

　ガーフィールドは何よりもまず、この「書くために読む」科学者が「読む」ための手助け、すなわら情報検索の世界に立ち向かった。そして、苦難の末、カレント・コンテンツとサイテーション・インデックスを生み出したのだった。」とガーフィールドの思想と理念を簡潔・明瞭にまとめておられる。

　化学工学専攻だったガーフィールドが25歳のとき、たまたま出席した米国化学会の化学文献部会で知り合った人の紹介で陸軍医学図書館（後のNLM）依頼の医学文献機械索引法開発計画（ウェルチ計画と呼ばれた）に参加し、文献検索の機械化にタッチできたことも僥倖であった。

　当時、最先端のコンピュータによる文献の索引法と情報の検索技術を体得出来たことがISIの製品特性とも言えるコンピュータを駆使した商品・サービスの創出に役立ったと思われるからである。

　ISIの主力商品のカレコンと称されるカレント・コンテンツもSCIと略称されるサイエンス・サイテーション・インデックスもその原理は極めて単純である。早い話が素材は、雑誌・単行本・会議録のタイトル、引用などのいわば書誌的データだけである。

　しかし毎年入力・加工されるデータの量は極めて膨大で、カレコンが発行され始めた1957年以降のデータ蓄積量はとてつもなく大きく、いまどんな巨大プロジェクトを組んでも同様のものを再現することは不可能であろう。ちなみに、毎年の入力データ量は、引用文献データで2065万件、付与キーワード数250万、著者名数390万人、文献タイル数140万件などとなっている。

　現在では、引用索引は、米国の図書館で利用者が情報検索に当然使うべきツールとして定着している。引用索引は分類などの専門知識を必要とせず誰もが求める情報へ行き着くことができるのがその理由であろう。また、科学の定量的評価のツールとして、科学者・研究者の被引用件数による業績評価、はたまた研究機関や国の研究開発・科学政策決定の一助に使用されている。

　大学図書館では、その雑誌の科学全体に対する貢献度を計量する「雑誌の単位記事あたりの引用比率」（インパクト・ファクターという）を見て学術雑誌の購入戦略を立てるのに役立てている。

1.2　サイテーション・インデックス

　ISIの情報検索サービスは、大変合理的に作られたンステムであった。この検索サービスでもキーになるのは引用索引である。サービス内容について触れる前に引用索引（サイテーション・インデックス）なるものについて整理しておきたい。

　津田良成編『図書館・情報学概論』の2章「情報の流れ」のなかの「引用による情報流通」の項を引用させていただくと、次のように整理されている。

　　「情報流通の一つの形として「引用」がある。先行する著者を引用する習慣は、19世紀に確立したと言われている。ウェーンストック（Weinstock）が列挙しているように、引用を行う動機は、先駆者への敬意の表明から、既発表著作の先取権への疑義の提示まで、さまざまであるが、その機能として引用された先行文献から、それを引用している文献へと情報伝達が行われていると考えることができる。このように引用によって二つの文献の間に方向を持った情報流通のリンクを認めることができるために、これを雑誌の間、雑誌のグループの間というように拡張していき、学問分野の間の影響関係までをも分析する試みも行われている。

　　さらに、引用が集中する文献や著者を影響力が大きいとみなすことによって、引用文献を分析し文献や研究者の評価に用いる試みもなされている。特に引用調査による雑誌の評価にはグロス（Gross）以来の長い歴史がある。これらの研究や調査は全分野を含んだ引用索引がガーフィールド（Garfield）によって開発されたことにより大きな発展を遂げた。引用索引はまた、新たな文献探索手段を提供している。」

　ガーフィールドが1950年始めにジョンズ・ホプキンズ大学が行ったウェルチ計画に参加したときに彼は、科学文献の機械処理開発のための基礎研究として、レビュー文献の分析を行っている。

　窪田氏はその著書で

　　「レビューとは、研究の進化を道筋を付けてたどっていくことであり、それまでの成果を振り返って、未来のステップを見通すことである。したがって、まずはその分野の重要論文を網羅的に集め、整理、分析することか

ら始まる。それまでの科学の発展を省みるためには、その発展のキーになるような論文を捨い出して、それぞれの論文の成果を評価し、全体の流れの中に位置づけていくことになる。その評価は、当然のことながら引用された論文の内容すなわち科学的成果の紹介を含む。であれば、レビューの扱う主題はレビューを受けている論文群によって表せる。すなわち論文そのものが主題の索引手段になりうるのではないか。これが彼の立てた研究仮説であった。」

として、ガーフィールドが引用索引作成を社業として行うにいたる動機課程を説明しておられる。

ISI が科学技術全体の雑誌の引用パターンの組織的な分析に着手するのは1971 年からで、この時の対象誌は 2,200 雑誌であった。現在は、人文・社会科学分野を含め1 万6,000 種の雑誌・単行本・会議録がその対象になっている。

大変長い記述になったが、引用索引のコンセプトは、当時はまだ図書館員、研究者の間で知られていないこともあって紀伊國屋書店が印刷体であれデータベースであれ、サイテーション・インデックス商品を販売するときは 、まずガーフィールド氏の論文翻訳から始め、解説的カタログを作り、翻訳論文そのものを潜在顧客に配り、ガーフィールド氏を講師としたセミナーを開催するなど、この項でも行った長い説明がいつも必要であった。

1.3　情報検索サービス ASCA と ASCATOPICS

ISI のバッチ処理による情報検索サービスは ASCA と ANSA と 2 種類あった。ANSA は Automatic New Structure Alert の名のとおり、新規化合物をキーワードのみならず化学構造式で検索できるサービスであった。新規化合物の合成、単離、同定、新反応、新合成法などに関する雑誌論文をソースにした専門データベースといえる。構造検索に特徴があるためプロファイル（電算処理用のための検索式）作成が複雑であったこと、ソースジャーナルが110 誌と少なかったこともあり、ほとんどユーザが付かなかった。

ASCA は Automatic Subject Citation Alert の名のとおり、通常のキーワード検索に加えて引用検索ができることを特徴にしていた。すなわち、

＊　引用された文献名による検索 /1,200 円

＊　引用された著者名による検索 /3,600 円

＊　引用された書籍名による検索 /1,600 円

＊　引用された特許番号による検索 /1,200 円

＊　引用された雑誌名による検索 /4,0000 円

＊これらの引用データと他の検索用語との組み合わせ

というように多様な引用データを検索用語として使えるところに特徴があった。

　情報検索料金の価格体系の決定については、バッチであれオンラインであれ今も昔もサービス提供側（ベンダー）はいろいろ苦心しているところであるが、ISI の ASCA はデータベースの検索利用と情報の価格について、一つの考え方に基づくものであった。前述で表示した価格は、それぞれを検索語として使用した場合の 1 検索語あたりの年間検索料金を示している。例えば、指定した著者がかつて発表した文献を引用した新しい文献があれば、検索回答されるようにその著者名をキーワード登録する料金が 1 人につき 3,600 円というわけである。単語やフレーズの場合は、言葉ごとに検索料金が決められている。その価格は、High Frequency Terms List に表示され、価格はユニット制となっており、例えば、polymer などの高出現頻度の用語は 100 ユニット、非常にスペシフィックで論文タイトル中にめったに現れない特殊な専門用語は、3 ユニットなどと決められている。

　また polymer を検索語として用いる場合でも、他の検索語と AND 関係（組み合わせ）で使う場合 、また完全一致、中間一致など一致別に料金は可変となっていた。年間検索料金の一例を示すと表 1 のようになる。

　ところで、ASCA は ASK サービスの中では一番人気が高かった。その理由は、他の二次データベースと異なり抄録・索引作成、ディスクリプタ付与などデー

表 1　質問語に対する検索料金の一例

質問語に対する検索	料金
単語（前方一致）×5 語×2,800	14,000 円
単語（中間一致）×3 語×8,000	24,000 円
著者名 ×3 語 ×2,000	6,000 円
引用著者名×2 語 ×3,600	7,200 円
研究機関 ×4 語 ×4.000	16,000 円
郵便料金	3,000 円
計	70,200 円

タベース構築に時間がかからず、速報性に富んでいた（図書館などの多くが船便で海外の学術誌を購入しており、検索された論文が見たくても雑誌が到着していないケースが多々あった）。

　また、ISI のデータベースの特徴は、multidisciplinary and discipline-specific と ISI 自身が称しているが、学問・研究の学際化、専門分化に対応した情報源は他にはなく、各分野の専門データベースの補完的ソースとして活用されたためと思われる。しかしながら、当の ISI からは、日本は引用索引の利用が世界で最も少ないといつも言われており、研究者と直接プロファイル作りをするとき、引用データの利用を勧めても使う人は希であった。

　JICST は理工文献ファイルの SDI サービスの開始と同時に JICST Standard SDI というベンダー側であらかじめ選定したタイムリーな研究・技術テーマ（トピックス）をカスタムメードの SDI サービスより、格安の価格で提供し好評を博したが、ISI も ASCATOPICS というブランドで同様のサービスを 1973 年に開始している。スタート時点で医学を含む科学技術全域にわたる 374 テーマを用意し、これは面倒なプロファイル作成作業を伴わないので、いわばカレコンのサブセット版といった雑誌販売の感覚で売れた商品であった。

　1974 年にスエーデンの Royal Institute of Technology の情報担当者の訪問を受けた折、同工科大学の情報検索利用状況を尋ねたところ 、ASCA の利用者は 870 とのことで、CAC の 411、INSPEC 514、COMPENDEX 763 を上回る利用量であった。

　この大学は、当時 103 人の教授、1,400 人の教官、6,800 人の学生という規模であった。国立大学であるがサービスは有料で、データベースに関係なくテーマあたり年額 25,000 円、学生は 30% 引きとのことであった。当時の日本の大学では SDI サービスの利用はほとんどなく、なぜこんなに違うのか、この相違は将来両国の科学技術研究の進歩の格差になって跳ね返ってくるのではないかと危惧の念を抱いたことを記憶している。

【参考文献】
(1) 窪田輝蔵 . 科学を計る：ガーフィールドとインパクト・ファクター .、東京、インターメディカル、1998
(2) 津田良成編『図書館・情報学概論』第二版。東京、勁草書房 、1990

第4節

DIALOG の日本への上陸
1.　DIALOG との契約交渉

（初出誌：『情報管理』Vol.41 No.8 Nov.1998）

　1997 年初秋に Knight-Ridder Information 社と紀伊國屋書店、丸善の合弁会社、KMK デジテックスが帝国ホテルで、日本での DIALOG サービス開始 20 周年の記念レセプションを催した。

　その折、米国から出席したナイト・リッダー・インフォーメーション社の日本担当副社長が、親会社のナイト・リッダー社は DIALOG サービス部門を英国の総合的なビジネス情報サービス会社の M.A.I.D 社に売却することを決め、M.A.I.D 側の株主総会で買収が採択されたら Knight-Ridder Information つまり Dialog は M.A.I.D に吸収されるとの報告を行った。かくして、同年 11 月には、Dialog は M.A.I.D 社に買収され、M.A.I.D は知名度のある Dialog を活かした社名に変更し、The Dialog Corporation に改称した。

　この買収劇は、売上 1,500 万ポンド程度の会社が売上 10 倍規模の会社を飲み込んだこと、かつて 1988 年 7 月に米国の大手新聞社 Knight-Ridder 社に 3 億 5,300 万ドルという高値で、ロッキード社が売却した状況と事情が異なり、今回は吸収的売却であったことなど、かつての Dialog の繁栄と威光を知る人たちにとって誠に感慨深い出来事であった。

　1998 年の『データベース白書』によれば、現在の米国のデータベース産業の売上規模は、2 兆 2,581 億円であるが、1969 年にはすでに試験的提供を開始し、1972 年には商用的なオンラインサービスとしてサービスを開始した Dialog サービスこそ、米国というより世界のデータベースサービスの出発点であったといっても過言ではない。米国でのオンラインと CD-ROM などのオ

フラインによる電子情報（データベース）サービスは、この四半世紀でゼロから 2 兆円産業へと驚くべき急成長を遂げたのである。

　わが国に Dialog が上陸したのは、1978 年の 9 月であった。DIALOG サービスが日本の科学技術 - 特許などの情報管理部門へ与えたインパクトは計り知れないものがある。

　以下でその導入の経緯、DIALOG の日本での普及・発展、ビジネス上の問題点などについて述べてみたい。

1.1　導入に至る経緯

　導入に至る経緯は、紀伊國屋書店の情報検索サービス「ASK」の紹介の項で、ASK サービスは SDI サービスからスタートしたが、遡及検索（RS）サービスの需要が旺盛で 1978 年（昭和 53 年）時点で、合わせて年間 2,000 件程度の検索処理をしていたと述べた。

　当時 RS サービスは、自社処理、米国の NERAC という情報サービス機関、インフォメーション・ブローカーなどに依頼していた。インフォメーション・ブローカーは Dialog や SDC 社が提供するオンラインサービス、ORBIT を使って検索処理を行っていた。RS の需要は増える一方で、情報検索の本命は RS サービスとの認識は強くあり、昭和 50 年代の初めには、すでに DIALOG サービス元のロッキード社と日本でのサービス開始交渉が始められていた。

　そして、もはや時効なので申し添えると、1976 年（昭和 51 年）には、紀伊國屋書店とロッキード社との間で日本での Dialog 独占販売契約の合意書が交わされていた。しかし、合意書は交わしたものの肝心の KDD の国際専用回線サービスの開始が大幅に遅れ、成約には至らなかった。KDD の ICAS という国際専用回線サービスは、ずっと後の 1980 年の 9 月に開始されることになるが、もっと早く ICAS が始まっていたら日本のオンラインサービスの様相は異なるものとなっていたであろう。

　実は、海外のオンライン情報検索サービスの日本上陸は、Dialog よりも SDC の ORBIT サービスの方がおよそ 2 年早かった。SDC（System Development Corporation）は、優れたロケットの弾道軌道計算ソフトの開発会社で、日本 SDC という現地法人を持っていた。ORBIT は Derwent ファイルを独占する

SDCが誇るオンライン情報サービスで、当時米国では新興の BRS という大学市場に特化したオンライン情報サービスと共に Dialog と合わせて三大オンライン情報サービスなどと言われる有力なオンラインサービスであった。

ASK サービスでは、遡及検索サービスを日本 SDC の協力を得て 1977 年（昭和52年）よりテレックス回線を使ってオンライン検索で行っていた。

アメリカでも Tymnet、Telenet などの公衆専用回線サービスが普及する前は TWX というテレックス回線によるデータベース検索が行われており、その手法を日本でも応用したわけである。

テレックス回線は 30bps というスローな電送速度であったが、当時の厳しい通信回線規制に抵触しない唯一の国際公衆通信回線であり、わが国の海外データベースのオンライン検索は、最初テレックスで行われた。

ちなみに、1979 年（昭和54年）時点で月間 300 万円～400 万円のテレックス使用料を KDD に支払い、KDD から紀伊國屋書店は商社以外の企業では最大級のヘビーユーザと言われていた。

さて、このように ORBIT サービスの利用が先行していたこともあり、ASK サービスのメニューにオンラインサービスを加えるとき、例のロッキード事件の後遺症でロッキードとの提携は社のイメージを悪くするなどの意見も出て、Dialog にすべきか ORBIT にすべきかで意見が分かれたが、結論が出ず現地調査が行われることになった。

1978 年（昭和53年）の春に、私がその任を課せられ米国に出張した。両システムの良し悪しについては、Dialog はまだテレックス検索ができなかったため、自分で検索して使い勝手の比較はできず、したがって、エンドユーザを訪問して、サーチャーにヒアリングする方法をとった。

当時、米国の Wiley という出版社から Becker & Hayes 共編による情報科学シリーズが出版されていたが、ビジネス上の付き合いがあり親しくしていたこのベッカーさんに訪問先と面会者のアレンジをお願いし所期の目的を果たすことができた。

また、SDC の責任者であった Cuadra 氏が上層部との意見対立でその年の年初に辞めており、彼との会見もベッカーさんのアレンジで実現し貴重な情報を得ることができた。

私のこの時のサーベイの結果は、以下のようなものであった。

＊企業・大学・政府機関7か所のいずれでもサーチャーはまず Dialog にアクセスし、そこで満足な情報が得られない場合、他のシステムを使うとの意見であった。

＊使用しているオンラインシステムの中では Dialog が一番シンプルで使い易いとの評価だった。私が訪問したのは、ロサンゼルス地区のユーザであったが、同地区のオンラインユーザ会の調査報告書もベッカーさんから手に入れてもらい通読すると、ほぼ同じ結果が述べられてあった。ロッキード、SDC 両社は、当然のことながら競合サービスの販売を好まず二者択一を迫られたわけで、紀伊國屋書店は再びロッキード社と契約交渉を積極的に進めることになった。

1.2 ロッキードとの交渉

1978年（昭和53年）初めまでは、他の部門でロッキードとの交渉は行われており、私が初めてロッキード社を訪問したのは、1978年の7月であった。

同社と紀伊國屋書店とは、1974年（昭和49年）から交渉があり、いろいろな交渉が重ねられてきたが、KDD の国際専用回線サービスの開始が大幅に遅れたこと、SDC とも交渉が持たれたことなどによりモタモタしていた交渉を一気にまとめるのが、訪問の目的であった。

訪問相手は、Dr. Roger K.Summit で当時の肩書は Manager、Information Systems Programs；Lockheed Palo Alto Research Laboratory で、つまりロッキードのパロ・アルト研究所の情報システム・プログラム研究室の担当課長であった。サミット氏は、当時、前述の SDC のクワドラ氏と共にオンライン情報検索分野とデータベース産業界では双璧をなす有名人であった。

前述のように、ロッキード側は KDD の ICAS サービスの大幅な遅れで日本市場への進出意欲が殺がれていたが、当時すでにテレックスでのオンラインサービス提供の目途もついており、一方、日本技術貿易がダーウェントユーザ向けに ORBIT オンラインサービスを開始するなどの動きもあり、この訪問でロッキード側から、契約締結を急ぐとの Letter of Intent を引き出すことができた。この合意書に基づき8月初旬に再度同社を訪問し、ロッキード本社の弁護士も同席して契約条件と条文の詰めを行い、9月早々に今度はロッキード側

が来日して紀伊國屋書店との契約に調印し、同時に記者発表を行う手はずを整えることができた。ロッキード社よりは、約束どおり9月中旬にサミット氏が来日し、1978年（昭和53年）9月12日にめでたく契約調印を済ませ、同日午後経団連会館で両社合同の記者発表が行われた。この年（1978年）の7月には、JICST は JOIS-1 を特定専用回線から公衆通信回線に接続するサービスを開始し本格的なオンライン情報サービスの幕開けの到来を予感させたが、Dialog の公衆通信回線によるサービスは1980年（昭和55年）の3月まで待たなければならなかった。

1.3　通信規制の壁

KDD の ICAS サービスが開始されるのは、実は1980年の9月であった。ロッキードとの契約後1年経過しても KDD の国際専用回線開設の目途は立たず、止むなく自社で国際専用回線を敷設する検討を始めた。

KDD の国際回線サービス開始までの繋ぎとしてテレックス回線により DIALOG サービスを行っていたが、1979年（昭和54）年9月時点でユーザ数は100社を超えていた。ロッキードと成約後1年間は実習を伴わない Dialog セミナーを東京と大阪で実施し、テレックスでの利用を推奨してきた。

しかしテレックス回線の使用料は1分1,080円（当時の国際通話料金に同じ）と高く、またテレックスは社の海外との重要な連絡手段ということで総務部管轄で情報担当者がおいそれと使えなかったなどの事情で、多くの利用者は紀伊國屋書店の検索専用テレックスを使うために足を運ばなければならなかった。そのため KDD に情報検索利用を目的とした国際専用回線をロッキード社との間に敷設したいと相談にいったところ、「行って帰ってこい方式のメッセージ交換の専用回線利用は認められない」と一蹴され、かつ国際回線以前の問題として国内回線でも認められていないとの応対であった。

当時の電電公社に確認に行ったら、「そんなことも知らないのは非常識」と言わんばかりの応対であった。KDD、電電公社の窓口担当にいったいどういう法律に基づいて許可されないのかと質問したら、郵政省で聞いてくれとのことであった。

そのようなやりとりがあり、私としては、すでにアメリカでは企業も大学も

自由にオンラインサービスを研究と調査のために使っており、日本で「このような便利なサービスが使えないのは国益に反する」との思いで、クレームをつけに郵政省の電気通信課に赴いた。当時の担当係長に利用目的を説明した上で、どんな法律に基づいて、そんな規制がなされているのかと質問したところ、あっさりと「そんな規制はない」との回答であった。担当官は、国際専用回線の申請は、郵政大臣の認可事項なので大臣宛の申請書をまず提出するようにとのことであった。

そこでKDDと電電公社を再度訪問し、郵政省から申請を受け付けるとの承諾を受けた旨を伝え、専用回線及び公衆回線使用の申請書類を受け付けるというより預けてきた。それぞれの窓口は実際に困惑の体で、とにかく預かるとの態度であった。申請は1979年（昭和54年）の10月に行ったが，1980年の2月に許可通知を得ることができ、KDDのICAS開始に6か月先行してDIALOGサービスのための日米間の国際専用回線と東京―大阪間の国内専用回線の敷設を翌3月に行うことができた。

当時の国際通信事情は自由化に向かっていたと思われ、郵政省の担当課の対応も時代の要請に 沿って利用対象が学術情報ということもあってまず受け付けて所内で検討しようとの判断が働いたと思われる。電気通信課では、審査と手続きに半年ぐらいかかると最初に申し渡されたが、担当係長としては所内、KDD、電電公社との調整にそのぐらいの時間を要すると踏んだのかも知れない。

当時、申請が受け付けられたと通信設備請負業者に伝えたところ、最初は信じなかった。事実、日本ではアメリカで1970年初頭に民間で始まっていたTymnetなどのような国際VANが認可されたのは 1980年代の半ば近くになってからであった。

しかし専用回線では電子メールは認められていなかった。それは , 後に開始されたICASでも同様であった。後に契約したCIS（Chemical Information System）オンラインサービスには電子メール機能がありベンダー側とユーザは今で言うE-mailが可能であった。

コラム

DAIALOG 契約交渉のエピソード

　ここに掲げる2葉のコピーは、ロッキード社との契約成立を示す同社からのレターと契約承認の認可を得るために日本銀行に提出した申請書のコピーである。双方とも40数年を経過しており、企業情報開示については時効と勝手に判断して示すことにした。

　恐らく、私にとって記念すべき出来事の証左として、手許にコピーを残して置いたものと思う。レターの宛先は、Kinokuniya Book-Store Company,Ltd. の Mr.Miura となっていて、ダイアローグ社が報検索サービスの日本における非独占の販売代理店契約交渉を行ないたいとの意向を伝えるための書簡である。当時、私は30歳そこそこの紀伊國屋書店の ASK 販売課という情報検索サービス販売担当課の一課長に過ぎなかった。

　このレターの通知を受けてカリフォルニアのパロアルトの同社を訪れ、ロッキード本社の法務部門の弁護士を交えて契約締結の交渉を行なった。そして、レター受領から2か月後の1978年10月16日には、日銀に申請書類の提出に赴いている。

　日銀に提出された書類は「技術援助契約締結認可申請書」というものものしいもので、宛先も当時の大蔵大臣・通商産業大臣・郵政大臣になっている。日銀の担当課は、外国局企業係であった。

　書類の内容について幾つか質問を受けやり取りがあったが、挨拶時に手渡した販売部門の ASK 販売課の名刺をみて、技術担当の方ではないのかと不審がられた。因みに、この書類提出時のロッキード社の売上は108.25億ドルと1兆円超えの企業であったが、紀伊國屋書店の売上は341億円であった。

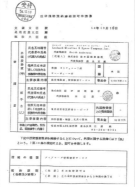

ロッキード社の契約意志確認状と日銀への申請書

第4節

DIALOG の日本への上陸
2. DIALOG サービスの開始

(初出誌：『情報管理』Vol.41 No.9 Dec.1998)

　DIALOG のことを語ることは前稿で述べたようにデータベースサービスの歴史そのものを語ることに等しい。DIALOG を語ることによって、そもそもオンライン情報検索サービスというのはどういうサービスなのか、またどのようなビジネスなのか、DIALOG のような外国のデータベースサービスをどのようにして日本で普及させたか、利用者にとって情報検索サービスはどのような意味を持ってきたか、などなどの問題をかなり浮き彫りにすることができると思われる。紙面の制約もあるのでどれだけ語れるか分からないが、主としてその普及についてとデータベースビジネスという観点から DIALOG との交渉を語ってみたい。

1.4　オンライン情報サービスとしての DIALOG

　INFOSTA が情報科学技術協会に改名する前のドクメンテーション協会時代のシリーズ出版に NIPDOK シリーズというものがあり、その 24 巻で「オンライン情報サービスの現状と展望」が出版されている。

　発行日は 1978 年（昭和 53 年）11 月 10 日で、ここでは、当時の代表的な日経 NEEDS-IR、紀伊國屋 ASK サービスなどのバッチ情報検索サービス、JOIS、DIALOG、ORBIT、DORIS (Dendenkosha's Online System for Retrieval of Information and Storage) などのオンラインシステムについて紹介がなされている。全 10 章からなる第 1 章「オンライン情報サービスの展望」は、当時、紀伊國屋書店のシステム部長として ASK システムを開発し、同社の情報検索事業の基礎を作った坂本徹朗氏が執筆されている。

　氏はオンライン情報サービスを「オンライン情報サービスとは、オンライン・システムに情報をのせ、通信回線を通じて必要のつど即座に利用できるように

した情報検索サービスの称である。現在、世界で行われているこの種のサービスは、実験システムも含めると約 100 に達する。その特性は、（1）オンライン・システムであること、（2）自前のデータベースを持つこと、（3）ユーザが直接アクセスできること、にある。さらに商用という条件を考慮すれば、(4)第三者に提供し、相応の対価をとること、が付け加わる」と定義されている。

また、ハード・ソフト面及びサービスシステムから捉えると「オンライン情報サービスは、データベース、オンライン・コンピュータ・システム , 通信回線、端末装置を構成要素とするものである」と定義されている。

これらの定義は、現在も基本的に変わっていない。DIALOG は、こうしたオンライン情報サービスの特性を典型的に兼ね備えたサービスであり、後には通信回線サービス機能まで持つことになる。日本へ上陸した 1978 年時点で、提供データベース数が 100 に近い巨大なサービスシステムであった。

1.5　バッチとオンライン

ユーザに DIALOG サービスを提供するためには、販売側がオンライン情報サービスのユーザへの提供をどのように行うべきかの方針と具体的な提供の方法を確立する必要があった。海外のオンライン情報サービスの実施例は日本には例がなく、すべて自ら作らなければならなかった。

バッチでの情報検索サービスの提供についてすでに 6 年の経験を持ち、ユーザマニュアルの作成、ユーザ教育の実施、顧客への販売方法のノウハウが確立し、ユーザも 300 機関を超えていたのでオンラインによる情報検索サービスの提供についても不安はなかったが、端末を使ってのインタラクティブの検索技術指導を実際にどのように行うのか、オンラインサービスはどのようにして販売するのかを知る必要があった。

このため、私は 1978 年の 7 月に実際に DIALOG システム利用のトレーニングを受けてみることになった。シカゴで受講したこの 2 日間のトレーニングの結果、得た感想は以下であった。

＊非常に簡単である。バッチ検索の経験があり、英文タイプに慣れた者であれば、事前準備もいらずに容易にマスターできる。

＊バッチ処理と異なりその場で（リアルタイムに）処理（学習）結果が検証

　できるので、バッチ検索のトレーニングより遥かに平易で理解しやすい。

　ASK サービス利用講習セミナーの講義内容は,

　（1）ASK レポートフォーマットの解説

　（2）主題分析とプロファイル作成法

　（3）ASK 検索システム解説と入力様式

　（4）主題分析実習

　（5）コーディング実習

というもので、まず CA、INSPEC などの個々のファイル特性の説明とそれらのデータが ASK システムではどのように処理されるかを講義した。

　次いで、ASK の検索プログラムを用いて所与の主題ごとの検索式（プロファイル）を作成し、それをコンピュータでバッチ処理するための入力シートを作成する、というのが一連の講習内容であった。

　これに対し DIALOG の研修項目は以下であった。

　（イ）検索テーマの検討とファイルの選択

　（ロ）コマンドの解説

　（ハ）コマンドの入力法

　（ニ）検索手法

　（ホ）データベースの構造

　（ヘ）事例研究と問題

　（ト）サービスの説明（端末機、料金、回線など）

ユーザにとって、バッチであれオンラインであれ、検索システム（コマンド）の理解は必須であり、次いで正しい検索結果を得るためには主題の分析が重要であり、トレーニングの共通項目になっている。

　しかし、ユーザにとって学習結果、所与の検索問題の検索結果（回答）がコンピュータシステムと対話してリアルタイムに得られるという機能はバッチシステムでは望むべくもなく、オンラインシステムが圧倒的に便利であった。

　バッチでは、ユーザは検索式をコーディングシートに記入した後は、コンピュータマンに処理を委ね、数時間あるいは数日おいて、処理結果を手にして初めて期待した検索結果が得られたかどうかの検証ができる。

　もしもスペルミスでも発見されれば、また振り出しに戻らなければならなか

った。とにかくオンライン情報検索システムの出現は、バッチで検索処理を行ってきた者にとっては革命的なできごとであった。

1.6　マニュアル・ニュースレターの翻訳

　ところで 1978 年秋に DIALOG サービスが日本に進出した時点でロッキード社が発行していたマニュアル・教材などは、「A Guide to DIALOG Searching」、「The DIALOG Databases Series（Bluesheets）」、「The Subject Guide to DIALOG Databases」、「Chronolog：Monthly Newsletter of the DIALOG」と DIALOG System Seminar テキストとその Work Book であった。

　日本でサービスを開始するに当たって最初に行ったことは、これらの日本語への翻訳作業であった。とりわけ DIALOG オンラインシステムで使われている用語はほとんど定訳がないので、訳語の確定とガイドラインを作ることから始めなければならなかった。

　この作業は情報検索に造詣が深く英語に堪能な専門家にお願いすべきことであったが、誠に幸いなことにこの仕事は、藤川正信先生（後の図書館情報大学学長）と元 JICST の牛島悦子氏（白百合女子大学教授）が引き受けてくださり、両氏に作っていただいた翻訳ガイドをベースに翻訳が行われた。

　データベースだけでも 100 種類近くあり、翻訳出版には大変な費用と時間を必要としたが、当時、アメリカの最先端のオンライン情報サービスのマニュアルを翻訳することは情報検索の実務家にとっても、図書館情報学の研究者にとっても新しい知識の吸収になったこともあって、JICST、国会図書館、IMIC（国際医学情報センター）、図書館短期大学などの多くの方々に協力いただくことかができた。

　ニュースレターの「Chronolog」については、1979 年 1 月号から翻訳出版を開始したが、これは新たなデータベースの紹介、コマンドやシステムの変更、新しいコマンドの使い方の解説、上手な検索手法の紹介が速報的になされるのでユーザにとっては不可欠な技術資料であった。

　また、日本のユーザは一挙に 100 近い二次資料データベースが使えることになり、どの主題の検索にはどんなデータベースが適しているのかを案内するために、当時、米国で出版されていた「Computer-Readable Bibliographic

Database」と「A Directory and Data Sourcebook」で Williams と Rouse が使用している主題語及び各データベースの主題分類と目次からとった 650 の主題語で 88 種のデータベースを検索できる索引「データベース・主題ガイド―DIALOG ハンディマニュアル―」を作成した。この索引は 1979 年に出版され、ブルーシートの簡略版と英語のみならず日本語索引も付けられており、これはロッキード社も作っていない日本の市場に即した独自の検索用の資料で、未だ馴染みのない DIALOG 利用のための効果的な補助資料になった。

　一方、セミナーのテキストは、当初米国で使用されていたテキストをそのままコピーして使っていたが、1980 年 4 月に専用回線による DIALOG サービスを開始した時点では、ロッキード社のセミナーテキストとワークブックを日本のユーザ向けに改良した日本語で書かれた セミナーテキストを整えていた。

　このように、専用回線でのサービス開始時点では、Chemical Abstracts、INSPEC、Excerpta Medica、BIOSIS などの主要ファイルのデータベース利用マニュアルの日本語版も完成しており、ほぼ万全な体制ができていた。

1.7　利用状況

　ロッキード社との契約は独占契約ではなかったので、販売保証は求められなかったが、協議で販売目標の設定を行っていた。契約交渉のとき同社のサミット氏に日本市場への期待を尋ねたところ、「イギリス並みの売り上げを期待したい」とのことであった。具体的な数字を挙げてもらったら、「年間 2,000 時間の販売を希望する」とのことであった。

　当時、すでに ORBIT のテレックス検索を行っており多少のデータもあって、結局 1,500 時間で折り合ってもらった。実際には 1980 年 4 月のサービス開始月の実績で月間 300 時間の利用があり、この目標は数か月でクリアしてしまった。好スタートが切れて、このときサミット氏から CONGRATULATIONS! というテレックスが入ってきたのを今でも昨日のことのように覚えている。

　スタート時 300 時間達成というのは、テレックス回線使用時の利用時間が月間 50 ～ 60 時間であったので思った以上に良い数字であった。

　DIALOG の国際専用回線による販売に関しては、まず日米間の専用回線設備を整えなければならず、私自身全く予期しない本屋が畑違いの回線提供業者

になったということを意味し、実はいろいろな苦労があった。

　この回線の問題については別稿で改めて書くこととし、ここでは手元の記録によりサービス開始直後の利用状況について述べてみたい。

　DIALOG サービス提供がほぼ軌道に乗った 1981 年の販売時間は約 5,200時間、売り上げでは約 1 億 3,000 万円であった。毎月前月比 20% 以上の伸びを示し、年末には遂にほぼ 1,000 時間の月間利用に達した。パスワードの登録件数もその年の終わりには 1,000 件をわずかに切るまでになった。

　パスワードの市場別割合は、企業 57%、大学 24%、政府機関 11%、その他8% であった。企業の業種別では化学・製薬企業が全体の半数を占め、4 分の1 が電気・機械・鉄鋼メーカで占められていた。

　使用ファイルのトップ 10 のランクは、(1) CA Search、(2) EM、(3)ChemName、(4) CLAIMS、(5) COMPENDEX、(6) INSPEC、(7) PTS (Predicasts)、(8) BIOSIS、(9) NTIS、(10) DIALIN-DEX であった。これらのファイルの中では CA Search の利用が全体使用量の 35.3% を占め、EM は 12.2% であった。

　ファイルの使用は当初から化学・医学・特許分野のデータベースに偏っており、これらの分野で全体の 70% を占めていた。後に MEDLINE と Derwentファイルが加わるが、比重はさらに高まることになる。現在、DIALOG で利用できるデータベース数は当時の 4 倍以上になっているが、日本では上位 10ランクのファイルで全体使用料の 80% 以上が占められている、つまりほとんどのファイルは微々たる利用にとどまっていると思われる。欧米ではビジネス、人文社会系のデータベースがもっと多く使用されているとのことであり、こうした極端なファイル使用の偏向は日本に特異なことと思われる。

　私は、オンライン情報サービスの販売にとって最も重要なのはトレーニングとユーザサポートと考えている。1981 年時点で、すでに基礎、上級、化学、特許、ビジネス、医学、工学など 13 種類のセミナーが実施されている。これらのセミナーは全国の主要都市でこの年 71 回開催され , 延べ 694 人が参加している。セミナーはすべて有料であったが、特に基礎セミナーはいつも満席であった。

【参考文献】
(1) 日本ドクメンテーション協会編 .NIPDOC シリーズ 24 ;『オンライン情報サービスの現状と展望』、東京 , 社団法人日本ドクメンテーション協会、1978

第4節

DIALOG の日本への上陸
3. DIALOG サービスとしての回線事情

（初出誌：『情報管理』Vol.41 No.10 Jan.1999）

　本題に入る前に、ダイアログ・コーポレーションの新社長の講演を聴く機会があったので、このことに触れてみたい。

　1998年は、日本データベース協会が主催してきたデータベース関連業界のショーである DATABASE TOKYO の10周年にあたる。10周年記念セミナーとして、10月21日に有楽町の東京国際フォーラム会場で Dialog Corporation の Dan Wagner 社長、Chemical Abstracts Service の Robert J.Massie 会長、LexisNexis 社の COO（Chief Operating Officer）の Tim Davies 氏の3トップエグゼクティブによる「オンライン・データベースの将来構想」と題する国際フォーラムが開催された。

　三者三様に非常に興味深い話をしていたので、できれば詳細をレポートしたいところではあるが、ここはその場ではないので簡単に三者の結論的な論点のみを以下に紹介し、コメントしてみたい。

　ワグナー氏は「新しいインターネット技術を中心とした情報技術の進歩により、情報サービス会社はさらに飛躍的に発展する機会を与えられている。ダイアログ社は、25年間にわたる情報サービスの豊かな経験、積み上げてきた情報活用の知識、優れた索引付けと情報検索の技術を用いて、これまで以上に適切な情報を適切な相手に届けることを責務としたい。DIALOG サービスは、急速に拡大しつつあるエンドユーザとエンドユーザの問題解決を助ける情報専門家の良きパートナーであり続けるであろう」と語った。

　ケミカルアブストラクト・サービスのマッシー氏は「インターネットという台風が吹き荒れて科学技術情報界に変化が起きている。一次情報の出版は容易にフルテキストオンラインサービスを始めることができるようになった。また、Web 上にいろいろな情報源が現れては消えていき、科学者が目を通さなければならない情報も急増している。こうした状況はインターネットによって

もたらされているが、こうしたインターネット環境下で科学者は、情報を選別するために、これまで以上に Chemical Abstracts のような二次情報（仲介者）を必要とすることになろう。データベースに関わる者は、唯一を誇るより最善を尽くすべきである。インターネット時代にあっても、イノベーションと良質の価値を創り出そうとする強固な意志こそが科学技術データベースの発展と成功をもたらす。」と述べた。

デイビース氏は、「知識こそが企業の一次資産になっており、LEXIS-NEXIS のような情報サービス会社が脇役から主役へ躍り出ようとしている。最適な情報を最適な方法で利用している企業こそが成功を収めることができる。24,000 のソースから毎週 400 万件の記事を採録している LexisNexis は、現在 60 か国の 150 万ユーザに日常的に使われ、情報提供について One Stop Shopping の機能を果たしている。LexisNexis は価値ある情報の生産とその情報を駆使して顧客の問題解決に役立たせる方法に通じており、待ち時間ゼロの just-in-time 方式の情報提供を志向している」と語った。

1.8　三人の講演への所感

三人の共通認識は、インターネット技術などの情報技術革新による変化の時代の最中にいるということであった。当然のことながら三者三様の考えに立って、この変化の時代をフォローの時代と受け止めていた。残念ながら私には DIALOG は拡大基調にあるようには見えないが、CAS と LEXIS-NEXIS は依然として成長を遂げているように思える。

マッシー氏によると、CAS の売り上げは 1 億 5,500 万ドルで、その内 75%（1 億 1,600 万ドル）が電子情報サービスの売り上げとのことである（Chemical Abstracts の冊子体の予約購読がまだ 2,000 あるとのこと）。

CAS の親機関である American Chemical Society の 1988 年の Annual Report によれば、CAS の売り上げは 1 億 770 万ドルで、その内電子情報サービスの売り上げは 4,610 万ドルであった。CAS は 9 年間で 44% の売り上げ成長を遂げ、電子情報サービスの売り上げは 2.5 倍になっている。

一方、LEXIS-NEXIS であるが、5 年ほど前に Reed-Elsevier に約 15 億ドル（だったと思う）で買収された時の売り上げが 6 億 5,000 万ドルと記憶しているが、

現在は10億ドルを超えているとのことであった。

　オンラインサービス以外の出版物の売り上げも入っているとのことであったが、成長著しいと言える。Dialog社の売り上げの公表はなかったが、マッシー氏がCASは同社の半分の売り上げと言っていたので、DIALOG、DataStarにProfoundを加えて3億ドル程度の売り上げだとすると、ここ数年は売り上げ横這いの感じがする。CASは化学の専門情報、LEXIS-NEXISはローファームや企業向けのビジネス専門情報という特化された市場領域を持ち、しかも両社とも高い市場占有率を持っているので、インターネットなどにより情報環境が変わってもマイナス影響が少ないのであろう。

　ところで、この国際セミナーの聴講者数のことであるが、30人程度と低調であった。半数近くは講演者の関係者で占められていたようで、わが国を代表するデータベースあるいは情報サービス関係のエグゼクティブ、通産省などの関係官庁の人の顔が見当たらなかった。これだけのそうそうたる顔ぶれはロンドンのオンラインミーティングなどの欧米のセミナーでもまず揃わない。参加費が1人30,000円と高額であったので参加しづらかった面があるにせよ、全員がしっかりしたペーパーを用意しての講演であっただけに大変惜しい気がしてならなかった。さて、寄り道が長くなったが、再び本題に戻りたい。

1.9　再び、通信回線のこと

　DIALOGサービスに関わる話は、データベース・サービスの全てについて語るに等しいので、話は尽きない。紙面の関係で全ては語れないので、以降オンライン情報サービスに関わりの深い通信回線のこと、サービス料金のこと、このサービスを提供してきたDialog Information Services社、Knight-Ridder Information社それ自身のことに的を絞って話を進めたい。

　オンライン情報サービスは、1972年に米国国立医学図書館（NLM）が70年代初頭に利用可能になったTymnet、Telenetなどの付加価値通信サービス（VAN）を利用したオンライン情報サービス「MEDLINE」を開始し、これが成功を収めたことにより、ロッキード、SDCなどがこれに力を得て商用オンライン情報サービスを開始するという歴史的展開をたどっている。

　当時の情報検索サービスは、まだバッチによる検索サービスが全盛であった

が、VAN という通信回線技術の出現により情報検索サービスは急速にバッチ処理からオンラインへ移行していった。日本でオンラインで情報サービスをするためには、この通信回線利用環境が整うことが前提であった。

前稿で日本の通信規制事情に触れたが、ロッキード社とは KDD の国際通信回線サービス（ICAS、国際コンピュータ・アクセス・サービスと呼ばれた）の開通が次年にも始まるということを前提に 1978 年に契約を交わしたが、肝心の ICAS 開通の見込みは次年になってもまったく立たず、ロッキード社からはいつからサービスを開始するのかと契約側が責めたてられた。

規制緩和が大きく取り沙汰される昨今にあって、後学のために当時の国際通信回線の状況を日経新聞の報道記事でまとめてみる。

1979 年（昭和 54 年）5 月 8 日から 10 日にわたって日経朝刊に「暗礁に乗り上げた KDD の国際情報サービス」という記事が掲載された。この記事によって私は、DIALOG サービスを早期に日本で開始するには「KDD のサービスを待つのではなく自力で専用回線設備を持つしかない」と決心させられ、前稿で述べた郵政省との交渉を始めたという因縁の記事である。

さて、日経の記事のポイントは以下であった。

(1) KDD は昭和 52 年から ICAS を開始すべく郵政省に許可申請を行ったが、料金問題などで同省の了解が得られなかった。

(2) 54 年 4 月にようやく郵政省が認可の意向を示した矢先に、米国側で CDC（コントロールデータ社）が米国側の ICAS 事業者の RCA、ITT などの連邦通信委員会（FCC）への許可申請に対し否認申請を行った。

(3) CDC は日本に現地法人を作って通信サービスを開始しようとしているが、日本の公衆電気通信法が特定通信回線（専用回線）の他人使用、共同使用、相互接続を厳しく規制しているため事業展開ができず、この機をとらえて日本側の通信政策の変更を迫ったものと解釈される。ICAS の使用についてもこれらの規制があり、CDC は、KDD が専用回線利用に対する制限を撤廃しない限り、ICAS の実施は公共の利益に反するので認めるべきではないと主張している。

(4) これに対して RCA や ITT はもとより、日本でのオンラインサービス開始を日程にのせているロッキードなどが CDC の異議申し立てに抗議しているが、CDC の異議申し立てにより ICAS 開通の目途が立たなくなった。

(5) KDD は、「CDC は国連の専門機関である国際電気通信連合の下部常設
    機関 CCITT（国際電信電話諮問委員会）の専用線業務に関する勧告に
    照らして日本の専用回線の利用制限は違反である」と主張しているが「わ
    が国の専用回線に関する利用制限」は国際的にも認められていると反論。

(6) また CDC は「KDD が専用回線ユーザに対し、ICAS などの公衆データ
    通信が開始された場合には公衆データ通信の利用に切り替えてほしいと
    要望している」との事実を踏まえて、ICAS が実施されたら KDD は専
    用回線業務を中止する恐れがあると主張している。これに対し KDD は
    「専用回線は法律で定められた業務であり KDD の判断で中止はできな
    い。また、KDD が専用回線に制限を課していることが、日本の領土権の
    およばない米国内に影響を与えている」との論旨には無理があると反論。

(7) KDD では、専用回線が伝送する情報量に寄らず一定料金であるのに対し、
    ICAS の場合は情報量によって料金の違う重量制料金にする方針。KDD
    としては伝送する情報量の多いユーザはできるだけ ICAS に移ってほし
    いというのが本音。ある情報処理業者が専用回線と ICAS の料金比較を
    行ったところ、ICAS のほうが約 4 倍高く、著しく不利との結果がでた。

(8) 1978 年（昭和 53 年）KDD が専用回線を値上げした時、値上げに反
    対するために結成された電気通信ユーザ協議会は最近「ユーザ白書」
    をまとめたが、わが国の回線利用制限への不満が数多く集められてい
    る。このままだと国際データ通信のセンターが日本から逃げ出すとも
    指摘。この協議会メンバーの一人は「外圧でわが国の政策を変えるの
    はおかしいが CDC の言い分はよくわかる。内心ではよくやってくれ
    たと言いたい気持ちもある」と述べている。

さて、今振り返ってみると何ともおかしな話であり、馬鹿馬鹿しいとさえ思
われることが、20 年前は深刻な問題となっていた。その後の経過を略述すると、
以上の状況から「1 企業が行った、正しく国際間で他人使用、共同使用、相互
接続を行う専用回線を使ったオンライン情報サービス使用を目的とした回線利
用申請」が、なぜか 1980 年（昭和 55 年）の年初に許可されてしまった。

後に通信専門業者から聞いた話では、この認可は通信業界の七不思議と言わ
れていた由。KDD とは、この年の 3 月にめでたく「国際特定通信回線使用
契約」を締結している。契約回線は東京とサンフランシスコ間を結ぶ V-2 と

呼ばれる音声級の 4,800bps 回線で、月額使用料は 366 万円であった。また、Dialog ユーザへの提供価格は 1 分当たり 80 円（1 時間 4,800 円）と設定した。

ところで、1998 年 8 月現在インターネットのサービス提供者（プロバイダ）は 3,054 社存在する。このような国際通信回線サービス業者は 1980 年初頭では KDD1 社であったと言ってよく、しかも自由に全世界と交信したりメッセージを送ることのできた公衆回線はテレックス回線だけであった。

米国の NSF（National Science Foundation）が、インターネットの商用利用を認めたのは 1991 年のことで、通信回線事情はこの時を境に一変し、日本でも 3 年遅れくらいでインターネットブームが起こり多様なサービス業者が出現することになる。因みに専用回線使用料は手元にある業者の料金表では 128Kbps で 17 万 2,850 円、ダイアルアップ方式では 15 時間までの使用で月額 2,000 円、15 時間超過分は 1 分につき 10 円となっている。

DIALOG サービスのための専用回線料金は 4,800bps（128Kbps の 266 分の 1 の回線規模）で 366 万円であったわけでこの料金格差はあまりに大きすぎる。回線の問題はまだまだ触れたいことがたくさんあるが、本稿では先の日経の記事にあったような事柄で実際に体験したことを一つだけ述べて終わりにしたい。

まず専用回線の申請を行った 1979 年（昭和 54 年）の 8 月時点で、もし ICAS が開通した場合、この申請は取り下げるとの念書を KDD に入れさせられた。この約定に基づき 1980 年（昭和 55 年）の 9 月に ICAS サービスが開始された時、せっかく始めた専用回線サービスを中止させられ ICAS に移行したところ、DIALOG を利用した時の ICAS の平均利用料金は 1 時間当たり 9,663 円にもなり、DIALOG のもう 1 社の販売代理店であった丸善の特定通信回線による回線使用料金の 1 時間 6,600 円に太刀打ちできない価格であった。

当初、特定通信回線でサービスを開始した丸善にも KDD が ICAS への切り替えの念書を入れさせたかどうかは不明であるが、1 年後の 1981 年（昭和 56 年）の 10 月には競争上、改めて自営の専用回線サービスに切り替えざるを得ないことになり、その間の営業上の打撃と損失は計り知れないものがあった。

【参考文献】
(1) 日本データベース協会編　DATABASE TOKYO 第 10 回記念セミナー「データベース国際フォーラム―オンライン・データベースの将来構想」、東京、日本データベース協会、1998
(2) 日本経済新聞朝刊、「暗礁に乗り上げた KDD の国際情報サービス」（上・中・下）、東京、日本経済新聞社、1979 年 5 月 8、9、10 日

第4節

DIALOG の日本への上陸
4. DIALOG の料金体系

（初出誌：『情報管理』Vol.41 No.11 Feb.1999）

　本稿では、オンライン情報サービスの料金のことを述べてみたい。データベースのオンラインサービス料金は、ファイル使用料（データベースに接続してそれをオンライン処理で使用するための料金）、プリント料（データベースの中から情報を検索して出力させた場合の料金）、通信回線料金（ユーザ端末からベンダーのコンピュータシステムに接続するために必要な料金）と電話料金（ユーザ端末から通信回線に接続するのに必要な料金）からなっている。

1.10　回線料金

　前稿では回線問題に触れたので、引き続きで回線料金から入りたい。オンライン情報サービスにとって回線の問題は、前稿で述べたような国の制度的、政策的な側面とともに価格の高低が重大であった。

　例えば、DIALOG サービスが日本で開始された翌年の 1981 年（昭和56年）の実際のサービス料金を例示してみると以下のようであった（**表1**、**表2**参照）。

表1　CA Search を使った場合のコスト計算例

CA Search を 10 分使って 50 件の検索結果を得た場合の料金。1 ドル 180 円で換算

ファイル接続料	70 ドル× 10/60 × 180 円× 1.15	2,415 円
プリント料	0.18 ドル× 50 × 180 円× 1.15	1,863 円
専用回線料	80 円× 10 ＝ 800 円	800 円
合　計		5,078 円

注：ファイル使用料＝ 70 ドル / 時、プリント料＝ 0.18 ドル / 件、
　　専用回線料＝ 80 円 / 分、計数 1.15 は代理店の手数料率というのが当時の標準
　　的な価格

表 2　同じ条件で MEDLINE の場合のコスト計算例

同じ条件で MEDLINE を 10 分使って 50 件の検索結果を得た場合の料金。
個々の料金説明は CA Search に同じ

ファイル接続料	35 ドル× 10/60 × 180 円× 1.15	1,207 円
プリント料	0.15 ドル× 50 × 180 円× 1.15	1,552 円
専用回線料	80 円× 10	800 円
合　計		3,559 円

　専用回線料金は、比較的データベース使用料の高い CA Search で全体の料金に占める割合が 15.8%、比較的安い MEDLINE で 22.5% を占めていた。

　回線料金としては、さらにこの料金に電話料が加わることになる。ICAS の料金は、時分料（1 分単位）55 円、伝送字数料（1,000 字単位）165 円であり、実際の DIALOG の接続では平均 1 分当たり 161 円であったので、前稿で「情報処理業者が専用回線使用に比べ ICAS 料金は相当割高になると懸念していた」と述べたとおりになった。

　伝送字数料なるものは、データをパケットにして送る時の単位ということであったが、同時期のロッキード社の DIALOG サービスカタログをみると Tymnet や Telenet の専用回線使用料金は米国内は 1 時間 6 ドル、メキシコ・カナダで 8 ドル、ヨーロッパ向けの同社の専用回線サービスである DIALNET の使用料金は 1 時間 10 ドルとなっており、伝送字数料などというのは見あたらない。いずれにせよ日本のユーザは、回線料金については、欧米に比べてかなり高い料金を払わされていたと言える。

　1981 年当時は、CA Search、MEDLINE などほとんどの主要ファイルがオンラインタイプ料金を設定しておらず、オフラインプリント料金との兼ね合いで出力何件までならオンライン出力の方が有利（オフラインプリントは郵送でユーザの手元に届くのに 5 〜 6 日を要した）になるなどと、サーチャーは計算しながら検索を行っていた。専用回線サービスに比べて ICAS は、アクセスポイントまでの電話料金が高い地方ユーザにとってはメリットがあった。例えば、専用回線サービス開始時にはアクセスポイントが東京と大阪にしかなかったため、札幌のユーザは DIALOG を 15 分使うためには、専用回線料金の 3 倍の 3,600 円もの電話料金を払わなければならなかったが、ICAS ではこの電話料がかからなかった。

因みに、1988年当時のDIALOG利用のための通信回線料金は、専用回線サービスで1分当たり45円、インターネット回線で1時間当たり12ドルとなっている。

1.11　データベース使用料

データベースサービスの使用料は、大きくデータベースプロデューサが定めたデータベースの使用料（ロイヤリティーと呼ばれることが多い）とオンライン・コンピュータ・システムの運用費からなる。そもそもデータベースの使用料の内訳はどうなっているかというと、1993年度のEl COMPENDEXの例で見ると以下のようになっている。

データベース使用基本料　：19,500ドル/年額
オンライン接続料　　　　：60ドル/1時間
フルレコード出力料　　　：40セント/1ヒット
部分レコード出力料　　　：30セント/1ヒット
SDIサービス料　　　　　：2.50ドル/1検索
SDIレコード出力料　　　：25セント/1ヒット

一方、1993年のDIALOGサービスでのCOMPENDEXの使用料金は、以下となっている
（かっこ内は、料金総額に占めるデータベース使用料の割合）。
ファイル接続料　　　　：117ドル/1時間（51.3%）
フルレコード出力料　　：65セント/1ヒット（61.5%）
SDIサービス料　　　　：14ドル/月（62.5%）

＊SDIサービスのデータベース使用料（ロイヤリティー）の計算は、上記により2.50ドル＋25セント×25＝8.75ドル。DIALOGのSDIサービスは、月間料金の中に25ヒットまでの出力料金が含まれている。

これらの料金表から、DIALOGのユーザは使用料金のおよそ半分を、実はデータベースプロデューサにロイヤリティーとして支払っていることがわかる。

　上記のデータベース基本使用料というのはDIALOGなどのベンダーがプロデューサから磁気テープで定期的にデータベースの供給を受けるための一回的な年間費用なのでサービス料金への跳ね返りはほとんど無いに等しい。

　DIALOGは最近、接続料金制を廃止してDial Unit（Dialog Interactive Language Unit）と称するリソース課金制に料金体系の変更を行った。これによると、COMPENDEXの場合、1998年当初のファイル接続料金は、1時間当たり60ドルであったものが5.25Dial Unitになっている。

　データベースプロデューサは回線料金の低廉化や回線スピードの向上に合わせてデータベース使用料の変更を絶えず行っている。ベンダーもこれに合わせて料金変更を行っており、DIALOGでのCOMPENDEXの利用料金は、1993年にはファイル接続料が1時間117ドルであったものが、1998年には半額の60ドルに値下げしている。しかし、出力料金が65セントから3倍の1.95ドルに値上げされている。オンライン情報サービスは、CD-ROMやインターネットの出現で、従来の使用量に応じて料金を支払うという従量料金制から固定料金制へと料金制度が移行しつつあるが、理屈はともかくDialUnitもこうした過渡期の課金方式と言える。

1.12　データベースサービス価格の設定

　ここで、もう少し学術・専門分野のデータベースサービスの提供価格の仕組みについて触れてみたい。紀伊国屋書店がロッキード社とDIALOGサービスの代理店契約をした1978年の同社の文献情報検索サービス（ASK-SDI）のCA Search（当時はCA Condensatesと称していた）のバッチ検索の料金体系は以下であった。

年間基本料　　　　　：74,000円/52回処理
年間基本ヒット数　　：2,500件
ヒット超過料　　　　：2,500件を超えた場合に1件につき30円を加算。
使用検索語　　　　　：20語
　　　　　　　　　　：21語以上は1語につき
　　　　　　　　　　：4,000円を加算。
検索結果追加料　　　：45,500円/部
　　　　　　　　　　検索結果を1部追加した場合の料金。ヒット超過料金もそのまま適用。

　当時の CA Condensates のデータベース基本使用料は、年額約 200 万円で
あったので、このコストを割り振った金額と出力料を足した金額が CAS へ支
払うロイヤリティとなる。

　情報出力（ヒット）当たりのロイヤリティは 8 円であったので、8 円×
2,500 件＝ 20,000 円にデータベースの基本使用料を足したコストは、7 万
4,000 円中の 40% 強を占めていた。

　別稿で、ISI 社の SDI サービスの ASCA では Price for High-Frequency
Terms リストを作り検索時に高頻度で出現する用語（検索語）については、
あらかじめ料金を設定していると記したが、これはコンピュータリソースをど
れだけ使うかによってサービス料金を決める合理的な方法であった。

　ASK-SDI サービスでも、ISI ほど厳格ではないが使用検索語に値段を付けて
いた。DIALOG の Dial Unit という課金方式は検索実行コマンドによって　デ
ータベース検索を行うコンピュータリソースが働きユニットシステムが稼働し
て課金計算が行われるのであろう。

　バッチとオンラインの相違はあっても、データベースサービス価格は、出版
社なりデータベースプロデューサのロイヤリティ価格設定により、その価格が
決まると言っても過言ではない。

1.13　DIALOG サービス価格の変遷

　DIALOG で前述の条件で、CASearch を検索した場合の 1998 年 4 月の料
金は、以下となる。

```
ファイル接続料：120 ドル× 10/60 × 120 円× 1.2 = 2,880 円
プリント料　　：2.25 ドル× 50 × 120 円× 1.2 = 16,200 円
専用回線料　　：45 円× 10 = 450 円
計　　　　　　：19,530 円
```

　1981 年の価格は、5,078 円なので 18 年間で利用価格は 3.8 倍になっている。
　表 3 に学会系データベースの CA Search、政府系データベースの MEDLINE、
民間データベースの PTS（IAC）PROMT のサービス料金を経時的に列記する。

表3　データベースサービス料金の比較表

CASearch	1981	1985	1990	1995	1998
ファイル接続料	$70	76	114	90	120
プリント料	$0.18	0.28	0.52	1.50	2.25
専用回線料	80円	80	80	45	45
MRDLINE	1981	1985	1990	1995	1998
ファイル接続料	$35	36	36	15	30
プリント料	$0.15	0.20	0.20	0.14	0.26
専用回線料	80円	80	80	45	45
PTSPROMT	1981	1985	1990	1995	1998
ファイル接続料	$90	114	126	90	60
プリント料	$0.20	0.58	1.05	1.70	3.00
専用回線料	80円	80	80	45	45

　PROMTについて、CA Searchと対比のため同一条件で費用計算をしてみると、1981年時点の検索料金は5,975円となり、1998年時点では2万3,490円で18年間で3.9倍の値上がりとなっている。

　政府系のMEDLINEは、この18年間、為替の変動による高下程度で価格は変わらない。学会系のCA Searchと商業系のPROMTの値上がり幅が全くと言ってよいほど同じというのは興味深いが、CASは学会の下部機関とはいえ、データベース界のIBMと言われる巨人であり、トムソン傘下のIAC（現Gale）に匹敵する力を持つ非営利法人なので、民間企業並の価格政策が取られていても不思議ではない。

　MEDLINEの価格が不変なのは、CD-ROM版との競争上の配慮とFree Medlineへの対抗など激しい価格競争に起因していると考えられる。

　オンライン情報サービスは、長い間従量料金制が主流を占めてきた。この方式は必ずしも合理的と言えないが、利用者にとっては理解しやすい課金方式であった。CASをはじめとするデータベースプロデューサは、技術変化の激しい通信技術やコンピュータ技術によるユーザのデータベース利用方法の変化を勘案して、使用料（ロイヤリティー）を毎年のように調整しつつ今日に至っている。

　DIALOGの売上げに占める接続料、オフラインプリント料、オンラインタイプ料の割合を見てみると以下の変化が見られる（**表4**）。

　1983年には売上の76％が接続料収入であったが、10年後の1993年には

表4　データベースサービス料金の比較表

DAILOG	1983	1993/3	1994/11
接続料	76%	48.1	38.9
プリント料	16.7%	16.4	14.9
タイプ料	7.3%	35.5	46.2

48%にまで減少し、それから2年足らずのうちに、さらに10%近く減少している。

　回線スピードのアップと共にオフラインプリントの売上げが減少し、1994年11月時点ではオンラインタイプによる売上が46%を占めるにいたり、オフラインプリント売上げを含めると61%が出力料金からの売上げになっている。回線スピードがさらに早くなっている現在では、恐らく80%近くがプリントとタイプによる売上げになっていると思われる。

　データベースプロデューサはプリント料金で大幅に、接続料金で細かに調整を行い収入の安定化を図っているものと思われる。

　次項ではDialog社との特記すべきビジネス上のやりとりについて触れてみたい。

コラム

DIALOG以外のオンラインサービス

　Dialog社は、自社製品以外の情報サービスの取り扱いを嫌い、様々な牽制を受けた。

　当時の私の考えは、そこにそれを必要としているユーザーがいれば、その情報を提供するべきだというものだった。

　この時、市場に提供した海外のサービス。

・INKA：ドイツの国立研究機関が提供の化学情報
・WESTLAW：米国の判例情報サービス
・QUESTEL：フランスの広範な情報サービス
・EC Online：ECが提供する経済情報のサービス。
・NUMERICA：化学数値データ
・InfoLine：英国pagamon社が提供した情報サービス

（初出誌：『情報管理』Vol.41 No.12 Mar.1999）

第 4 節
DIALOG の日本への上陸
5.　DIALOG の問題点

DIALOG サービスについては、本稿を以て一応終稿としたい。ここでは、ロッキード社―Dialog Information Services 社―Knight-Ridder Information 社―The Dialog Corporation と変遷してきた同社とのビジネス上の関わり合いについて述べてみたい。私がこれらの会社のことで関わったさまざまな会社、学協会の多くの人々とのやりとりは数多くある。それらとの交渉は、現在の電子情報サービス、インターネットによるさまざまなコンテンツ提供サービスなどの実ビジネスに資することも多くあると思われる。以下では、相手に支障をきたさない範囲で、紙面の許す限りいくつかのことに触れてみたい。

1.14　サミット氏のこと

DIALOG サービスそのもののこと、そして会社としての DIALOG との交渉は、ロッキード社にあってこの事業を立ち上げ、会社に発展させ、現在も Dialog 社の名誉会長としてこのサービスに関わっている Dr. Roger Kent Summit を抜きにしては語れない。

サミット氏は、1930 年にデトロイトに生まれ、1952 年スタンフォード大学卒、1957 年同大学経営学修士号（MBA）、1965 年同 Ph.D をそれぞれ取得。1965 年にロッキード社のパロアルト研究所に研究員として入所。

1960 年代は、米国はロシアと激しい宇宙開発競争を行っており、そのさなか NASA は、膨大な技術情報の検索を可能にするために、航空宇宙関係の技術・研究レポートのデータベース化を行っていた。

一方、ロッキード社も自社の研究利用のため情報検索システムの開発を行っており、1964 年には、当時開発されたばかりの第 3 世代コンピュータ、IBM360/30 の導入を図りシステム名「DIALOG」を開発することになった。サミット氏は、

53

この開発に従事し、1968年には、NASAの情報検索システムRECONの開発入札に勝ち、この実績を基にAEC（Atomic Energy Commission）、ERS（European Space Agency）、米国教育省のERICシステム構築の受注に成功する。

　こうした実績により、彼が所属するシステム研究室は、ロッキード社の情報検索システム開発部門として社内のプロフィットセンターとなり、1972年にはERIC、NTIS、NAL（National Agricultural Library）の各政府系データベースの商用オンラインサービスを始めることとなる。これが、DIALOGのスタートであった。

　私が、1978年の夏に初めてこの研究所を訪ねた時は、商用サービス開始から6年が経過しており、サミット氏がマネージャーで、すでにその下に30人のスタッフがいた。当時の組織は以下のようなものであった。

　　＊ Marketing　　　　　　　2名
　　＊ Administration　　　　　 4名
　　＊ Software Development　　4名
　　＊ Operations　　　　　　　6名
　　＊ Special Projects　　　　　4名
　　＊ Customer Services　　　 11名

ロッキード社のDIALOGサービス部門は、その業績が評価されて、1981年には、Dialog Information Services社として分社され、サミット氏は社長に就任する。

　しかし、1988年7月に親会社の経営不振により米国の新聞大手（当時の売り上げ21億ドル）のKnight-Ridder社に買収される。買収額は、3億5,300万ドルで、新聞報道によると当時のDIALOGサービスの売り上げは、9,800万ドル、利益額は1,900万ドルであった。

　Knight-Ridder社は、1993年にヨーロッパで大きな市場を持つDataStarを買収し、Dialog Information Services社がこの年に公表した社員数と売り上げは、700人と2億5,000万ドルであった。DIALOGは、サミット氏が1972年に企業内起業で立ち上げたオンライン情報サービスであり、彼が20年かけて世界に冠たる学術・専門情報のオンラインサービスに仕上げたと言って良い。彼の功績は「DIALOGという優れた情報検索サービスシステムそのものを作ったこと、データベースを商用オンラインシステムにより販売するというニュービジネスを創り出し、データベース産業の基礎を作ったことであった」と、私は思っている。

1.15　サミット氏のビジネス理念

　アントレプレナーとしてのサミット氏の役割はロッキード社が DIALOG 社
を Knight-Ridder 社に売却したときに終わったと思われ、1990 年代以降は彼
の意志とは無関係に DIALOG 事業は展開されていったと言えよう。彼の思想、
オンライン情報サービスについての考え方は、Online 誌の 1984 年 3 月号の
インタビュー記事、その他で端的に述べられている。

　以下にそれらの骨子をまとめてみる。
＊彼が作った会社の理念は「文明の発展によって記録される知識を一層効果
　的に入手、提供普及する目的で、コンピュータ技術と電気通信技術に基づ
　く情報の蓄積、処理、及び通信機能を開発し、提供する」ことにあり、情
　報のスーパーマーケットであることを目指す。
＊DIALOG を物売りを意味するベンダーと呼ぶのは正しくない。情報検索
　は奥の深い概念である。DIALOG はデータベース作成機関から入手した
　データを、その実際の内容に基づいて検索できる情報へと加工している。
＊情報の検索を可能にする機能が膨大な索引であり、コンピュータシステム
　の記憶容量及び計算機能の大部分は、索引の維持に充てられている。こう
　したデータの加工は、自動車メーカがパーツを組み立てて製品にしていく
　プロセスに似て、DIALOG の付加価値サービスは、「パーツの合計より大
　きい全体」と特徴付けられる。
＊この付加価値サービスが提供する最大のメリットは、DIALOG に包含さ
　れている膨大な情報そのものである。
＊情報は必需品ではない。情報サービスは価格を安くすれば成長を遂げ、潜
　在市場に確実に浸透する。DIALOG は、データベース供給機関がロイヤ
　リティ料を上げない限りサービス価格を上げないことを原則としている。
＊オンライン産業を生み出したのは、大容量のランダムアクセス記憶装置、
　会話型端末による情報処理、通信機能を持った第 3 世代のコンピュータの
　出現であった。今日（1984 年初）のパソコンの機能とその普及をみると、
　このパーソナルコンピュータ革命こそ第 4 世代のコンピュータと予想され
　る。この第 4 世代は重要で、オンライン産業に劇的な影響を与えるであろぅ。

1.16　ビジネス上の交渉

　DIALOGとのビジネス上の交渉は、1978年以来20年近くに及んだが、私にとってこの年月は、詰まるところサミット氏との戦いであったような気がする。

　彼の考え方の根底には、当初から日本での販売代理店は1社にするか、現地法人を作るという思いがあった。これは、DIALOGというオンライン情報サービスは単一のものであり、複数の代理店が異なる手法でユーザにシステムの販売や教育を行うことの危険さに思いを致せば、当然の志向であった。

　"戦い"と言ったのは、2社代理店制の中で絶えず自社の立場を守り、他社を排除する努力を強いられたからであった。

　1978年（昭和53年）9月にロッキード社と代理店契約を交わして真っ先に行ったことは、公正取引委員会への「国際的契約成立届書」の提出であった。

　海外との販売代理店契約交渉の常として、相手方商品なりサービスとの競合商品の取り扱いが問題となる。相手方は、それが非独占契約であっても競合製品の不取り扱い条項ないしは、もし取り扱った場合の何らかのペナルティ条項を要求してくるのが一般的である。ロッキード社の場合も同様であったが、公取委から非独占契約でのこのような相手方の要求項目のある国際契約は受けるべきでないとの指導で、条項の撤回を求めることが最初の交渉となった。

　以下、支障があるので細かな経緯の記述は避けて、"DIalog社"と言っても実際にはサミット氏とのやりとりに関することと言った方がよいが、大きなトピックを列記してみる。

　　＊DIALOGは、日本のマーケットサイズとしては、英国並の売上げを希望
　　　していたが、これがあっさりクリアされると次から次へと過大な標目を
　　　要求してきた（代理店2社がいいように競争させられた）。
　　＊競合商品の取り扱いについては、契約条項から外された後も、ことあるご
　　　とにその取り扱いを非難し、牽制した。
　　＊代理店を1社に絞る目的で、代理店には生き残りをかけたプロポーザル
　　　の要求がなされた（結局この問題は、同社と代理店2社との合弁会社設
　　　立で方を付けた）。
　　＊競合商品・サービスの中で、特に他社のCD-ROM製品の取り扱いについ

ては、異常なまでに DIALOG サービスとの競合性を主張した（そのために
代理店は、他社の CD-ROM 製品の販売の取り組みに著しい支障をきたした）。
＊恐ろしいまでに情報の開示がなく、どのファイルがどのような市場でどの
程度使われているか、などの販売データが入手できなかった（データベー
スプロデューサに聞いてもマーケティング情報の開示は一切ないとのこと
だった）。

1.17　サミット氏の所感

サミット氏は、Dialog 社が Knight-Ridder 社に買収された後も社長として
踏みとどまっていたが、1992 年に社長を退任している。マイアミにある親会
社の役員会に出席するのが苦痛だったらしいとは、後に人づてに聞いた話では
あったが、かつての情熱を無くしたのかもしれない。

Dialog 社の外部の評判はどうだったかというと、メジャーなデータベース
プロデューサには、すこぶる悪かったのではないかと思われる。

例えば、ACS が CAS オンライン（現 STN International）を開始しようと
していたとき、当時の CAS のベーカー会長に逢う機会があり「なぜ CAS オン
ラインを始めるのか」と質問したことがあった。同氏の答えは「Dialog 社へ
の不信に尽きる」とのことだった。

同氏の説明によれば、ACS の経営収支の中で、データベース収入の比重は
どんどん大きくなり、CAS のファイルがどの国のどんな市場でどれほど使わ
れているのか、具体的にどの企業、どの大学がどれほど使っているか、市場ご
との伸び率がどうなっているのかの情報は、学会の経営にとって非常に重要な
ので Dialog 社に開示を求めたが、遂に開示されなかった。

このために「やむなく自力でのサービス開始に踏み切らざるをえなかった」
とのことであった。この極端な秘密主義は、機密保持にうるさいロッキードと
いう軍需産業の中で育ったためなのか、サミット氏の性格によるものなのか定
かでない。サミット氏はストイックで権威主義的なところがあり、柔軟性に欠
けていたことも事実である。

ISI のガーフィールド氏その他の大手の出版社・データベースプロデューサ
のトップからも批判を聞いたが、共通しているのは、データベース産業は、ベ

ンダー、プロデューサ、ユーザの相互理解に基づく協調の中で成り立っているのに、Dialog社は極めて自己中心的で協調性がないというものであった。DIALOGは、1990年にACSを独禁法違反で訴えるが、これは両社の怨念のぶつかり合いのようなものであったと思われる。しかし、1993年には、怨念を抱き合う人達が去り和解している。

日本の企業がロッキード詣でをした1978年当時のDIALOGの売上げは、多くて1,000万ドル足らずであったであろう。ロッキード社自体すでに当時で108億ドルの売り上げのある巨大会社であったが、情報サービス部門だけとると、まだ駆け出しのベンチャーに過ぎなかった。

本来ならこの程度の会社が日本に進出する場合、日本側の企業が取引するか否か、するとすればどのような取引条件で取引するかの主導権を握ってしかるべきであったであろう。

DIALOGは、ロッキードという信用、日本の代理店2社の競争など幸運に恵まれ、日本をドル箱市場にすることができた。Dialog社にすれば、日本には、いわば紀伊國屋書店、丸善という2社しかユーザがいないに等しく、その2社がそれぞれ2,000機関に及ぶ末端ユーザから代金を確実に徴収して、一括で払ってくれる。

それだけではなく、販売はもとよりユーザ教育、カスタマーサポートまで代理店がしてくれる。あげくの果てに、こうした販売、サポートの経費はサービス料金のマークアップによりユーザの負担で賄うという、日本はDialog社にとっては世界に類例のない高利益市場になっていたと考えられる。

1989年に恒例のデータベース振興センターの国際データベースセミナーの講師となったサミット氏は、日本のDIALOGの利用量はヨーロッパより多いと語っている。

【参考文献】
(1) RogerK.Summit、Jeffery K. Pemberton. DIALOG in1984.Online.8 (2) 13-20（1984）
(2) ロジャー K サミット．DIALOG は付加価値サービスを提供します、KINOLINE.11 (1) 4-5（1990）
(3) K. Summit, Outlook for Electronic Information Services、第4回データベース国際セミナー講演資料.p.21-43. データベース振興センター、1989

第 5 節

CIS サービスの概要

（初出誌：『情報管理』Vol.42 No1 Apr.1999）

　本稿は、代表的なファクトデータベースである NIH-EPA Chemical Information System（以下 CIS）について触れてみたい。

　本題に入る前に、『情報管理』の連載「データベース余話」で今後取り上げてみたいデータベースサービスないし機関を述べると、ADONIS、バイプルズなどの CD-ROM、INKA、STN、WESTLAW、INFOLINE、HINET（現 G-Search）、JOIS など内外のオンライン情報サービス、SilverPlatter、Chadwyck-Healey、UMI、IAC、British Library、Oxford University Press、日外アソシエーツなどデータベースビジネスで深く関わった機関となる。

　私がデータベースビジネスで関わった相手の多くは、民間企業であったが、そもそもデータベースは当初政府資金で構築され、サービスも政府の支援によって成り立っていたという歴史もあり、CIS や INKA（ドイツ政府の手によるオンライン情報サービス）のような政府直轄のデータベースサービス機関と契約関係を持つことになっても不思議はなかった。

1.1　日本進出の契機

　1980 年の 1 月、都立臨床研究所の神沼先生（後に国立医薬品食品衛生研究所）や東京大学の山本先生（後に図書館情報大学副学長）など化学情報の専門家が中心になって、斯界の米国での権威者、EPA（Environmental Protection Agency）の Stephen R. Heller 博士を招聘して研究会とセミナーが行われた。

この研究会の席上でHeller氏よりCISの紹介があり、日本でも環境が整えば、オンラインでサービスが受けられるとの説明がなされた。

セミナー開催の数日後には、化学系の企業ユーザから紀伊國屋書店でサービスをやったらどうかとの勧めがあり、早速Heller氏に会うと共に1月下旬には契約交渉のため訪米することになった。数値と化学構造データのデータベースの取り扱いは、ASKサービスやDIALOGにも種々の化学情報があって扱い慣れていることもあり、交渉はスムースに行き、この年の4月には代理店契約交渉をまとめることができた。

1.2 サービスの立ち上げ

CIS（Chemical Information System）は、NIH（National Institutes of Health）の資金によって開発され、1972年からサービスが開始されている。

1973年には、EPAにサービスの主体が移り、以来EPAがデータベースとサービスの管理に当たっている。当初からのデータベースとシステムの開発、システムの運営の責任者がEPAのHeller博士であった。

CISは、現代化学の主要な活動といわれる化学物質を実験室での測定データから同定するために、分子構造から物質の性質や挙動を予知することを目標とした国際的なプロジェクトであった。

また、米国の毒性物質取締法（TSCA：Toxic Substances Control Act）の監視機構に組み入れられているため、1984年時点でデータベースの更新に毎年150万ドルが費やされていた。

CISは、CISが対象とする数値データを持つすべての化合物とTSCAに基づくEPAの化学物質目録、国際貿易委員会（ITC）の化学物質を収録し、CAS登録番号を共通因子として異なる多データベースを有機的に結びつける辞書的機能を持つSANSS（Structure and Nomenclature Search System）に特徴がある。

このSANSSによりMASSスペクトルデータ、核磁気共鳴データ、X線解析データ、急性毒性データなど異なるデータベースの検索が可能であった。

米国では、油や有害物質を排出した場合に起こる危険への対処に必要な情報を提供するデータベース、OHM-TADS（EPA'S Oil and Hazardous Materials-Technical Assistance Data System）などがあるため、24時間年中

無休で使用できるサービス体制になっているということであった。

1.3　サービスに伴う問題点

　検索システムは SANSS のおかげでコンピュータや化学の専門知識がなくとも、図書館員でも使えるというキヤッチフレーズであった。

　しかし、化合物のマススペクトルデータ、NMR、X 線データ、結晶データ、粉末解析データ、化合物の MLAB（Mathematical Modelling System）、CAMSEQ（Conformational Analysis of Molecules in the Solution by Empirical and Quantum-Mechanical Techniques System）といった計算システムなど、高度な専門性を持つオンラインサービスをどのように行うかについてはいろいろと腐心した。当時の主な問題点は、以下のようなものであった。

　（1）化学専攻の修士・博士課程卒者の採用

　（2）マニュアル（約 400 ページあった）の翻訳

　（3）セミナーの実施

1972 年に情報検索サービスを開始したときから理系の学卒者の採用には苦労した。書店での理系学生の採用は極めて難しく、サービス開始時点から計算センターが設立されている国立大学の理系学部を廻って学生を振り向けてもらう努力を強いられた。

　幸いなことに幾人かの理解ある先生のご紹介で、優秀な人材の確保ができた。マニュアルについては、神沼先生に適任者のご紹介を頂いて翻訳を行った。セミナーについては、検索やコードの解説は、私を含むスタッフが行ったが、専門的なことについては、C-13NMR データを CIS に提供されていた豊橋科学技術大学の佐々木先生（当時・化学情報協会長）に講義をお願いすることができた。

　20 種類に及ぶ特色あるデータベースについての活用セミナーを行い、ユーザサポートを行うのは難事業であったが、多くの関係者の方々の協力でサービスを開始することができ、3 年後には化学・製薬企業を中心に 130 社がユーザになった。ちなみに、当時スイス、イギリスなどに CIS のサービス代理機関があったがいずれもベルン大学、ノッティンガム大学などの薬学・化学系学部が受け持っており、紀伊國屋書店のような情報サービス会社が代理店になるのは初めてのケースであった。

1.4 CIS の問題点

　私が1980年1月に交渉に赴いた会社は、ワシントンDCに所在するInformation Sciences Corporationという米国では中堅のソフトハウスであった。CIS担当のKay PoolさんというCISプロジェクトのマネージャーの話で、CISは1979年から政府の手による直接サービスから民間の手によるサービスに移ったとのことであった。

　また、CISサービスは、それ自体で収益を上げられる情報システムであるとの判定（民間人を委員とする検討委員会があるとのこと）で、入札にかけられ同社が落札し、システム運用と販売を行っているとのことであった。

　日本では考えられないことで、いかにも納税者の利益重視のアメリカらしいと感心させられた。しかし、ここに落とし穴があり、代理店としては後々大変苦労させられることになる。ひとことで言うと、入札制のため毎年のように契約相手が変わり、その度に必要な対応を迫られ、ついには代理店から外されてしまうことになった。

　以下、経時的に契約先とのその間の出来事を列記してみる。

* 1980年4月：Information Sciences Corporation と契約。
* 1982年4月：Chemical Information Systems Inc. と契約。
* 1983年7月：NTIS（米国商務省の外局）との契約会社である Computer Sciences Corporation と契約。サービス上の問題で再び政府直轄になった。
* 1984年11月：Information Consultants Inc. と契約。再び政府機関から民間にサービスが移管された。
* 1987年2月：Information Consultants Inc. の CIS サービス中止により契約解除。

　何と、4年間でサービス会社が4社も変わった。

　1983年にやはり政府自身がサービスに責任を持つべきとの意見が強くなり、NTISの所管になったが、同年秋に今度は、Information Consultants Inc. と Fein-Marquart Associates Inc. の2社をCISの販売会社とした。その時点で私は、Bureau of National Affairs という米国の企業法関係の大手出版社の傘

下にあり、QUESTEL 社を CIS サービスの代理店とし、かつ当初から CIS サービスの販売に携わってきた Pool さんがサービス部門の副社長に就任した Information Consultants 社を契約先として選んだ。しかし、販売不振を理由にこの会社は 1987 年 2 月に撤退してしまった。Fein-Marquart 社の方は、1985 年の 9 月に三洋出版貿易を日本の総代理店に指名していたが、こちらの方は生き残った。

1.5　数値 DB サービスの特性点

CIS という数値データベースサービスと書誌データベースサービスとの相違は、以下のようなものであった。

＊化学数値データベースは、国際協力で成り立っている要素が強く、そのため Chemical Abstracts のような書誌データベースの取り扱いに比べ厄介な面があった。例えば、英国の Cambridge Crystallographic Data Center が作っている CRYST（X-Ray Crystallographic Search System）というデータベースは、通常の検索料金（1 時間当たり 1 万 6,500 円）の他に企業ユーザは年間基本料金 5,000 ドル、大学ユーザは 600 ドルを同センターに、別途、払わなければならなかった。

＊数値データベースは書誌データベースと異なり利用者が毎日検索することはほとんどない。したがって個々のファイルの使用量は少なく売上げも小さく、システム維持費を賄うために年間基本料金（CIS では年額 12 万円）を徴収しなければならなかった。しかし、大学ユーザには割引があり料金体系がシンプルでなかった。

＊データベース製作機関が政府ないしは大学ということで管理が不十分なせいか、データの更新状況などの把握が十分できず、ユーザからの内容についての照会に対し明確な回答を行えないことが多かった。

＊後に、INKA、NUMERICA などの数値データベースも取り扱うこととなったが、いずれのシステムでも一部の限られたデータベースを除き利用量は少なく、営業的なメリットは少なかった。

＊数値データベースの利用がなぜ少ないかの理由については、調査がないので不明である。恐らく、書誌データベースの検索はサーチャーという検索

の専門家が自在にデータベースを検索できるのに対し、数値データベース
は研究者自身によるエンドユーザサーチの方が多いため、結果的に利用が
少なくなると思われる。

　余談になるが、Heller 博士と　Pool さんとは長らく行き来があり、次女が米
国留学中に両家にホームステイさせてもらったり、私がワシントンに赴いた折
りには互いに旧交を温め合っていた。

【参考文献】

(1) 石原好一郎 .CIS（Chemical Information System）- 化学物質の安全性を中心としたデー
　　タ検索システム . 情報管理 .Vol.23、No.5、1980、p.433-442
(2) Stephen R. Heller、George W. A. Milne. Linking Scientific Databases--The NIH-EPA
　　Chemical Information System. ONLINE.Vol.4、No.4、1980、p.45-57
(3) 藤原譲、三浦勲、高橋真一 . 知識システムによる分子設計研究会第 18 回講演集、筑波、(財)
　　国際科学振興財団、1982、p.1-28
(4) 岩沢一男 . ケミカルインフォーメーションシステム CIS の紹介 . ドクメンテーション研
　　究 .Vol.32、No.8「1982、p.383-395
(5) Chaos at NIH/EPA、Monitor、No.43、1984、p.3-4

コラム

本書に登場する人物のこと

　本編にはさまざまな人が登場しているが、ほとんどの人はネットのサイト
でその人物の業績・著書をみることができる。

　本稿に登場する Stephen R.Heller 氏もネットで検索すると沢山の発表論文
がある。サミット氏やガーフィールド氏も Wikipedia に詳細な業績の報告が
ある。そもそも私が扱ってきた学術専門情報は、実に多くの学者・研究者の
協力・支援のもとに、ユーザに提供することができた。

　サービス提供側も多くの修士・博士課程の取得者を採用し、カスタマーサー
ビスなどの業務に当たってもらった。

　博士課程修了者の最初の採用者は、東大の微生物研究室から預かり受けた。
ロッキードに研修に出すなどして、いい仕事をしてくれたが、2 年で研究室に
戻ってしまった。そもそも理工系の高学歴者を採用するのは至難だった。

CD-ROM バイブルズの開発
1.　CD-ROM の開発動向

(初出誌：『情報管理』Vol.42 No3 June 1999)

　私に CD-ROM というものを教えてくれたのは、日外アソシエーツ社長の大高利夫氏であった。日外アソシエーツ社は、日本のデータベースサービスについては先駆的な会社であった。日本の CD-ROM ビジネスの発展についてもこの会社、というより大高氏の存在を抜きには語れない。大高氏は、無論 CD-ROM という画期的な情報媒体を新しいデータベースサービスのシーズとして、1984 年当時、紀伊國屋書店のシステム開発部という情報関連の新規事業開発担当部門長であった私にその情報をもたらしてくれたのであった。

　確か、それは 1985 年（昭和 60 年）秋口のことであった。紀伊國屋書店では、同年の 12 月には、全社的な検討委員会を発足させ、この新しいデータベースの製品化について検討を開始し、1 年も経過しない翌年の 1986 年 10 月 21 日には、当時としては日本のみならず世界的に見ても本格的な CD-ROM による電子出版サービス開始のプレスリリースを行っている。

　1986 年（昭和 61 年）10 月 22 日付けの『日経産業新聞』では、大見出しで「CD-ROM 使う "電子書斎" 販売」とあり、「紀伊國屋書店、日外アソシエーツ、日立製作所の 3 社は来春から共同で、CD-ROM（コンパクトディスクを利用した読み出し専用メモリー）による新しいデータベースサービス「バイブルズ」を開始する。各種の CD と検索用ソフト、検索専用機をセットで貸し出し、企業や大学、個人向けにいわば "電子書斎" を提供する。初年度 2 千セット、3 年後 1 万セットを目指す」と報じられた。

　紀伊國屋書店は、このバイブルズ共同事業への新規投資を行ったことにより、

オンライン情報サービス分野に加え、その後パッケージ型のデータベースサービス分野でも内外の CD-ROM 商品の開発と販売分野で、他社を圧倒するシェアを獲得することになる。

1.1　当時の CD-ROM 事情

　そもそも「バイブルズ」というのはどのようにしてネーミングされたのか、この新規事業はどのように立ち上げられたのか、そして事業は成功したのか、などの詳しい経緯を述べる前に当時の CD-ROM を取り巻く世界環境に触れてみたい。

　マイクロソフトは、CD-ROM というこの新しいマルチメディアには重大な関心を示しており、1986 年から同社主催の CD-ROM コンファランスを開催していた。第 1 回のコンファランスでは CD-I（Compact Disc-Interactive）がテーマとなった。当時 CD-I は、音声、画像、コンピュータデータなどを収録でき、対話機能があるため教育、娯楽への応用が果たせ、マルチメディアの本命と目されていた。

　第 2 回は DVI（Digital Video Interactive）がテーマであった。

　DVI は CD-ROM 上で動画を扱うための、ディジタル画像データの圧縮技術であった。1988 年 3 月に米国のシアトルで開催された第 3 回 CD-ROM コンファランスのテーマが CD-ROM であった。

　手元の案内パンフの扉ページで、ビル・ゲイツは「最近の CD-ROM 技術の発展には、目覚ましいものがあります。その市場は急激に拡大し、ユーザや開発に携わる人々の関心はかつてないほど高まっています。私どもはこの第 3 回 CD-ROM コンファランスが、CD-ROM 産業にとって史上最良の年をもたらす出発点になることを期待しています」と主催者を代表して述べている。

　また、主催者側のコンファランスメッセージとして「今から 1 年前、CD-ROM は有望な技術と見られていました。今から 1 年後、CD-ROM は産業に一分野として独立するに至るでしょう。現在、われわれは、期待と現実の分岐点に立っています。今年のコンファランスの出展者数が昨年の 2 倍以上に達したことを見ても、CD-ROM 産業が成長しっつあることは明らかです。問題は、その指向する方向です」と言い、

(1) 経営者・管理者向けセッション

(2) 販売関係者向けセッション

(3) 開発関係者向けセッション

(4) 評論家・デザイン関係者向けセッション

でこの問題を検討しようと訴えている。

この会議で討論された主なテーマは、以下のようなものであった。

(1) CD-ROM 導入による問題点（マネージメントレベルの問題）。

(2) CD-ROM の LAN での利用、データ更新、機密保護の問題。

(3) CD-ROM 産業の将来展望。

(4) CD-ROM 製品の「縦横型マーケット」での成功の可能性。

(5) フォーマット変換、検索技術、データ圧縮などの技術問題。

(6) CD-ROM 特性を活かしたマルチメディア商品開発。

(7) オーサリングシステムなどの CD-ROM 開発環境の整備。

(8) 双方向型の CD-ROM 技術・製品の開発。

この会議開催の 10 年後の 1996 年には、米国のオンライン、CD-ROM を合わせた電子情報サービスの市場規模は、207 億 5,310 万ドルに達し、その内 CD-ROM は 45 億 3,200 万ドル（全体の 22%）に発展している。

1.2　1986 年の状況

CD-ROM 出版社、ユーザの状況を 1986 年 5 月にニューヨークで開催された「1986 National Online Meeting」のセッションで見てみたい。

以下は、この会議で行われた三つの CD-ROM 関係セッションのテーマは、

(1) Optical Publishing

(2) CD-ROM：Should Ye or Shouldn't Ye?

(3) CD-ROM：A Good Business Decision?

で報告ないしは討論されたことである。

まず、いずれのセッションでの参加者の思いは以下のようなものであった。

(1) CD-ROM とは何か。何ができるのか。

(2) どんな商品が現在売られているのか。

(3) CD-ROM にまつわる問題は何か。解決されなければならない問題は何か。

(4) CD-ROM は本当に将来有望なのか。

　恐らくこうした疑問・問題意識は初めて CD-ROM システムに直面した人の誰もが抱いたことと思われる。私の場合は、上記に加えて「オンラインサービスとの競合性と果たして市場性のある製品化ができるか」ということに関心があった。

　余談になるが、私のようにデータベース（情報）をバッチシステム、オンラインシステムで長期にわたり販売してきた者にとって CD-ROM システムの出現は、

・第一に情報のサービス価格がオンラインの少なくとも 10 分の 1 以下になる（バッチサービスに比べると 100 分の 1）。

・CD-ROM のサービス料金は年間固定制になるので、従量料金制で料金が高いオンラインサービスを使いたくても使えなかった大学図書館、公共図書館にも売れる。

・データベースの利用コストはあまりに高くコンシューマには手が届かなかったが、CD-ROM の出現によりデータベースサービスを個人市場にまで広げる可能性が出てきた。

といった大変な朗報となり、ビジネスチャンスを広げる可能性を持つものと理解された。

　さて、ニューヨークのセッションでの主なトピックを列記すると以下となる。

(1) マーケットリサーチ会社の InfoTech 社が行った情報関連企業 100 社へのインタビュー、図書館関係者 5,000 人へのアンケートの結果、開発中の CD-ROM は 62 種類で、その内 41 がすでに出荷されている。

(2) 62 の内訳は、（イ）Library Automation 関係 10 商品、（ロ）Library Reference 関係 18 商品、（ハ）End-users 向け商品 34 であった。

(3) （イ）の出版社は、British Library、Faxon、Ingram など。（ロ）、（ハ）は、UMI、IAC、Wilson、Elsevier、Dun & Bradstreet、PsycInfo、Engineering Information、SilverPlatter などでめる。

(4) CD-ROM マスター版の製作費用は、1 データベース当たり約 20 万ドル。マスターからの複製製作には 3 日を要する。

(5) Info Tech 社の図書館での CD-ROM 利用状況調査結果は、次のとおりであった。（イ）7.6% が CD-ROM の使用経験があった。（ロ）21% がデモを見たことがある。（ハ）58% が CD-ROM に関する記事や本を読んだことがある。

(6) 同じく Info Tech 社の調査で、図書館での CD-ROM の導入時期の調査結果は、次のとおりであった。（イ）7% が 1986 年中に導入予定。（ロ）25% が 1988 年までに導入見込み。（ハ）65% が 1990 年までに導入見込み。

(7) DIALOG 社の Summit 社長は、同社がオンラインで提供しているデータベースの 50% が CD-ROM でも売られるようになると予想。

(8) コンサルタント会社の Link Resources 社の調査では、オンラインでサービスされているデータベースの 31% が CD-ROM 出版しても採算に乗ると報告。

(9) オンラインと CD-ROM は共存し、また印刷出版物が CD-ROM の浸透によってシェアを喰われることはないと、CD-ROM の開発会社である Philips 社が発言。

(10) CD-ROM については、ビデオの Beta、VHS で起こった規格の不統一があってはならないとハードメーカ側も、出版側も、ユーザも強く望んでいる。

(11) オンラインシステムと CD-ROM システムとリンクさせ交互に自由に使える「Hybrid System」の開発が進行しよう。

　紀伊國屋書店が日外アソシエーツと CD-ROM システムと製品の開発段階に入った 1986 年の状況は以上のようなものであった。

　日本での CD-ROM 製品の総合的な商品紹介と統計は、1989 年創刊の『世界 CD-ROM 総覧』（共同計画出版事業部、紀伊國屋書店発売）の刊行を待たねばならなかったが、本書による 1988 年時点の CD-ROM 出版点数は日本 43、米国 118、欧州 18、その他 7 で計 186 タイトルに過ぎなかった。

　ちなみに、バイブルズ計画は予定どおり、1987 年の 4 月から発売となったが、その時に予定を含み用意された CD-ROM ソフトの製品数は 29 種類であった。日本では、過半がバイブルズ製品だった。

1.3　バイブルズの開発

上述のような世界的な状況の中でバイブルズの事業検討が開始された。

紀伊國屋書店では、CD-ROM は、文字だけでなく画像、音声も同時に扱えるマルチメディアであり、大学・企業はもとより個人でも購入できる価格帯での提供を可能にするデータベースと考えたので、主として洋書・洋雑誌を中心に学術専門情報を扱う洋書仕入・開発部門、外商部門、和書販売を中心とする店売部門、企画課を持つ総務部門と出版部門と文字どおり全社から各部門の中堅を集めて検討委員会が設けられた。

日本での最初の CD-ROM 出版物は、1985 年 10 月に発表された三修社の『科学技術用語辞書』とされるが、日外アソシエーツでも全く同時期に後にバイブルズとブランド化される製品のプロトタイプを完成させていた。

検討委員会は、まず CD-ROM のデモから始まった。この会議で語られた大高氏の CD-ROM ビジネスについての考え方と見通しは以下のようなものであった。

(1) 米国のロスチャイルド・マーケティング社の CD-ROM 市場予測によると、1990 年には北米で 10 億ドル規模になる。

(2) 日本では、1983 年時点で電子出版に適している定価 5,000 円以上の辞書・辞典類が 3,300 点出版されており、その内 30% が電子出版化すると考えると、単価 1 〜 2 万円で各 2,000 部程度売れると仮定すると、市場規模は 200 〜 400 億円と予想される。

(3) この事業の成否は、「良いコンテンツを揃えること」、「ファイル形式の統一を図ること」（この時点では CD-ROM 規格はまだ統一されていなかった）、「良い検索ソフトを作ること」、「システム商品販売力があること」の 3 拍子が揃って初めて事業成功の芽が出る。

幸い私は、大高氏から CD-ROM ビジネスの話を聞く 15 年前から内外の様々なデータベースサービスを実際に日本の市場に普及させ、新規に市場を創り出す経験を実地にしており、こうした説明に同感でき、また CD-ROM がデータベース利用ユーザに受け入れられる、との確信を持つことができた。

紀伊國屋書店と日外アソシエーツとの CD-ROM 事業を共同で実施するとの

基本合意は、1986 年（昭和 61 年）1 月には成立し、この年の 9 月にはハードメーカの日立製作所を加えて、バイブルズ事業計画は 3 社で推進されていくことになる。

【参考文献】
(1) CD-ROM 使う電子書斎販売 . 日経産業新聞 .1986 年 10 月 22 日
(2) Third International Conference on CD-ROM. Invitation Pamphlet. Seattle Washington、Microsoft、March1-3、1988

コラム

CD-ROM ビジネスの光と影

　バイブルズ事業は成功とも失敗とも言えない。だが、データベースサービスの新規市場の開拓という意味では、一定の社会的な役割を果たした。

　個人・ホームユースを志向したハード一体型の世界でも初めてという、CD-ROM で情報提供システムを開発するという理念は正しかった。

　しかし、ほとんどの出版社が自社出版物の電子出版化に応じなかった、というのが現実であった。紙媒体の出版物が売れなくなる、電子化すると出版情報が無断使用される。そもそもデジタル化されているコンテンツが少なかった。というのが主たる理由であった。

　つまり、日本には、たくさんの出版資源があったものの、商品化できたのはごく少数であった。バイブルズは大学図書館・公共図書館などへと、データベースサービスの新たな市場を開拓した。しかし、当初、企図したコンシューマ市場の開拓は失敗した。

　魅力ある商品を増やすために、OED など海外のソフトのバイブルズ版の交渉も行ったが不調に終わった。

　また、調査で有望であった Books In Print の NEC PC 版を企図したものの不発に終わった。

第6節
CD-ROM バイブルズの開発
2.　バイブルズの商品化
（初出誌：『情報管理』Vol.42 No.4 July1999）

前稿で 1986 年頃の米国における CD-ROM の出版状況、図書館等での CD-ROM の利用状況について触れたが、この時点では米国でも CD-ROM を実際に使用している図書館は全体のおよそ 7% 程度と極めて少なく、また利用できる CD-ROM 製品の数も 40 種類程度しか存在しなかった。

日本では、当時としては図書館、企業等で情報検索、参考図書（レファレンス）の用途で使える唯一の CD-ROM システムがバイブルズであり、製品が発表されたのは 1987 年（昭和 62 年）4 月のことであった。以下、バイブルズの企画、開発、販売について述べてみたい。

1.4　商品コンセプト

バイブルズの開発を共同事業で行った紀伊國屋書店と日外アソシエーツは、共にデータベースサービスについてはバッチ、オンライン双方によるサービス経験を持っており、データベースサービスの市場と潜在ユーザ層についてはそれなりに熟知していた。CD-ROM のデータベースとしての大きな特性は、

(1)　大容量のデータベースをパソコンで検索処理できること

(2)　製品の製作コストが安いこと

の 2 点にあり、両社はこの特性によりオンラインサービスでは十分開拓できなかった図書館、個人市場を新規開拓できると考えた。1986 年秋の新聞発表で初年度 1,000 セット、3 年目に 10,000 セットの販売を目指すと言ったのは、コンシューマ市場での販売を期待してのことであった。

当時米国で CD-ROM で売り出される商品として我々が注目したのは、DEC 社の Chemical Abstracts、COMPENDEX、Bowker 社の BOOKS IN PRINT、Microsoft 社の Bookshelf、それと LC など各国の MARC などであった。

表 1　主な CD-ROM 製品一覧

1	CD—現代日本科学技術者大事典	8 万円
2	CD—現代日本執筆者大事典	8 万円
3	CD—BOOK（本の内容付き情報）	5 万円
4	CD—HIASK（朝日新聞全文記事情報）1985-87	各 10 万円
5	CD—HIASK　1988	12 万円
6	CD—SCAN（新製品・新技術、企業動向記事情報）	6 万円
7	CD—JETRO ACE（世界の経済・貿易情報）	7 万円

＊　これら 7 製品の他に、4 製品プラス「ビジネス用語辞典」、「科学技術用語辞典」
など準備中 16 製品。

　とりわけ Bookshelf は、World Almanac and Book of Facts、US ZIP Code Dictionary、Forms and Letters（ビジネス文書）、Roget's Electronic Thesaurus、Bartlett's Familiar Quotations（名言集）、Houghton Mifflin Spelling Verifier and Corrector（スペルチェッカー）など一家に備えるワンセットといった実用書のコレクションで、類似の製品を作りたいと考えた（**表 1**）。

　バイブルズの商品コンセプトは、図書館向け以上に家庭向け、個人向けを意識した。「電子書斎」というネーミングは、バイブルズ計画を記事にした日本経済新聞の記者が付けたもので、また翌 1987 年 4 月にシステム構成と製品ラインアップをリリースした時に取材にきた毎日新聞の記者は「テクノ書斎」と製品紹介を行ったが、我々が個人利用向けのデータベースシステムであることを強調したからに他ならない。

　「バイブルズ」というネーミングも個人、特にビジネスマンにとっては情報武装のための必携書で、何時でも座右にあるバイブルのようなもの、そしてその内容は他面・多岐にわたる知識と情報の宝庫というニュアンスで、バイブルの複数形を製品のブランド名とした。

　最初は、「知恵袋」といった穏やかなネーミングにしたかったが、これを含めいくつかの候補名はすでに商標登録が他社によってなされており、やむなくバイブルズがブランドとして採用された。

1.5　バイブルズの商品構成と価格

　手元の資料によると、1987年4月の「電子書斎バイブルズカタログ」に記載のバイプルズシステム構成・CD-ROMディスク一覧とその価格は、以下のようなものであった（**表2**参照）。

　表2のようなシステム構成、価格体系、製品構成になった理由は以下による。

(1) ハードについて

　1986年時点では、CD-ROM検索に完璧に対応できるパソコンとCD-ROMドライブはまだ存在していなかったと言って良い。個人市場を開拓するためには、パソコンとCD-ROMドライブを合わせて50万円程度に抑えることが最低の必要条件と判断され、PCメーカ数社と交渉に入った。紆余曲折があり、結果的に価格・性能とハードの納期面を満足させることができたのが日立製作所であった。

表2　バイブルズの商品構成と価格

〈Aサービス〉セット価格128万円	〈Bサービス〉　セット価格64万円
(5年リース価格月額26,400円) 1. 情報検索専用機「グーテンベルグ」 　・16ビットパソコン一式 　・CD-ROMドライブユニット一式 　・モデムカード（本体内蔵） 　（全二重300bps、1,200bps） 　・音声再生ボードアンプスピーカ 　・手書き入力タブレット（オプション） 2. バイブルズCD PRO（検索ソフト） 3. バイブルズONLINE PRO 　（NICHIGAIASSISTオンラインサービス接続用の通信ソフト） 4. 50～60万円相当のCD-ROM製品 　（製品リスト（表1）から自由に選択） 5. オンライン通信ソフト 　（主要な商用オンラインデータベースサービスを利用するための通信ソフト）	1. CD-ROMドライブユニット 2. バイブルズCD PRO 3. 40～50万円相当のCD-ROM製品 ＊対応機種 　NEC PC9801VM2、IBM5500、FACOM FM16β、日立B16シリーズ。
	〈Cサービス〉
	1. CD-ROM製品は製品リスト表1の定価参照 2. バイブルズCD PRO（検索ソフト）は、10万円（CDPROは購入する製品ごとに購入、2ディスク目から半額、3つ目からは2万円。） ＊対応機種は（Bサービス）に同じ。

1.6　製品決定に至る経緯

　当時は CD-ROM ドライブは外付けで、価格も定価ベースで 28 万円程度と
パソコンとセットにするとハードのコストは 150 万円にもなった。日立製
作所には、一定の数量の販売保証を行い同社の PCB16 シリーズを OEM で供
給してもらい、バイブルズ検索の専用マシンとし、これを「グーテンベルグ」
と名付けた。日立側もバイブルズの将来性を期待して超低価格での出荷に協力
してくれた。

(2) CD-ROM 製品

　我々は、1986 年にバイブルズ計画を公表したとき、バイブルズシステ
ムへデータベースを提供してくれる情報提供者（IP）を募った。例えば、
Bookshelf 型の複数のコンテンツが相乗りしている製品を作るためには、異な
るいくつかの出版社にデータの提供を求めなければならない。

　版元に打診しても他所の商品と一緒に売られるのは、編集者の気持ちが許さ
ないなどの理由で集めることができなかった。また、こういう事情以前の問題
として、わが国ではデジタル化されているコンテンツは極めて少なかった。さ
らに、仮に CTS 化されていても、版権が侵害される恐れがあるとして、出版
社側が自社の出版物がデジタル情報でサービスされることを好まないという考
え方が大勢であった。

　こうしたコンテンツ収集の困難さは計画当初から十分予想されており、著作
権保護などの理由で、出版側が自社ブランドで自ら CD-ROM 出版を行うことも
できるように、バイブルズシステムのソースコードを開示する方針をとっていた。

　こうした努力にもかかわらず、データベースの供給を承諾してくれたのは朝
日新聞社、JETRO、機械振興協会にとどまり、結局のところ日外アソシエーツ
が所有するデータベースを CD-ROM の中心メニューとせざるを得なかった。余
談になるが、朝日新聞社の場合も、ちょうど社内にニューメディア本部（後に電
子電波メディア局）が創設され、新しい事業を起こさなければならないという状
況にあり、提供に踏み切ったようであった。出版局からは、新聞の縮刷版が売れ
なくなる恐れが強いので電子出版化に反対との意見もあったとのことであった。

　なお、日立製作所では、CD-ROM ディスクの製作も行っており、データベ
ース構築費用を別にした当時の CD-ROM 製品の製作コストは次のようなもの

であった（**表3**）。

　この CD-ROM 製品製作価格から、データ量 100MB 程度の製品を 100 枚作る場合でも 350 万円程度かかり、この製作コストに加算して出版社に売価の30% 程度のロイヤリティ（著作権の使用料）が支払われるので、量販できない製品では、73 ページの表1の製品一覧に見られるような高価格を設定せざるを得なかった。

　いずれにせよ、ビジネスマンを中心としたコンシューマを狙った品揃えは、メーカ側の意図に反して到底望める状況にはなく、Bookshelf 型の CD-ROM出版は夢に終わってしまった。コンシューマ向け CD-ROM 製品の出現は、1990 年の 7 月に発売されたソニーの DATA Discman という電子ブックプレーヤー（低価格の CD-ROM 検索専用機）の開発を待つことになる。

（3）検索ソフト

　バイブルズ事業の中に占める検索ソフト開発費は、直接経費の 17% と多額であった。当時パソコンは、NEC の PC9800 シリーズが市場の 80% 程度を占有していると言われていたが、市場では、他にも富士通、日本 IBM、日立、東芝、松下、エプソンのパソコンが使用されており、ユーザ側からの要望によりこれら全機種に対応する検索ソフトを開発しなければならなかった。このこともソフト開発費増大の大きな要因になった。

　バイブルズより少し遅れて、英国の Oxford University Press が OxfordEnglish Dictionary（OED）の CD-ROM 出版を行ったが、検索ソフトの開発に約 5,000 万円を要したとのことで、バイブルズの検索プログラム開発とほぼ同等であることが分かった。開発コストが多額であったこともあり、バイブ

表3　CD-ROM の製作費	
CTS 用 MT より CD-ROM 用 MT までの製作費	20MB ＝ 50 万円 100MB ＝ 150 万円
CD-ROM ディスク製作	
プリマスタリング	100MB まで 23 万円 200MB まで 45 万円
マスタリング代	34 万円
プレス代 500 枚（単価 1,600 円）	80 万円
1,000 枚（単価 1,000 円）	100 万円
3,000 枚（単価 850 円）	255 万円

ルズでは CD PRO として検索ソフトを別料金とした。後に、紀伊國屋書店は、オックスフォード大学出版局と前述の OED の NEC PC バージョン出版の独占契約を結ぶことになるが、この時も CD-ROM 本体に 5 万円の検索ソフト料金を加算しており、当時としては検索ソフト料金は別価格が当たり前であった。

　いずれにせよ、顧客側では、いろいろな機種（各メーカの 20 〜 30 機種）が使われており、顧客対応には大変な労力とコストを要した。

1.7　販売の開始

　前述の A、B、C の三つのサービスでのバイブルズ商品ラインアップは、新聞発表で予定したとおり 1987 年 4 月には出来上がった。個人市場を狙うという当初の戦略は、前述の理由で大きく後退せざるを得なかったが、活動的なビジネスマンにとって、月額 2 万 5000 円程度の負担は決して無理ではないとの考えは捨てなかった。

　しかし、明らかに主市場は大学図書館、公共図書館であり、市場開拓の戦略として、図書館ユーザへのモニターサービスから販売活動を始めることにした。モニター募集は前年から開始し、予定を上回る応募があった。

　このモニターサービスは、計画では 1987 年早々に開始の予定であったが、検索ソフトとハードのグーテンベルグの開発が遅れたため、同年 3 月より開始の運びとなっていた。

　そして、バイブルズの販売に関しては、いろいろな "創業者" の苦労を味わうことになる。

【参考文献】
(1)　テクノ書斎―情報検索システムで居ながらに、毎日新聞 .1987 年 4 月 14 日朝刊
(2)　大高利夫　ケーススタディー CD-ROM のフォーマットについて、日外アソシエーツ、1989、p.1-12

第7節

CD-ROM
情報サービスへのインパクト

（初出誌：『あいみっく』Vol.10 No4 1989）

　従来の紙、マイクロフィルムなどの情報媒体に加えて、コンピュータで処理可能なデジタル化された情報媒体（データベース）が、1960年代に出現し、その後の電子技術、コンピュータ科学、情報通信技術の著しい進展によって、わが国でもここ10年間にオンラインデータベース、CD-ROMなどの形式で急速にその利用が進んでいる。

　殊に医学を含む科学技術情報、ビジネス専門情報の分野では、サービスが多様化し、世界的な広がりをみせて大きな市場を形成するに至っている。

　表1は、アメリカでの、電子情報サービスの市場サイズを示すものである。

表1　アメリカのメディア別電子情報サービス市場規模

メディア	1986年		1991年		構成比増減	年間平均成長率 [%]
	売上げ高百万 [$]	構成比 [%]	売上げ高百万 [$]	構成比 [%]		
CD-ROM	9	0.2	831	7.4	7.2	148.8
オンライン、ブロードカスト	150	3.3	735	6.5	3.2	37.5
会話型音声サービス	13	0.3	121	1.1	0.8	56.8
フロッピィ・ディスク	128	2.9	167	1.5	-1.4	5.4
磁気テープ	446	9.9	599	5.3	-4.6	6.1
オンライン会話型	3,740	83.4	8,773	78.2	-5.2	18.6
合計	4,485	100.0	11.226	100.0	0.0	20.1

注：データベース白書、1988、データベース振興センターより

　本稿ではこうした電子情報サービスの中で、医薬情報サービス部門でもかなりの普及をみているオンライン会話型（オンラインデータベース）サービスと、伝統的な印刷物などの既存メディアとの対比で、1985 年に新たに登場し、現在脚光をあびている CD-ROM に焦点をあてて論評してみたい。

1.1　メディアの変遷

　印刷術は、1447 年にグーテンベルクにより発明されたとされているが、情報メディアとしての印刷出版物は、以来 500 年以上に亘り王座の地位を保っている。ネオパピルスと呼ばれる CD-ROM も総合評価では、やはり紙に劣る。
　情報メディアは、印刷出版物以降、1920 年代にマイクロフィルム、1940 年代にコンピュータ、1960 年代にデータベースが登場し、情報の加工、蓄積、提供の方式は大きな変革を遂げていった。特に、1970 年代に入ってからの情報技術（Information Technology）の進歩には顕著なものがあり、情報サービスは、極めて多様な展開を遂げるところとなった。
　表 2 は、電子情報サービスの態様を表わすものである。二次情報はもとより、一次情報の蓄積と検索、内部情報の編集、作成、伝達まで極めて簡便に、しかも安価に実行可能にしうることがうかがえる。

1.2　データベースサービスの発展過程

　表 3、表 4 に見られるとおり、データベースの利用は、急速に拡大しつつある。
　情報の機械検索は、1960 年代の半ばに、まず、バッチモードで開始された。当然、専門家、ユーザからは、マニュアル検索との比較で検索精度が問題とされ、料金的にも決して安価とは言えず、しかも、オンラインモードと異なり、リア

表 2　電子情報サービスの形態

形　　　態	サービス
オンラインデータベース系	オンライン情報検索サービス・ビデオテックス
パッケージ系	フロッピーディスク、CD-ROM、CD-I、IC カード
コンピュータ通信系	パソコン通信、電子雑誌

表3　主要業種にみるデータベース利用率の変化

業種	1986年(昭和61年度)[%]	1988年(昭和63年度)[%]
医薬品製造業	―	93.8
化学工業	89.3	88.0
電気機器製造業	75.0	87.5
調査・研究機関	95.7	81.8
建設業	68.7	68.4
学校・教育機関	50.0	58.5
金融業	36.4	46.7
情報処理サービス	38.8	38.8
全業種平均	58.2	58.4
社　数	291	423

注：データベースサービスに関するユーザの意識調査、平成元年3月、データベー
　　ス振興センターより

表4　データベース利用金額(主要5業種)

業　種	1986年（昭和61年）実績					
	件数	国産[万円]	件数	海外[万円]	件数	合計[万円]
金融業	7	1,002	4	747	7	1,429
電力・ガス	4	1,410	2	106	4	1,463
化学工業	51	699	45	662	52	1,266
鋼鉄業	3	1,115	2	186	3	1,239
情報処理サービス・ソフトウェア・情報提供業	26	378	7	177	28	458
全業種平均		385		293		566

注：有効回答数が異なるため、国産と海外の和と合計欄が一致しない。
　　（データベースサービスに関するユーザの意識調査、昭和63年3月、データベー
　　ス振興センターより）
　　なお、このデータには、1987年（昭和62年）の予測値も記録されているが、
　　収録の都合上、割愛した。全業種の伸び率を114.5%と予測している。

ルタイムの処理ではないから処理スピード、エラー修正に時間がかかり過ぎる
など種々問題があった。にも関わらず、機械検索は、着実にユーザに受入れら
れ、1972年にTymnetのVANサービスが米国内で開始され、データベース
がオンラインでサービスされるに至り、利用者は爆発的に増加していった。

　日本では、情報の機械検索サービスは、1972年（昭和47年）5月に開始
された紀伊國屋書店のバッチモードによるASKサービスが初めての商用サー
ビスであり、次いで1978年（昭和53年）にテレックス回線によるDIALOG
のオンラインサービス、1980年（昭和55年）3月には専用回線「キノライ

ン」により、初めて公衆網による海外データベースのオンラインサービスとして、DIALOG が提供されるところとなった。そして国際電信電話（KDD）の国際通信回線サービス「ICAS」が、1980 年（昭和 55 年）9 月 8 日に郵政省の認可を得てサービスが開始されることになり、漸くデータベースのオンラインサービスの国際化の夜明けが始まる。

　さて、紀伊國屋書店の ASK サービスでは、いわゆる業界用語でいうところの代行検索を 1972 年（昭和 47 年）から始めていたわけであるが、当時、CA Search の SDI サービスは毎週処理で年額 5 万円であり、また、1974 年（昭和 49 年）から開始した COMPENDEX（工学全般）、NTIS（米国政府研究レポート）の RS（遡及検索サービス）では 1 年分の検索料金が 10 万円であった。

　現在の DIALOG、JOIS などのオンラインサービスと料金比較をするとどうなるか、単純に計算してオンラインサービスの 10 倍以上のコストであったことがお分かりいただけよう。

　郵政省が公衆回線による「キノライン」の認可をするまでの 2 年間はテレックス回線を用いオンラインサービスが実施された（米国でも VAN サービスが開始されるまで TWX というテレックス回線がオンライン用公衆回線として使用されていた）が、当時で回線料金は 1 分間 1,080 円（1989 年のキノコスモネット、KDD の VENUS 回線の 10 ～ 14 倍）であった。しかし、それでも検索料金は、バッチモードに比し一気に 5 分の 1 に値下がりした。

　当時テレックス端末は、海外との通信のキーステーションとして、総務部門の所管が一般的であり、情報管理部門が容易に使える環境になかったが、それでも電話と直結した公衆網によるオンラインサービスが開始されるまでに 43 社がパスワードを取得し、DIALOG が使用されていた。情報サービスとコストは、非常に重要な関係にあり、これまで述べたことを整理すると、以下のようになろう。

（イ）Chemical Abstracts や RingDoc の磁気テープをデータベースプロデューサとライセンス契約し、自社コンピュータで情報処理していた時代：1970 年代初めから一部の大企業で実施。コストは、年間数千万円を要した。利用機関は数 10。

（ロ）紀伊國屋書店、JICST（JICST は紀伊國屋書店に 1 年遅れて Chemical Abstracts Service の日本のインフォーメーションセンターになった）

のバッチモードによる商用機械検索サービスが普及しだした時代：年代的には（イ）より数年遅れたが、ASK サービスでは CA-Condensates、INSPEC、ASCA（Science Citation Index）、NTIS、COMPENDEX、ERIC など 13 種のデータベース、JICST では CA Condensates と理工学文献ファイルがコストベースで利用可能となった。料金は SDI 中心で、年額 1 テーマ当り 3 ～ 5 万円。RS は 1 年分で 10 万円。利用機関は数 100。

（ハ）プレオンラインデータベースサービスの時代：紀伊國屋書店では TWX テレックス回線により、また、JICST は特定回線によりオンラインサービスを実施。1970 年代の後半から開始。共に回線料金は高く、端末機が特定されるなどのネックはあったが、ユーザは、対話しながらリアルタイム処理が可能になったという大きなメリットを得る。利用機関は 100 前後。

（ニ）公衆網による専用回線（いわゆる VAN）によるオンラインデータベースサービスの時代：欧米にほぼ 10 年遅れて、1980 年初より地域差、料金差なしで一般電話と端末機さえあれば、誰もが日本全国どこからでもデータベースがオンラインで利用できるようになった。システムの利便性、低料金により、短期間で普及。料金は 1 テーマ検索当り数千円。利用機関は約 1 万。

さて、ようやく本論の CD-ROM について触れるところまでたどり着いたが、これまで、データベースサービスの歴史を振り返ってみたのは、こうしたデータベースサービス利用のステップとトレンドの中で CD-ROM の位置付けがより鮮明に浮かび上がると考えたからである。

他の条件を除いて、情報の単位当りのコストだけを単純に比較すると、MEDLINE（Index Medicus）で見ると、印刷出版物では 1 抄録の価格は 0.0015 セント、オンラインサービスでは 5 セント（プリントすると 20 セント）、CD-ROM では、0.0015 セント（DIALOG OnDISC の場合。計算違いではない）となる。

CD-ROM は、データベースの一つのアプリケーションであり、CD-ROM 検索システムは、ほとんどオンラインデータベースシステムと同等のシステム

能力を持っている。表現の妥当性は疑わしいが、1960年代のバッチ用磁気テープ型データベースを第一世代のデータベース、1970年代のオンラインサービス用を中心としたディスク型データベースを第二世代のデータベースと呼ぶなら、CD-ROM は第三世代のデータベースと呼ぶにふさわしい。では、これをどう評価すべきか。現状と問題点、そして今後の動向についてコメントしてみたい。

1.3　CD-ROM の世界的概況

表5は、『世界 CD-ROM 総覧』（共同計画編集、紀伊國屋書店発売）に収載（予定も含む）の各国の CD-ROM ソフトのタイトル数の推移を示す。

この数は、データベース関係、光ディスク系業界のショーや展示会で公表され、プロトタイプであれ、デモンストレーションが行われたものの集計であり、ほぼ当時の現状を表しているといってよい。

別の海外の光ディスク業界レポートもあり、1989年6月に刊行された、Optical Publishing Association の『Optical Publishing Industry Assessment 2』によれば、現在、CD-ROM は、15ヶ国により製作され、各国で流通している CD-ROM ソフトの数は、米国・カナダ253、ヨーロッパ66、日本・その他9となっている。

市場の規模は、1988年で4億ドルで、これは、1987年に比べ4倍増しているという。また、CD-ROM ソフトは、77% が米国で製作され、分野別では、レファレンス、地理（地図）、法律、医学、ビジネス分野が多く、これらで全体の70% 近くが占められているという。

オンラインデータベース、CD-ROM システムの環境は、最もハイテク化が進んでいる分野で、いわば秒進分歩で変化していく世界といってよい。

表5　CD-ROM ソフトの製作推移

年	国　産	海外産	計
1987 ～ 1988	55	154	209
1988 ～ 1989	77	211	288
1989 ～ 1990	150	270	420

従って、表 1 にせよ、**表 5** にせよ一応の参考と考えた方がよい。CD-ROM
のハードとソフトはわずか数年前に商品化され、ハードもソフトもその低価格
化と軽量短少化、新技術が急速に進行しているのが現実の姿であり、こうした
統計は、瞬間記録とでも考えた方が妥当である。

1.4　CD-ROM のソフト

表 6 〜表 8 は、内外で製作された CD-ROM ソフトと価格を示している。
　オンラインデータベースサービスの世界と同様、CD-ROM ソフトも海外優
位であり、殊にアメリカが市場を独占しているといってよい。

表 6　国内商品ディスクの料金・価格帯別分布

5 万円未満	5 〜 10 万円	10 〜 20 万円	20 〜 30 万円
・現代用語の基礎知識　CD-ROM 版 ・広辞苑　CD-ROM 版 ・CD JETRO ACE（月額） ・CD-ROMon CD-ROM ・東版 CD-ROM システム（月額） ・電子宿泊表	◇広辞苑　CD-ROM 版（NEC 版） ・CD- 科技 / 現執 ・CD-SCAN ・CD-NOCS（月額） ・CD-HIASK'85 ・CD-HIASK'86 ・CD-HIASK'87 ・CD-BOOK ◇見積り博士 CD-1（月額） ・CD-View ◇電気術語大辞典 CD-ROM 版 ◇電気電子用語事典 CD-ROM 版	・ELIAS ・CD-HIASK'88 ・CD-FOREX ・CD-ROM CAI System ・CD Word ・J-BISC ◇職員録 ◇模範六法 CD-ROM 版	・GENETYX Biodatabase ◇判例 MASTER ◇有価証券報告書総覧（上場外国会社） ◇有価証券報告書総覧（店頭登録会社）

30 〜 50 万円	50 〜 100 万円	100 万円以上	
◇公開実用新案公報 ・DNASIS-DBRef 51	◇ CD-MAP	◇公関特許公報 ・CD- エリアダイナミックス（フルセット） ・Zmap 電子地図　（フルセット） ◇タウンページマップ ・MAPBASE ・AI ソムリエ ・Medicats	

注：料金・価格は、原則として CD-ROM ディスクと検索ソフト（またはアプリケーション・ソフト）の合計で計算。一部該当しないものもある。（『世界 CD-ROM 総覧』、1989 より）

表7　輸入販売されている海外商品ディスク料金・価格帯分布

5万円未満	5〜10万円	10〜20万円	20〜30万円
◇ ADONIS ◇ CCD-ROM ◇ Federal Logo Disc ◇ Federal Procurement Disc ◇ PC-Blue CD-ROM ◇ Online Hotline News CD-ROM ◇ PC-SIGLibrary	◇ CCINFOdisc ◇ Microsoft Bookshelf ◇ Peterson's College Database ◇ Electronic Encyclopedia	◇ A-V Online ◇ ERIC ◇ Kirk-Othmer Encyclopedia ◇ LISA ◇ OSH-ROM ◇ Ulrich's Plus ◇ GPO Monthly Catalog ◇ Compact Cambridge CancerLit ◇ Compact Cambridge PDQ ◇ PDQ ◇ POPLINE	◇ AGRICOLA ◇ Bibliofile ◇ Books In Print Plus ◇ Cancer-CD ◇ CHEM-BANK ◇ Compu-lnfo ◇ Corporate & Industry Research Reports ◇ Oxford English Dictionary ◇ Software-CD ◇ DIALOG OnDisc Canadian

30〜50万円	50〜100万円	100万円以上	
◇ BRS/Colleague Disc MEDLINE ◇ Compact Cambridge ASFA ◇ Compact Cambridge Drugs Information Center ◇ Compact Cambridge Life Sciences ◇ Compact Cambridge MEDLINE ◇ DIALOG OnDisc ERIC ◇ DIALOG OnDisc MEDLINE ◇ DIALOG OnDisc Agribusiness ◇ Newspaper Abstracts Ondisc ◇ NTIS ◇ sociofile	◇ ABI/INFORM Ondisc ◇ DIALOG OnDisc NTIS ◇ DRUGDEX ◇ EMERGINDEX ◇ IDENTIDEX ◇ Mark Encyclopedia ◇ MEDLINE ◇ POISINDEX ◇ PsycLIT ◇ DIALOG OnDisc Standard & Poor's ◇ MathSci ◇ Registry of Mass Spectral Data	◇ Dissertation Abstracts Ondisc ◇ PDF-2 ◇ Science Citation Index	

注：料金・価格は、原則としてCD-ROMディスクと検索ソフト（またはアプリケーションソフト）の合計で計算。一部、該当しないものもある。また、オンライン・データベースのCD-ROMバージョンは収録期間により料金・価格が異なるため、最も高い料金・価格を採り振り分けた。（『世界CD-ROM総覧』、1989より）

　日本も CD-ROM ソフトについては、1986 年には三修社の『CD-WORD』、日外アソシエーツの『現代日本科学技術者大辞典 /CD』が商品化され、1987 年には紀伊國屋書店・日外アソシェーツの共同開発によるバイブルズシステムにより『CD-HIASK』（朝日新聞全文記事情報）、『CD-BOOK』（図書内容付き出版情報）など 4 種が商品化され、CD-ROM 出版時代に入っていった。朝日新聞、岩波広辞苑、国会図書館の書誌目録（J-BISC）などの CD-ROM の登場は、これまでの企業を中心としたデータベースの利用から、大学、公共図書館、個人にまで利用層を広げるところとなっている。

　しかしながら、全般的には、欧米、日本ともまだまだ市場は未成熟で、数百の単位でユーザを獲得している CD-ROM ソフトは、『BOOKS IN PRINT』、

表 8　医療分野 CD-ROM ソフト

情報プロバイダ / 作成者	CD-ROM タイトル	価格 [$]
BRS	Colleague Disc	1995/ 年
Cambridge Scientific Abstracts Life Sciences Coll.	Medline	1975/ 年
Derwent with Telesystems- Questel (available in Europe)	不明 based on biotechnology	不明
Abstracts DIALOG	Medline*	不明
Digital	BiblioMED*	1,000/ 年
Diagnostics	medical imaging disk*	不明
Elsevier Science Publishers		
Knowledge Access with Amer. Soc. Hosp. Pharmacists Information on Disc	Consumer Drug	
Cumulative Index of Nursing and Allied Health Lit.	Nurse Search 不明	不明
Nat'l. Center for Nursing Research*	不明	不明
Nat'l. Cancer Institute*	Drugdex	2,900/ 年
Micromedex, Inc.	Emergindex	2,900/ 年
Micromedex, Inc.	Poisindex/Identindex	2,900/ 年 7,500
Micromedex, Inc.	MSDS	
Occupational Health Services, Inc.	5, 000 public sector	
SilverPlatter with Elsevier Science Publishers		2,500/ 年
Yearbook Medical Press	CA-CD	
Nat'l. Center for Nursing Research	International Dictionary	
Library of Medicine	$ 195/updated as frequently	
Wiley Electronic Publishing of Medicine and Biology	as print	

注：『データベース白書』,1988, データベース振興センターより (* は予定)

MEDLINE、LC-MARC、CD-CORPORATE、OED（英語辞書）、J-BISC、CD-HIASK、BOOKBANK、GROLIER ELECTRONIC ENCYCLOPEDIA など少数と言われている。ちなみに、日本において二桁以上売れている海外製の CD-ROM は、BOOKS IN PRINT、MEDLINE、OED など数種に過ぎない。

1.5　CD-ROM 利用調査例と問題点

　近畿ニューメディア推進協議会が、1989 年 9 月に「CD-ROM 利用に関するニーズ調査報告書」を発表した。これは上場会社を中心に 2,397 社にアンケート票を発送し、280 社から得た回答をまとめたものである。

　以下にいくつかを紹介する。**表 9** に見られるように、大学市場が日本の場合、大きなウエイトを占めているという現状から、**表 10**～**表 12** のデータが、そのままユーザの意識を全て物語ってはいないであろう。

　しかし、欧米でもまだ CD-ROM のユーザーズスタディの事例はほとんど見

表 9　J-BISC の購入市場分布比

市場	比率 [%]
大学	56
企業	22
公共図書館	17
その他	5

注：日本図書館協会調べ

表 10　いつ CD-ROM を導入したか

時期	度数	[%]	累計%
半年前	7	17	17
1 年前	20	49	66
1 年半前	2	5	71
2 年前	9	22	93
2 年半前	2	5	98
3 年前	1	2	100
合計	41	100	

表 11　導入理由

理由	度数	%
業務上どうしても必要	39	38
マイクロ・印刷物より　　省スペース	60	59
マイクロ印刷物より安価	14	14
オンラインより安く　　予算化容易	29	28
その他	18	18
合　計	102	157

注：複数回答

表 12　CD-ROM 導入上の問題点

時期	度数	%
必要な情報がない	60	38
ソフトやドライブが高価	38	24
商品価値が確定しない	81	51
ソフトに互換性がない	32	20
その他	27	17
合計	159	150

注：複数回答

　出所：表 10～表 12 は、第 1 回 CD-ROM 利用に関するニーズ調査報告書、1989/9、近畿ニューメディア協議会より

当たらず、その意味でこの「報告書」は貴重である。CD-ROM の開発・販売・流通に携わる者として、その特性と利用・普及上の問題点を列記してみる。

(イ) 大型コンピュータ上でしか十分に活用できなかったデータベースをパソコン上で手軽に利用でき、しかも操作が容易である。

(ロ) 製作コストが安くしかも大量生産ができる。

(ハ) CD-ROM は、文字だけでなく音声、画像も同時処理できるマルチメディアであり、その大容量の特性を含め用途が多面的である。

(ニ) オーディオ CD のように、ソフトが豊富でなく、しかもハードの互換性、検索プログラムの個別性などにより、利用者にとって扱い難い面が多い。

(ホ) 殊に海外製 CD は、IBM-PC または互換機でないと全く使用できない。データベースの利用面で、この点がオンラインサービスと決定的に異なる。

(ヘ) オーディオ CD は、オーディオショップやレコード店、デパート、書店など全国各地の街中で販売され、極めて入手が容易であるが、CD-ROM ソフトは二、ホ) の理由により、特定のパソコンショップ、CD-ROM ソフトのプロデューサ（販売力は極めて弱い）、オンラインデータベースサービスの販売会社の手によってしか販売されていない。

(ト) 上記のイ～ハの特性により、ユーザ側で使用目的に合った CD-ROM ソフトがあれば（もしなければ、自社で作ることも容易である）、そのメリットは計り知れないものがある。

1.6　CD-ROM をどのようにに活用するか

CD-ROM ソフトは、表6～表8 で掲げたコマーシャルなソフトと共に、インハウスユース（企業の業務目的用途）がある。わが国でも自動車メーカーのパーツカタログ、保険会社の見積仕様書、家電メーカの製品部品データなどが CD-ROM 化され、下請、系列会社、工場、支店などで使われている。前述の近畿ニューメディア推進協議会の調査でも、社内データを CD-ROM 化するとしたら、どんなものがよいかとの設問に対し、社内文書（46%）、マニュアル類（39%）、商品カタログ（23%）という回答がなされている。

CD-ROM は、オンラインデータベースの代替として使う、図書目録作成などの業務支援システムとして使うという第一義的な活用と同時に、CD-ROM

を使って自社の情報管理システムを再構築するといった観点で、積極的に活用を考えてみる姿勢が大切と思う。

　データベースサービスの歴史を顧みると、ほんの一昔前まで、データベースはごく一部の限られた大企業や政府関係機関の占有物でしかなかった。しかし、バッチモードであれ、オンラインモードであれ商用サービスとしてデータベースが提供されるようになり、データベースは、社会で市民権を得、一般電話とシステムが直結されるやそのデモクラシー化（一般化）は一気に進んだ。

　しかし、オンラインサービスは、まだまだ高価であり、データベースの自由な個人利用には到達できなかった。CD-ROM は、データベースの個人所有を可能にするであろう。情報は、本質的にデモクラティクでなければならない。誰もが平等に、公平に、対等に情報を享受できて初めて、本当の情報化社会が生まれることになろう。

　最後に、CD-ROM の今後の展望を述べてみたい。

（イ）CD-ROM 用のハードは短期間で非常な低価格化が進み、よりパーソナルユースタイプのハードが出現しよう。

（ロ）今後オンラインでサービスされているデータベースの CD-ROM ソフト化より、特定市場向けの個性化の強い特化されたソフトが急速に、多様に製作されていくであろう。

（ハ）CD-ROM は、オンラインデータベースサービス市場を奪う以上に、未開拓の新しい市場を開拓し、結果的にデータベースサービス市場の拡大に寄与するであろう。

（ニ）フルテキストの CD-ROM 化が、特に科学技術、ビジネスの専門情報分野で一層進行していくであろう。

（ホ）データベースプロデューサ（出版社）側に、二次情報で起こったと同様なメディア販売の構造変化が、広く起こってこよう。特に専門書の出版社は、自社の情報資源の著作権の権利保護と電子出版化による販売のジレンマに陥るであろう。

（ト）CD-ROM は、印刷出版文化を阻害することはないであろう。但し、多くの出版社は何らかの意識革命を迫られ、対処を誤ると、破局に追い込まれるという危険にさらされよう。

第 2 章

出版業界とデータベース

本章の内容

　出版業界では、毎日数多く出版される新刊情報の蓄積データが、在庫管理などの日常業務や、書店、図書購入先の図書館に新刊情報を伝えるために必要であった。

　そのために、大手取次会社のトーハン・日販は、早くから業務遂行に必要な書籍の書誌データベースを構築していた。このような状況のなか、単に書名・著者名・出版社名・刊行年などの書誌情報だけでなく、本の目次や内容を持つデータベースの制作が企図され、デーベース BOOK が誕生した。本章では誕生に至る経緯が述べられている。

　自然科学系出版社の無断コピー対策として、欧米の代表的な出版社が行った、ADONIS プロジェクトの報告も行われている。この事例で、規模・技術力などの、彼我の差を示した。

　丸善と紀伊國屋書店が日本の文化、科学技術振興の下支えに果たした役割、特に戦後、紀伊國屋書店が大きな役割を担ったとの報告になっている。

　世界的にみて、1970 年代初頭ではコンピュータを用いた情報検索サービスは国家事業であった。このとてつもない事業が、なぜ、一書店で実施されたのであろうか。

第 1 節

データベース BOOK

（初出誌：『情報管理』Vol.42 No.9 Dec. 1999）

　私は、書店に35年奉職しながら、国内の出版業界関連企業との関わりが薄く、今でもこのことが残念でならない。ここでは私が出版界及びその関係の方々と関わった唯一の仕事の話をしたい。

1.1　出版データベースについて

　書籍の商品データベースは、取次各社が商品管理や受発注などの業務用としてそれぞれ独自に持っていたが、それらは図書館や読者に書籍出版情報を検索してもらうためのものではなかった。1979年（昭和54年）頃から、データベース出版会社の日外アソシエーツなどを中心に「日本書籍新刊情報システム」構築の検討がなされていた。この構想の概要は、以下のようなものであった。

1.　システム概要
　わが国の書籍新刊小売市場で入手可能な図書情報（新刊を含む）をデータベース化し、書籍小売店頭及び百貨店、公共図書館、大学などで端末機を使って利用者が自由に必要情報をオンラインで検索できるシステムである。

2.　システム開発の目的と特徴
　1980年現在、わが国では20万種の図書が市場に出ている。顧客は『日本書籍総目録』や出版社、取次店などが刊行する近刊案内などで図書の検索を行う

のが通例であるが、図書の小売市場では絶えず新刊が生まれ絶版が生じるため、カレントに現状を把握することは困難である。したがって、

(1)絶えずデータを更新し顧客の要求に応えられるカレントなデータベースを作る。

(2)一般に店頭の顧客は、著者、書名、出版社などが曖昧なまま書籍を探すことが多く、例えば広告を見たその図書に関するキャッチフレーズ、広告掲載紙、書評の有無なども手掛かり(キーワード)にして検索可能なデータベースとする。また、ソフトウェアの開発は、店頭で顧客自身が要求する図書情報を検索できるような平易な検索プログラムの開発を行う。

1.2　データベース BOOK の構築

一部のこうした動きは、業界で顧みられることはなかった。出版業界は、1970 年代は二桁成長を謳歌しており、1980 年の売り上げは 2 兆 373 億円で前年比 9.8% の売り上げ増であった。しかし、1981 年の第二次オイルショックを契機に低成長時代に入り、1986 年の売り上げは 2 兆 5,521 億円、前年比 1.31% とほぼゼロ成長にまで落ち込んだ。

業界では、この落ち込みに歯止めをかけ、何とか業界の活性化を図ろうとの機運が高まり、こうした時流の中でエンドユーザ向けの書籍情報データベース構築がクローズアップされてきた。1985 年(昭和 60 年)から紀伊國屋書店が音頭をとって取次大手のトーハン、日販に読者向けの業界商品データベース構築を働きかけ、日外アソシエーツを加え、困難と言われた大取次 2 社相乗りの 4 社の共同事業として、1986 年(昭和 61 年)初めに書籍データベース構築事業の立ち上げが決まった。

この時、4 社共同で行ったプレスリリースでは、データベース構築の目的は以下のように述べられている。

「我国では毎年 4 万余点の図書が出版されておりますが、これらの新刊を迅速に探し出し現物を入手する図書情報システムの確立は、図書館界をはじめ一般読者からも永年にわたり要望されてまいりました。それに応え、国立国会図書館、東販、日販などが個別に図書の書誌的情報をデータベースとして作成し、一部オンラインサービスも実施しております。しかし、

選書、購入の判断に必要な内容情報が不足していました。」

その現状に鑑み、ここに、4社が協力し合い、書店、図書館、資料室、研究者のほか、一般読者も含めた消費者に役立つ実用的なデータベースをめざし、新刊図書内容データベース「BOOKJ の共同構築事業を開始致しました」。

また、このデータベース構築の精神は、

・構築されたデータベースは、参加4社の利益目的のためではなく、出版界の発展に役立てる。

・このデータベースは、出版社、取次、書店はもとより、図書館などデータベースを必要とする機関に実費で提供する。

というもので、データベース構築に関わる費用は、基本的に4社で賄うこととした。

1.3 BOOK の内容と仕組み

国内の『日本書籍総目録』、海外の『BOOKS IN PRINT』などと比べてのこのデータベースの内容的特徴は、当時の説明パンフレットによると以下であった。

1. データベースの特色

「目録情報中心の JAPAN MARC などの既成のものに対して、新刊書の帯、ジャケット、目次などによる "内容を知らせる"データベース「BOOK」は、出版物の氾濫により店頭で現物の一部しか見られない状況の中で、一般読者を念頭において、図書現物の代替情報として、選書や新刊購入の際、威力を発揮するデータベースであります」。

(1)非流通本をも含む汎用情報

(2)内容情報＋目録情報

(3)デイリーに更新する即時情報

(4)キーワードによる多面的な検索

一言で言えば、読者・出版社・書店を意識したデータベースが無く、BOOK構築により世界に類例の無い本の帯情報などの図書内容を持つデータベースが登場したことになる。

　事業推進 4 社の意識としては、取次、書店だけでなく出版社にもこの事業に賛同してもらい、かつ何らかの形で参画してもらう意図で、協力会社の勧誘を行った。具体的には、趣旨に賛成する出版社から、新刊に対し単行本 1 冊につき 1,000 円、文庫本は 500 円を協力金として拠出してもらうこととした。

　トーハン、日販に見本本として、毎日、出版社から持ち込まれる新刊全点を対象に、即日必要なデータを収集して、分類付与などの加工を行いデータベース化する作業コストは、到底 1 冊 1,000 円程で賄えるものではない。しかし、業界データベースである以上、メーカである出版社の参加は不可欠との認識で、こうした形で 1 社でも多くの協賛会社を募った。その結果、主要な出版社のほとんどが協賛会社となった。

　4 社は、この事業推進のためにブックページ刊行会という組織を作り、このデータベースを使って 1988 年から『ブックページ―本の年鑑―』の出版（私が発行人となった）も行い、全国の主要な大学・公共図書館、書店で必備の参考図書となっている。

　このデータベースは、構想の初期段階から、来るべきネットワーク時代の出版販売の情報提供面でのインフラになるとの確信のもとに構築されたものであり、今後オンライン書店や出版社の自社出版情報データベースとしてますます活用されていくことであろう。「出版界の社会的資産を蓄積するために」をスローガンにしてこの事業は継続されてきたが、1987 年以降 1998 年までの蓄積データは 50 万件を越え、出版界の共有財産になったことは確かである。

　データベース BOOK の話をもって私が関わった主なデータベースビジネスのよもやまの話を終えることになる。データベース余話の締めくくりとして、私が関わった情報サービスとその提供機関について整理とまとめをしてみたい。

1.4　データベースサービスの整理

　紙面の都合で、本稿で取り上げてこなかったサービスや機関には、以下のようなものがあった。

〈プロデューサ・出版社〉

Chemical Abstracts Service、Engineering Information、UMI、SilverPlatter、Chadwyck-Healey

〈情報サービスとその提供機関〉

InfoLine (Pergamon)、INKA (FIZ-4)、WESTLAW (West)、NUMERICA (Technical Database Services)、EC Online (Commission of European Communities)、Questel (Telesystems)、HI-NET (ジー・サーチ：現 G-Search)、VIEWCOM (セコム)、NICHIGAI ASSIST (日外アソシエーツ)、C&CVAV データベース(日本電気：現 BIGLOBE)、医学中央雑誌タイトルガイド(大日本印刷)、DIALINE (三菱総研)、INFOCUE (アイ・エヌ・エフ：現ニフティ)、ELNET (エレクトロニック・ライブラリー)、JOIS (科学技術振興事業団)、日経テレコン(日本経済新聞)

〈その他〉

Information Stores、ネットワーク情報サービス

いままで余話の各稿で触れた情報サービスやデータベース関係機関にこれらを加えると、1999 年時点、わが国でサービスされている商用データベースサービスの主なものがほとんど網羅される。

これらの情報サービスやサービスを提供している企業・機関は相互に競合している部分がかなりある。また、紀伊國屋書店は、コンピュータメーカの日立、日本電気、富士通、日本 IBM の各社とも CD-ROM 出版や図書館システムの開発で契約関係を持っていた。

こうした競合サービスの取り扱いと互いに競合する企業との契約関係の保持について、ことに欧米企業には奇異に感じられたようである。恐らく、学術・専門情報を総合的に扱い、企業・大学・官庁・図書館・個人といった全国のありとあらゆるユーザを顧客にしていた紀伊國屋書店という企業の特性と、このような情報流通を必要とする日本の市場の特性が、欧米では決して見られないこうした情報サービスを成り立たせたものと思われる。

そして、その渦中に身を置くことができた僥倖に恵まれて、本稿でビジネス経験の一部に触れさせていただき、読者にデータベースビジネスの一端を窺い知ってもらうことができた。『情報管理』誌は、学術専門誌という性格上、実ビジネスの内情や各企業との取引上の細かな交渉に触れることができなかったが、こうした実ビジネスに関わることについては、機会があれば商業誌などで語ってみたい。

1.5　データベースの価値

　さて、私が長年携わってきたデータベースサービスは、21 世紀を目前にして、世界的に見て停滞を余儀なくされ、また転換期を迎えている。ことに、学術専門情報及び一般情報分野のデータベースサービス会社は、おしなべてインターネットにより打撃を受けている。データベースサービスではドル箱の医学や特許、会社情報などがインターネットで無料サービス化したこと、エンドユーザが Yahoo! などのディレクトリサービスを使って簡単に、無料で情報入手が図れるようになったことなどが大きな理由となっている。

　こうした傾向に対し、DIALOG のようなベンダーと Derwent のようなデータベースプロデューサは、「インターネット上の情報のほとんどはゴミ情報であり、伝統的な有料情報サービスの中にこそ真に必要な情報が存在している」、「最近の調査によると、確かに 68% がインターネットの無料特許情報サービスを使用している。しかし、依然として 90% 以上の人が最終的には Derwent の特許ファイルを頼っている」と述べて、商用データベースサービスの有用性を説いている。しかし、どうもこうした擁護は受け身に聞こえる。

　私には、氾濫する情報の中からふるいにかけて選ばれ、かつ索引付け・抄録付けがなされている付加価値の付いた情報（二次情報データベース）とその検索手段の価値は、ゴミ（クズ）情報の増大につれて幾何級数的に高まると思われ、商用データベースサービス会社にとって、30 年前にオンラインシステムが登場し 15 年前に CD-ROM システムが登場したとき以上にビジネスチャンスが広がりつつあると思われるからである。一例だけあげれば、米国ではインターネットが牽引車となって、データベース市場におけるコンシューマ市場のウエイトが全売上の 31%（9,456 億円）に達しており、この市場は年率 30% の成長を遂げている。

　ところで、私が 30 年近くデータベースビジネスに携わって痛切に感じてきたことは、欧米、特に米国とのこの分野における格差であった。フリッツ・マッハルプは 1962 年の著作『The Production and Distribution of Knowledge in the United States』で、1954 年時点では日本は米国を遥かに凌ぐ世界最大の出版王国であったと統計で示し、米国の後進性を指摘している。しかしながら、現在では米国の出版産業の規模は、日本の 1.6 倍となっている。データベ

ース(電子情報サービス)分野に至っては、1997年実績で米国の市場規模は日本の12倍の3兆845億円に達し、日本の出版産業の売り上げ規模の約1.2倍にもなっている。

　最近Derwent、ISI、Gale等日本でも馴染みが深い情報グループのCEOをしているTierney氏と情報交換を行う機会があったが、米国では図書館レファレンス市場が28億ドル、科学技術情報市場が30億ドル(内雑誌市場17億ドル)とのことであった。ちなみに日本の大学(含む短大)・公共図書館の資料購入費の総額は約1,050億円(1997年)である。

　例えば日本では、大学(短大を含まず)の資料購入総額は、大学運営総経費の1.6%程度であるが、米国ではどんなものかと質問したところ、米国でもそんなものかもしれないが、米国には1万(人口比例しても相当多い)からの2年制以上の大学があるとの答えであった。

　また、ニューヨーク大学のBaruch Levi博士の試算によると、市場価値(Market Value)が1,399億ドルのメルク社の知識資産(Knowledge Capital)は480億ドル、同じくデュポンは870億ドルに対し264億ドルとのことである。同じ試算を日本企業に対して行うとどうなるであろうか。私には、こうした情報や知識の質量に関する彼我との懸隔は、わが国においては産・官・学すべての分野での情報の重要性の認識不足に起因しているように思える。

　ナレッジマネジメントが重視されようとしている今日この頃、企業・大学などの経営体にとって外部のナレッジの収集源としてデータベースサービスや出版サービスはますます重要性を帯びている。まず、こうした情報の提供と活用の専門家(Information Professional)が、その役割を通じて手近なところから状況を変えていく努力をしていくことが望まれる。

【参考文献】
(1) 新刊図書内容情報データベース「BOOK」の概要、紀伊國屋書店・東京出版販売・日本出版販売・日外アソシエーツ、1986
(2) フリッツ・マッハルプ著、高橋達男他監訳、知識産業—知識の生産と流通の経済的分析、産業能率短期大学出版部、1969
(3) 三浦勲、出版社のデータベースビジネス—その現状と可能性、文化通信、No.3306、1999、7月19日

第 2 節

ADONIS の実験と商用化

(初出誌：『情報管理』Vol.42 No.2 May 1999)

　CD-ROM は 1980 年代に入り登場した、光ディスクの一形態で、音楽再生用の CD と同じ媒体に文字、画像、音声などの情報を記録したものである。直径 12cm のディスクに 500MB の記憶容量を持ち、新聞なら 1 年分、辞書なら 20 冊以上の情報が蓄積できるデータベースである。

　CD-ROM が登場したとき、長年データベースビジネスに携わってきた者の多くが、これからの情報サービスに革命をもたらす可能性がある新しいメディアと認識したはずである。

　Electronic Document Delivery System として開発された ADONIS(Article Delivery Over Network Information System)は、CD-ROM 技術により実現した科学技術情報の電子的な原報提供システムであった。

1.1　Document Delivery について

　これまでいくつかの情報検索サービスを紹介した中で、情報検索サービスのゴールは二次情報データベースを検索することによってオリジナル文献(原報)の入手にたどり着くことであると述べた。

　原報の入手は、通常、図書館、情報センター、資料室で購入・保存される一次雑誌からコピーすることによって図られる。しかし、求める文献がそこで手に入らないと、ほとんどの場合外部機関に複写を依頼して入手が図られる。

　この複写は、図書館間の相互貸借制度により行われる場合もあるが、文献複

写サービスを業とするサービス業者ないし機関から有料で入手することが多い。
こうした原報入手業務がドキュメント・デリバリーである。

　1991年の欧米のドキュメント・デリバリーの市場規模は3億ドルとのこと
で、このときのSTM（Scientific,Technical and Medicine）分野の学術雑誌の
市場規模は25億ドルと言われているので、学術出版社にとって文献複写は無
視できないものになっていた。

1.2　ADONIS計画

ADONIS は、Elsevier、Springer、Pergamon、Blackwell、Academic
Press といった STM 系学術出版社が中心になって行った1981年の国際会議
の席上で、学術出版界の新しいプロジェクトとして発表された。

　田屋裕之著『電子メディアと図書館』の記述によれば、次のように述べている。

　　「出版社はオリジナル論文の複写によって著作権が侵害される、という古
　　くからの問題に取り組み、それを打開する方法を探っていた。会議の場で
　　出版社は、開発中の光ディスク技術を用いればこの問題が解決することに
　　着目し、出版された雑誌・論文のフルテキストの蓄積、オンラインによる
　　発注・提供を発表した」

STM 出版物の優良市場である日本でも、確か1982年には、ホテルオーク
ラで ADONIS 計画の発表説明会が行われ、300人ほどの図書館・出版関係者
が一種の熱気のもとに参集したと記憶している。

　1980年5月に Elsevier が、世界最大の Document Delivery Service 機関
である British Library Document Supply Center（BLDSC）と共同で調査を行
ったところ、最近3か年の生物医学関係雑誌の複写が最も多いことが分かった。

　また、図書館分野の専門調査会社の King Research が、1981年に行った調
査では、北米で相互貸借で行われるコピー数は年間650万件に達していると
報告された。

　1982年に ADONIS に参加している出版社が先進12か国で行った、これら
の出版社の雑誌が相互貸借などにより複写される件数をコンピュータシミュレ
ーションしたところ、北米だけで1,100万件のコピーがなされ、ほぼ同数が

ヨーロッパ諸国でもコピーされていると推計された。図書館など雑誌購入者と雑誌出版社との間では、研究目的での文献の複写の是非をめぐって長い間論争が続いており、出版側はこの対立関係を解決するための現実策の提示を迫られていた。

　ADONIS システムは、図書館など利用者側にとって、「複写業務の増大による作業コストの著しい低減と作業効率の著しい向上が図れ、なおかつコストメリットがあるシステムでなければならない」という要件を満たすものでなければならなかった。

1.3　ADONIS 実験の開始

　1981 年に前掲の欧米を代表する STM 出版社 5 社に John Wiley and Sons 社を加えた 6 社で ADONIS 計画推進のためのコンソーシアムが結成されて、具体的に開発に入った。

　しかし、1981 年から開発が開始された光ディスクシステムを用いた Philips 社の Megadoc システムは、コストが掛かり過ぎてサービス側にとってもユーザ側にとっても使用に値する製品・サービスにはならなかった。

　その後、BLDSC とのワークステーションを使ったシステムの実験を経て、1987 年から 1989 年にかけて、商用実験が始まる。この実験は、当時実験のために雑誌の提供に同意した 10 社から出版される biomedical 系雑誌 218 タイトルの全文を CD-ROM で供給し、商用に供そうというものであった。この実験には、BLDSC、欧米の製薬企業、UMI のようなドキュメントデリバリー会社、紀伊國屋書店など世界各地の 12 機関が参加した。

　当時 ADONIS の運営には、システム開発費だけで 300 万ドル、ランニングコストに年間 150 万ドルを要しており、この実験に参加するためには、参加者は 1,000 万円強の負担が必要であった。

　実験参加機関へは、2 年間にわたり約 5,000 ページが収録された CD-ROM が毎週送付され、それを使って原報の複写が行われた。

　紀伊國屋書店の事例では、利益を上げるには至らなかったが、日本でのドキュメントデリバリーのトップ企業の協力を得て、損をしない程度の利用が図れた。同社としては金銭的なことより、この実験参加を通じて、これからの学術

情報の流通の方向、フルテキストの学術文献システムのユーザへの提供、はたまた電子システムによる原報の複写販売の仕方などを学ぶことができたメリットの方が大きかった。

1.4　商用サービス開始までのこと

　この商用実験は成功であった。ADONIS 側は、これまでは調査による統計ないしは推計でしか得られなかった複写に関する間接的なデータを、この2年間の実証実験により生データとして、自らの手で確認するところとなった。

　これは、出版社にとって、初めて市場での複写の実態を個々の雑誌タイトルごとに把握できたことを意味し、デジタル時代の学術情報流通の行方を判断する上で、この上ない貴重なデータを手中にできたことを意味していた。

　私は、1989年には、ADONIS 社に、このシステムの販売代理店なることの申し入れを行っている。

　しかし、これは ADONIS 側にとっては時期尚早であった。1990年の秋口に送られてきた ADONIS からの返事では、「(1)実証実験を通じて多くの問題点が浮かび上がった。技術面での改善、収録雑誌の一層の充実などの問題もさることながら、解決すべき制度的とも言うべき問題がある、(2)最大の問題は、ADONIS が本格的にサービスされた場合、企業や大学での従来の冊子体の学術雑誌受け入れと管理への影響、図書館・情報センターでのシステム使用に伴う利用体制への影響などが明確につかめないこと、(3)したがって、いきなり販売代理店の手で販売を行うのではなく、最初はコンソーシアム参加出版社の日本法人が取り扱うことになろう」ということであった。

　前掲の著書で田屋氏は「アドニス計画は図書館・情報サービス界において、あらゆる意味で画期的な計画である。それは、図書館と出版社との長い著作権をめぐる対立関係に具体的に解決策を提示したこと、フルテキスト・サービスという、オンライン・サービスの新しい地平を開いたこと、従来の図書館サービス〈収集・整理・保管・提供・相互貸借・複写など〉のあり方を根本的に変える可能性を示したことなど、を挙げることができる」と分析しておられるが、実験をしたものの、このシステムが図書館・情報界に与える影響の大きさによって、今度は ADONIS 側がすんなりサービスに踏み切れなくなったと言える。

1.5　商用サービスの開始

　実験終了以降、紆余曲折はあったが、1991 年秋には、ADONIS 側も実験参加機関の強い要請もあり代理店などを通してシステムを販売することを決定し、1992 年には、日本でも紀伊國屋書店など 3 社が代理店に指定された。

　この時のサービス特性と価格などは以下のようなものであった。

(1) 検索された情報の原文の出力が直ちに可能。

(2) 論文中の図形や写真も鮮明にプリントできる。

(3) 370 誌の 1 年分の全文が、50 枚の CD-ROM に収められる。

(4) 370 の学術専門雑誌が年間 200 万円で購読できる(ただし、論文を出力させる場合 1 論文ごとに 600 円のロイヤリティが必要。システム導入機関でその雑誌の冊子体を購読していない場合は、その倍額の 1,200 円)。

(5) ロイヤリティさえ支払えば合法的に無制限にコピーできる。

(6) ハードは、32 ビット CPU 搭載の IBM PC/AT またはその互換機。ハードディスク 80MB 以上。

(7) VGA（640 × 480dots）対応ディスプレーと CD-ROM ドライブ。

(8) レーザープリンター（HP Laserjet Ⅱ / Ⅲ、Canon LBP8- Ⅱ / Ⅲ）。

　世界的な STM 系出版社 40 社が発行する雑誌には、American Heart Journal、Biochimica et Biophisica Acta、British Medical Journal、Lancet など医学・薬学・化学関係のコア・ジヤーナルが多数含まれており、収録雑誌は年々増加の一途をたどり 1994 年には、600 誌に達した。

　ADONIS 側の発表では、1992 年時点の 370 誌の発行国内の価格総額は 37 万ギルダ(当時 1 ギルダは約 70 円)とのことで、日本での全誌の購読価格は 4,000 万円以上であつた。極端な話、これらの雑誌を印刷体で購入している機関が ADONIS システムに置き換えると 200 万円プラスコピーのロイヤリティ料金で済むわけなので、仮に 1 万文献のコピーが行われても 200 万円プラス 1,200 万円、合計で 1,400 万円と冊子購入料金の 30% のコストで済むことになり、かつ製本の手間、製本代もかからないことになり、ユーザのメリットは計り知れないものがあるはずであつた。

　しかし、現実には利用者である学者・研究者は圧倒的に印刷物を好み、また

図書館などのシステムの管理・運用側も使用に馴染まず、利用機関は少なかった。紀伊國屋書店以外の代理店は2年間で1件のユーザも獲得できず1994年からは紀伊國屋書店が日本における総代理店に指定された。欧米でも同じような事情があり、1993年時点で全世界の利用機関は90機関程度で日本は4機関に過ぎなかつた。

1.6　ADONIS の現状

　1997年Elsevier社はADONISコンソーシアム参加各社から株式を取得した。一社管理体制になりサービスは、1997年より従来サービスのADONIS DDS (Document Delivery Service) に加えADONIS EJS (Electronic Journal Subscription)サービスを開始した。

　DDSサービスの収録誌が850であるのに対し、EJSサービスの収録誌は400で、両サービスの相違は、DDSはCD-ROMへのイメージ入力であるのに対し、EJSはCD-ROMによるいわゆる電子ジャーナルでありPDF形式なのでカラー印刷が可能であること。

　また、DDSは、出版社が雑誌タイトルごとに決めたロイヤリティ「Publisher's Copyright Charge (PCC)」を出力(複写)のつど課金されるが、EJSは雑誌タイトルごとに年間購読契約料金を支払えば無制限に複写できる。

　DDSサービスの年間基本料金は、スタンドアローン版、クライアント・サーバ版、イントラネット版で価格が異なるが、1982年時点の価格のおよそ2倍程度となっていて収録雑誌数が2倍以上となっていることから非常に廉価と言ってよい。しかし、普及の方は前述のような理由とコピーは無料との長年の習慣からすると複製ごとに相当額のロイヤリティを支払うことに抵抗があるせいか、依然、日本では思ったより伸びていない。

【参考文献】
(1) 田屋裕之.電子メディアと図書館.東京、けい草書房、1990
(2) Robert M. Campbell Barrie T. Stern. ADONIS- A New Approach to Document Delivery. ADONIS B.V" 1990、p.1-12
(3) Barrie T. Stern、Henk C. Compier. ADONIS ～ Document Delivery in The CD-ROM Age. Interlending and Document Supply.Vol.18,No. 3,1990,p79-87

第3節

学術専門情報流通と書店の役割
—紀伊國屋書店の事例—

(初出誌:『実践女子短期大学紀要』第 27 号 . 2006)

　出版業界にあって丸善と紀伊國屋書店とは、店頭で出版物を販売する大手の書店として全国的に知られ、脚光を浴びてきた。しかし両書店(特に紀伊國屋書店)が洋書輸入の専門商社、学術専門情報の流通販売会社というもう一つの側面を持ち、それが重要な社会的機能を果してきた実態については、あまり知られていない。本稿では、両書店が学術専門情報の流通にどのように関わってきたかについて、殊に紀伊國屋書店が果してきた役割について考察してみたい。

1.1　学術専門情報流通の重要性

　まず、両書店が果してきた学術専門情報流通の位置付けと意味について述べる。1957 年 10 月に旧ソ連が世界最初の人工衛星を打ち上げた。第二次世界大戦後のアメリカを中心とした資本主義陣営と、当時のソ連を中心とする社会主義陣営との激しい対立の中で起こったこの出来事は、アメリカをはじめとする西側陣営に、打ち上げられた人工衛星の名前を冠した「スプートニクショック」をもたらした。

　アメリカは、直ちに 1958 年に大統領直属の NASA (アメリカ航空宇宙局)を発足させ、宇宙開発を開始する。この宇宙開発には延べ 50 万人の科学者・技術者が動員されたと言われているが、技術開発に伴い、研究者間の情報共有が問題となった。

　こうした状況のもとにアメリカ政府は、大統領科学諮問委員会を発足させて

科学振興について諮問を行ったが、その過程で委員会はそのメンバーの一人、
オークリッジ国立研究所長の Alvin M. Weinberg 氏を座長とする「科学情報パ
ネル」を立ち上げ、情報問題を審議させた。このパネルの成果は、1963 年 1
月 10 日に、「科学、政府、情報 - 情報伝達における科学技術界並びに政府の責
務」という報告書にまとめられ、当時の米国大統領ジョン F. ケネディの序文を
付して公表された。序文の内容は、以下のようなものである。

　「わが国の科学技術研究及び、政府による研究開発管理の向上は、最新の
　研究活動並びに過去の研究成果に関する情報を流通させるわれわれの機能
　の進歩にかかっている。
　科学諮問委員会による本報告書は、今日の科学技術の研究開発にとって、
　適切な情報流通がきわめて重要であることについての注意を喚起している。
　政府内外における情報流通の諸問題並びにこれらの課題に対してなしうる
　最善の方向を理解するために、本報告書の寄与はきわめて大きいものがある。
　本報告書が指摘しているように、強力な科学技術は国家の緊要事であり、
　適切な情報流通は科学技術の前提条件である。
　この委員会の諸考察は、研究と開発にたずさわる科学者、技術者並びに政
　府の大きな研究開発計画を推進する人々によって十分尊重されるべきもの
　である。」[1]

　この序文で「科学技術の研究開発にとって、適切な情報流通がきわめて重要
である」との認識が強く示されているとおり、報告書の核心は、「研究・開発に
とって情報の伝達は、欠くことのできない部分である。すべての研究・開発に
たずさわる科学者や技術者、工学及び基礎研究機関、学協会、政府機関は、研
究開発に課せられた責任と同様に、また同程度の意欲をもって、情報伝達にた
いする責任を果さねばならない。」[2]という点にあった。

　つまり「情報は研究・開発の一部である」との強い認識に立って、社会に対し
必要な対策を迫る内容であった。

　ワインバーグ報告は、科学技術の研究開発について述べたものであるが、研
究という観点からみると、報告書で指摘されている情報の重要性は、人文科学
や社会科学の研究についても同等なのである。

　日本でも科学技術庁（現・文部科学省）が、1957 年（昭和 32 年）に発足させた

日本科学技術情報センター（現・独立行政法人科学技術振興機構）などが、企業向けに、索引抄録誌(現在はオンラインデータベース化されていることが多い)を発行し、文献送付(ドキュメント・デリバリー)、翻訳サービスを行っている。

　また、1986年(昭和61年)には、文部省(現・文部科学省)が大学共同利用機関として学術情報センター（後の国立情報科学研究所）を設立して大学への情報サービスを開始し、こうした専門情報センターが学術情報流通の機能を果している。しかし、相対的に米国などと比べて財政的にも組織的にも規模が小さく、こうした専門情報機関が、科学技術をはじめとする学術専門情報の流通を十分カバーしてきたとは言い難い。

　実は、過去においても現在においても、こうした国家レベルの専門情報センター以上にあらゆる分野の学術専門情報の流通を担ってきたのは、他ならぬ書店である丸善であり、紀伊國屋書店であった。

1.2　丸善のケース

　丸善の有価証券報告書の「会社の沿革」の項の冒頭には、「当社は、福沢諭吉の門人早矢仕有的によって、洋書をはじめとする西欧文物の輸入を通じて、わが国の文化の発展、貿易の振興に貢献することを精神に、横浜に設立された「丸屋商社」にその端を発します。」(3)と書かれている。

　福沢諭吉が咸臨丸での最初の渡米のときから、有り金をはたいて洋書を買いあさって日本に持ち帰ったことは、『福翁自伝』などにより、つとに知られているところである。丸屋商社は、日本で最初の株式会社組織の会社であったことでも知られ、この会社の創立は1869年(明治2年)であるから、日本の学術専門情報の流通は今から150年以上も前に始まったことになる。

　大量の原書教科書の輸入、1872年(明治5年)に出版されたミルの『自由の理』、1877年(明治10年)出版のマルサス『人口論』、1880年(明治13年)シラー『ウイルヘルム・テル』、1881年(明治14年)ダーウィン『人祖論』、1882年(明治15年)ルソー『民約訳解』、1884年(明治17年)スミス『富国論』などの原書も丸屋商社(1893年(明治26年)に現在の丸善株式会社となる)の輸入書であったであろう。

　早稲田大学の英文科卒業で、小説家であり評論家であった『丸善外史』の著者、

木村毅(1894〜1979)は、この書物の序で「考えてみると、丸善が私の心性の成長の上に及ぼした影響は、都の西北の学園に、まさるとも劣るものではない。云うならば丸善は早稲田とならんで、そして早稲田とちがった意味で、私に母校的役割をはたしている。いや、日本の全知識人みんなから、第二の母校、エキストラの心のふるさとの、ノスタルジアを、丸善は感じられているにちがいない。」(4)と述べている。

　木村毅が代弁しているような感情は、日本の学者・研究者・知識人の多くが多かれ少なかれ持っていたといっても過言ではないと思われる。過去だけでなく、個人はもとより大学・企業の研究活動は丸善などの洋書輸入・情報流通業者に強く依存している事実は、今も変わりない。特に、明治の初期から第二次世界大戦による敗戦後暫くの間は、こうした洋書・学術専門情報の流通業者は丸善1社しかないような状況にあり、丸善の日本の学術文化・科学技術の発展への貢献は計り知れないものがあった。

1.3　紀伊國屋書店のケース

　紀伊國屋書店の創業は、1927年(昭和2年)である。創業者の田辺茂一が、子供のころ日本橋にお祭り見物に連れて行かれたとき、祭りの混雑で偶然押し込まれて入った店が丸善だった。そして棚に並んだ洋書の絢爛さに魅入られて、子供心に本屋になろうと決心したと、田辺は述懐している。紀伊國屋書店が洋書の輸入を手がけるようになったのは、1949年(昭和24年)のことであった。丸善や三越での洋書仕入れや販売の経験者を採用して、始めた新規事業であった。洋書輸入業者としては、長い歴史と伝統のある丸善のライバルには程遠い存在であったが、昭和40年代(1965年〜)から始まった大学の新増設ブームに乗って力を付けていく。1990年(平成2年)頃には．洋書販売を中心とする学術専門書の販売拠点としての営業所を全国60ヵ所に展開し、洋書販売でも丸善と肩を並べるまでに発展する。

　洋書の輸入販売では後発だった紀伊國屋書店の経営目標は、明らかに丸善に追いつき追い越すというものであった。もっとも、国内出版物も洋書も扱い、なおかつ全国的に店舗・営業所を展開しているライバル企業は他にはなく、当面、丸善を目標としたという面もある。

（1）　情報サービス開始の経緯

　洋書の輸入販売では、丸善は大きなシェアを持ち、同業他社を寄せ付けない力を持っていたが、丸善・紀伊國屋書店が果したもう一つの役割は、コンピュータによる情報サービスであり、大学などの図書館業務のコンピュータ化の支援サービスであった。冒頭で述べた 1960 年代のアメリカの国家的な宇宙開発事業の副産物として、データベースとコンピュータによる情報検索システムが開発され、アメリカでは 1960 年代半ばには、データベースによる学術専門情報検索サービスが開始されていた。

　こうしたコンピュータをベースとした学術専門情報の提供でも、日本はアメリカに比べて 10 年の遅れがあったが、実は、コンピュータを使った学術専門情報の提供を国に先駆けて行ったのが紀伊國屋書店であった。学術専門情報流通の媒体には、紙ベースのものとデータベース（デジタル）のものと二つの形態があるが、紀伊國屋書店はコンピュータシステムによるデータベースサービスでは先駆者であった。丸善は洋書の輸入販売では、長らく他社の追随を許さない地位を維持してきたが、新時代のコンピュータを使った学術専門情報の流通面では、紀伊國屋書店に約 10 年先行された。

　紀伊國屋書店の売上が 100 億円に達しようとしていた 1970 年（昭和 45 年）頃に、当時、専務だった松原治（その後、同社会長兼 CEO）が、「紀伊國屋にも丸善のアテナインキ、タイガー計算機のようなオリジナル商品があってもいい」と漏らしたことがあり、これを聞いた若手課長がコンピュータを使った学術情報の検索サービスを提案した。当時はまだ書店にとってコンピュータは高嶺の花の時代であり、コンピュータのソフトウェアという言葉さえ普及していない時代であり、当然、社内の幹部はこの提案に全員反対であった。しかし、松原は、「アメリカで普及し成功していることは 10 年後には日本でも起こる」と決断して、コンピュータを導入し、海外の情報サービス機関と業務提携して、情報検索サービスという新規事業を開始することとなった。この事業の開始は、その後の紀伊國屋書店の企業経営変革の引き金ともなり、また、国内外（特に海外）での評価を高め、学術情報流通サービス面で丸善を凌駕するきっかけとなる。

（2）　情報検索サービスの開始

　紀伊國屋書店は、1972 年（昭和 47 年）5 月に「紀伊國屋書店文献情報検索

サービス：ASK」を開始する。国の科学技術情報センターが同様のサービスを開始する半年前のことで、当時日本では、ほぼ同時期に日本経済新聞社がNEEDS-IRという情報検索サービスを開始しているだけで、このサービスが日本における最初のコンピュータによる本格的な学術専門情報の提供サービスであった。

「ASKサービス」と称したこのサービスは、Alerting-search Service from Kinokuniyaの略称で、海外の主要な学術データバンクからデータベースをライセンス契約し、それを磁気テープで輸入して、社内のコンピュータで毎週バッチ処理により検索処理するというサービスであった。ASKサービスで使用されたデータベースは、いずれも米国政府機関、化学・物理・工学分野の学協会が構築していた世界的な名声をもつ、**表1**のような定評ある学術情報データベース群であった。

表1　ASKサービスのデータベースとその製作機関

データベース名称	データベース名称	分野	年間収録件数
Automatic Subject Citation Alert (ASCA-IV)	Institute for Scientific Information (ISI)	科学技術 医学・生物	360,000
U.S. Government Report Announcements (USGRA)	National Technical Information Service (NTIS)	科学技術全般 社会科学	54,000
Information Service in Physics、Electro-Technology、Computer and Control (INSPEC)	Institute of Electrical Engineers (IEE)	物理学・電気・電子工学・コンピュータ・制御	150,000
CA Condensates (CAC)	Chemical Abstracts Service (CAS)	化学・化学工学	360,000
Abstracts on the Chemical-Biological Activities of Chemical Substructures (CBAC)	Chemical Abstracts Service (CAS)	生物化学物理化学	39,000
Polymer Science & Technology (POST)	Chemical Abstracts Service (CAS)	高分子化学	44,000
Automatic New Structure Alert (ANSA)	Institute for Scientific Information (ISI)	新規化合物	48,000
Metals Abstracts Index Data Base (METADEX)	American Society for Metals (ASM)	金属工学・金属物理・化学	25,000
Computerized Information Index (COMPENDEX)	Engineering Index Inc. (EI)	工学全分野	120,000
AGRIDEX (AGRIDEX) CCM	Information Corporation	農学	120,000

英語の alert の意味は、「油断なく気を配る・見張る」といったものであるが、ASK サービスの内容は、世界の最新の学術研究情報をコンピュータで検索して速報するというものであった。例えば、「癌の化学療法」についての最新の研究情報を知りたい研究者から注文を受けると、このテーマをコンピュータに登録しておいて、最新情報が搭載された磁気テープが空輸されてきしだい、即日コンピュータで検索処理して、所与のテーマに該当する研究情報をアウトプットして研究者に届けるというサービスであった。

因みに、サービス料金は、毎週処理した場合、年間の処理料金が6万円、隔週サービスでは4万円といった価格で、決して安価ではなかった。しかし、研究者が情報収集に割かなければならない時間、本来の研究以外の作業にとられる貴重な時間をコストに換算すると、十分に見合う価格であった。

紀伊國屋書店がライセンス契約したデータベースは、いずれも世界的に権威がある機関で製作されたものなので、詳しく紹介するに値するものばかりであるが、紙面の都合で米国化学会(American Chemical Society 以下 ACS)が製作している Chemical Abstracts（データベース名は CA Condensates といい、その抄録データ付きのデータベースを CBAC・POST と称した）データベースについてのみ簡単に紹介する。

ACS は 1876 年に設立され、2005 年当時、学会員約 15.8 万人を擁し、事業規模も 4.1 億ドル(476 億円)に達する世界最大級の学会である。ACS は 1907 年(明治 40 年)には、Chemical Abstracts Service (CAS)という情報加工部門を設立している。ここでは、世界中の化学関係の学術専門雑誌など 4 万誌を 1,000 名近くのスタッフ(内 60% が博士号を持つといわれている)がそれを精査し、化学研究に関する重要文献を精選し、索引抄録を作っている。情報量は、1970 年代ですでに 40 万件を超えており、索引抄録誌はウィークリーベースで、冊子体とデータベースで世界に流布されていた。当時、化学研究者は、この索引抄録誌を使って研究情報を得るのを日課のようにしており、毎週送られてくる 1 万件近くの情報の中から、手作業で自分の研究に関係する情報の探索を行っていた。

紀伊國屋書店の ASK サービスは、研究者が貴重な時間を割いて行っている調査を代行するものであった。1970 年代初めに、日本の大手の化学メーカーでも CAS に使用料を払って磁気テープを導入して、自社コンピュータで社内

処理している会社が1社あったが、大手のメーカーといえどもコンピュータ処理をするためには、コンピュータ技術者、情報検索の専門家を必要としたため、簡単に自社処理ができる状況ではなかった。

　紀伊國屋書店は、日本で最初のCASのインフォーメーションセンターになったが、1973年時点で、アメリカ以外でセンターを設けていた国は、イギリス、ドイツ、フランス、カナダなど10カ国で、すべて公的機関が運営に当っており、民間企業は紀伊國屋書店だけであった。

　ASKサービスは、科学技術分野の学術専門情報をほとんど網羅しており、1974年時点でのこのサービスの利用機関は、当時のサービスカタログによると国公立試験機関36、大学47（内、国公立24）、民間企業99社であった。サービスの主な利用機関は、日本を代表する国立試験機関・大学・企業で占められており、ASKサービスは先進的な研究者にとって不可欠なサービスとなっていた。

（3）　オンラインデータベースサービスの開始

　Alertingサーチサービス（データベースサービス業界では、SDI：Selective Dissemination of Information ＝選択的情報提供サービスと称した）は、研究動向を監視するのには適したサービスであるが、実は、学術研究では過去の情報を遡及（そきゅう）して調査する必要性の方がより大きい。ASKサービスでもデータベースが2年分蓄積できたとき、ASK-RS（Retrospective Search）サービスを開始している。この遡及検索調査は、2年という短期間ではなく10年以上に遡る（さかのぼ）要求が多く、紀伊國屋書店で自社処理できないものは、海外の調査機関に検索依頼を行っていた。海外の情報サービスを日本からオンラインで利用できるようになるのは、1978年（昭和53年）以降のことになるが、1980年に専用回線によるオンラインデータベース検索サービスを開始するまでに、延べ1万件ものテーマが検索処理された。

　1960年代にアメリカでコンピュータによる情報管理（ドキュメンテーション）が発達し、データベースや情報検索システムの開発が活発に行われたが、NASAはその検索システムの開発を民間企業に委託した。例えば、Lockheed Missiles and Space社（ロッキード社）は、DIALOGという名のオンライン情報検索システムを開発した。米国政府は、1970年代に入りこの検索システム

を民間に開放したため、システム開発に従事したSDC（System Development Corporation社）がORBIT、ロッキード社がDIALOGというオンライン情報検索サービスを、1970年代当初から商用データベースサービスとして開始した。これらのサービスが日本に上陸するのは、通信規制のため1980年になってからであるが、紀伊國屋書店は、1975年ころからこれら2社と代理店を前提とした調査と交渉に入っていた。

　当時、海外の情報検索サービスの利用手段は、テレックス（電話回線を使ってテレタイプで文字を送り通信する方式で、商社などが海外との交信に多用していた）しかなかったが、紀伊國屋書店ではテレックスによる遡及検索サービスを1978年から開始した。このテレックスを使ったDIALOGとORBITというシステムのオンライン情報検索技術は、バッチによる情報検索の技術とノウハウを持つ同社にとって、極めて容易に習得できた。

　この擬似オンラインとも言えるテレックスを使った海外のデータベース検索サービスは、一般企業に対し検索専用のテレックスを開放することによって、利用者自身が自分でデータベースの検索ができる道を開いた。テレックスの使用料金は国際電話料金と同料金で、当時は1分間1,080円と高価で、企業内でもテレックス端末を設置しているところは限られた部署であったため、紀伊國屋書店内の検索専用端末は企業の情報部門に大変な便益をもたらした。その利用の多さは、KDDへの月間のテレックス回線使用料支払額が300万円にも達していたことからも知ることができる。

　テレックスによる検索サービスの最大の利点は、インターラクティブなところで、バッチ処理では検索語にスペルミスが発見されても、1週間後、1ヵ月後まで再処理できないが、インターラクティブであれば対話形式なので、その場で検索結果をみてミスの発見ができ、再検索できること、検索結果をリアルタイムで得られること、データベースの蓄積量が多いこと（たとえばChemical Abstractsでは優に10年以上）、しかも1つの検索テーマの処理時間は10分程度という短時間で処理できたことなど、バッチ処理に比べ格段の使い勝手の良さであった。

　紀伊國屋書店は、1978年（昭和53年）7月にロッキード社と正式に代理店契約を結び、郵政大臣の認可を得て日米間に自社国際専用回線「KINOCOSMONET」を敷設し、1980年の3月からロッキード社のオンラ

イン情報検索サービス「DIALOG」を開始することになる。1990年頃には、DIALOGの利用は100ヵ国に及び、1日の利用者は20万人に達しており、国の機関を含む企業の情報収集活動はこのシステム抜きでは成り立たないほど、企業にとって不可欠な情報サービスになっていた。1985年(昭和60年)時点で紀伊国屋書店と契約した利用機関数は3240に(5)達しており、国の試験機関、研究開発部門を持つ企業、国際的に事業展開をしている企業と大手の大学のほとんどがこのサービスの利用者になっていた。

　1999年時点、DIALOGサービスで利用できるデータベース数は500を超えており、人文・社会・自然科学の全分野、ビジネス・医薬を含む科学技術・特許など全世界の主要なデータベースが網羅されている。この情報検索サービスは、1988年にロッキード社が業績悪化のため3.53億ドルでアメリカの新聞社ナイトリッダー社に売却し、現在はカナダの出版社トムソン社の傘下にあり、いま日本では、富士通系の株式会社ジー・サーチが総代理店になっている。

　このサービスの日本への導入と普及に関しては、1970年代の初めから情報検索サービスを手がけてきた紀伊國屋書店の功績が極めて大きい。

　なお、丸善も紀伊國屋書店とほぼ同時期にDIALOGサービスの代理店になって、この時期から情報検索サービスへ参入することになった。

（4）　図書館支援サービスについて

　図書館学の用語に、「書誌ユーティリティ」という言葉がある。『図書館情報学ハンドブック』では次のように説明されている。

　「書誌ユーティリティは、一言で言えば、〈書誌情報を提供する公益事業体〉である。そのため、この書誌ユーティリティの中に論文レベルの抄録・索引データベースの提供機関を含めることもあるが、歴史的には、むしろ図書や雑誌など図書館の蔵書を対象とする書誌データベースの構築機関として発展してきたものである。

　換言すれば、書誌ユーティリティは図書館間の相互協力活動の延長上に資源共有(resource sharing)の考え方を背景にして成立したものであるといえる。したがって書誌ユーティリティの主たる利用者は図書館であり、図書館業務に対する支援が第一義的な目的である。具体的には、共同分担目録方式による図書館の目録業務の軽減化、またその共同作業の結果である総合目録データベー

スの構築、さらにはそのデータベースを基盤とした資料の ILL（著者注 :Inter Library Loan: 図書館間の相互貸借)システムなどが書誌ユーティリティの主要なサービスである。

　またこのようなサービスは、MARC（著者注 :Machine Readable Cataloging= 機械可読目録)の開発など図書館業務におけるコンピュータの適用と通信ネットワーク技術の著しい発展等を背景として実現されたものである。」(6)

　簡単にいうと、『ハリーポッター』を購入した公共図書館は数多くあるが、この本の目録作成作業はベテランの図書館員が時間をかけて行わなければならない。しかし、最初にこの本を購入した図書館がいち早く作成した目録を他の図書館が共有できたら、図書館の作業は著しく軽減される。目録作成作業に入る前にコンピュータで、すでにどこかの図書館が目録を作成してくれているかどうかを調べて、あればそれが使えるので目録作成の作業が著しく軽減されることになる。書誌ユーティリティは、このように図書館にとって大変便利なサービスを提供してくれており、不可欠なサービスになっている。

　この書誌ユーティリティの最大規模のものが、アメリカの公益法人 OCLC (Online Computer Library Center)である。紀伊國屋書店は、1986 年に OCLC の代理店になる。

　他に代理店はないので、事実上、独占代理店であった。OCLC は長らくそのサービスを米国外に提供することをしなかったが、ヨーロッパやアジアにも開放する方針を固めたことを察知した紀伊國屋書店は 1984 年に代理店の申し入れを行っていた。図書の分類目録作成は専門書になると難しく、国立国会図書館のベテランの目録作成者でも 1 日に数冊しか作成できないこともあると言われている。

　特に、洋書の専門書の目録作成は難しく、OCLC の書誌ユーティリティが利用できるようになったことは、洋書の専門書の購入が多い大学図書館にとっては大変な朗報であった。図書館では英語だけでなく、ドイツ語、フランス語、ロシア語、スペイン語、ポルトガル語、中国語、韓国語などの言語で書かれた図書目録も共有できるようになった。なお、欧米の先進諸国等では日本語の図書を多く購入しており、図書目録作成の需要は多くあり、OCLC の日本語の図書目録の作成には早稲田大学が全面的に協力している。

　紀伊國屋書店が代理店契約を結んだ2年前(1984年)のOCLCは、6,000の図書館に対して次のようなサービスを行っていた[7]。
・オンラインユニオンカタロギングサービス
　　1,300万を超える単行本、雑誌、視聴覚メディア、古文書、写本、楽譜、地図などの書誌情報データベースによる目録自動作成システムの提供。
・インターライブラリーローン(ILL)サービス
　　図書館の所蔵資料の相互貸借オンラインサービスの提供。
・電算目録作成
　　図書館機械化の前提になる機械可読目録(MARC)の作成。

　丸善も同様であるが、紀伊國屋書店は、大学図書館を最大のユーザーとしている。OCLCは、「①図書館における図書整理単価コストの軽減、②図書館資源の共用による重複投資の回避、③図書館利用者へのサービス向上」の三つを理念にしており、これらはいまも大学図書館等が目指している必須の運営目標でもある。
　紀伊國屋書店は、OCLCの諸サービスを提供することにより、学術情報販売の最大顧客である大学図書館に対して大きな楔を打ち込むことに成功した。大学にとって図書館はいわば学術研究の心臓部分であり、その大学図書館の業務にOCLCの書誌ユーティリティを提供することになった意味は大きかった。
　OCLCは、1990年代に入ると書誌ユーティリティの提供サービスの枠を広げて、「Further access to the world information」という理念を使命に加えて、さまざまな情報サービスを開始する。まず、FirstSearchという大学図書館などのレファレンスサービス向けのオンライン情報検索サービスを開始するが、これはDIALOGと同様のサービスであった。
　また、2000年代に入って学術雑誌の電子ジャーナル化が進み、急速に普及しだしているが、OCLCはいち早く1990年代後半からElectronic Collection Onlineという電子ジャーナルのオンラインサービスを開始し、現在では5,300の雑誌の電子ジャーナルをオンラインで閲覧できるようにしている。例えば、大手の出版社のElsevierはScience Directという自前のシステムで、自社出版の学術雑誌の電子ジャーナル版をオンラインで提供しているが、自社でこうしたサービスを提供できない中小の学術出版社は、OCLCのコンピュータユーティリティを使って電子ジャーナルの提供を行っている。これは、冊子

体の雑誌購読者がエキストラチャージを払えば、OCLC のシステムにアクセスして、オンラインで電子ジャーナルが利用できるというシステムである。因みに、冊子体がない電子版だけのオンラインジャーナルの提供を最初に始めたのも OCLC であった。

　また、書籍についても Net Library eBook という電子書籍のオンラインサービスを行っている。このサービスは、電子化された学術書をオンラインで購読できるというもので、図書の分類整理も不要、書庫スペースも不要で24 時間どこからでもオンラインで本が読めるというサービスである。現在、Oxford University Press、MIT Press、Yale University Press、Blackwell Publishing、Routledge といった大学出版社、商業出版社から出版された、人文・社会・自然科学分野の 9 万タイトルに及ぶ学術書の電子版が閲覧でき、利用できる冊数は年々急増している。

　なお、丸善も書誌ユーティリティサービスの重要性を認識し、紀伊國屋書店に先行して、1984 年にカナダの UTLAS という機関と業務提携したが、ほどなくこの会社は潰れてしまった。

（5）　BOOK データベースの構築

　かつては、一般読者・図書館・書店が図書出版情報を検索する場合、国会図書館の Japan MARC という図書目録データベースか、出版取次大手のトーハン・日販などが作っている業務用書籍情報データベースしかなかった。これらのデータベースは、タイムラグにより半年遅れでしか情報の入手ができない、情報量が少なく、網羅性に欠けているなどの欠点があった。また、利用面でも検索システムがユーザオリエンテッドではなかった。

　出版業界は、1981 年の第二次オイルショックを契機に低成長時代に入り、1986 年の売上は 2 兆 5,521 億円(前年比 101.31%)というゼロ成長時代を迎え、出版界の活性化が業界にとって重要課題になっていた。

　こうした状況の中、1985 年(昭和 60 年)に紀伊國屋書店は、取次大手の東販(東京出版販売・現トーハン)、日販(日本出版販売)に読者向けの業界商品データベースの構築を働きかけ、データベース製作会社の日外アソシエーツ社を加えて 4 社の共同事業として、書籍商品データベース構築のコンソーシアムを作った。この事業は、出版社にもデータベース登録料の負担を求めるもので、

文字どおり出版社・取次・書店という出版業界挙げての事業となっている。トーハン・日販という宿命のライバルを業界発展のために相乗りさせたこの共同事業は、紀伊國屋書店が成し遂げた快挙といってよい。

　当時のプレスリリースによると、このデータベース構築の目的は、次のように説明されている。

　　「我国では毎年4万余点の図書が出版されておりますが、これらの新刊を迅速に探し出し現物を入手する図書情報システムの確立は、図書館界をはじめ一般読者からも永年にわたり要望されてまいりました。これに応え国立国会図書館、東販、日販などが個別に図書の書誌的情報をデータベースとして作成し、一部オンラインサービスも実施しております。しかし、選書、購入の判断に必要な内容情報が不足していました。

　　その現状にかんがみ、ここに、4社が協力し合い、書店、図書館、資料室、研究者のほか、一般読者も含めた消費者に役立つ実用的なデータベースを目指し、新刊図書内容データベース「BOOK」の共同事業を開始しました。(8)

　このデータベース構築の理念は、以下のようなものであった。

・構築されたデータベースは、参加4社の利益目的ではなく、出版界の発展に役立てる。

・このデータベースは、出版社、取次、書店はもとより、図書館などデータベースを必要とする機関に実費で提供する。

　このデータベースは現在も4社共同で構築が続けられており、蓄積情報量は90万件近くに達している。帯に書かれた本の内容、短編集などのタイトルが一覧でき、読者が書店で本を手に取る前にその概要を掴める、しかもデータの更新は新刊が出版された翌日という早さなどが特徴となっており、文字どおり読者・図書館閲覧者・書店員・出版編集者の実用に役立つデータベースである。このデータベースは、現在、大学図書館・公共図書館・アマゾンドットコムなどのオンライン書店で広く使われている。

　また、このBOOKデータベースは、当初から『BOOKPAGE 本の年鑑』というタイトルで冊子体としても出版されており、ネット書店が普及する前はこの出版物が〈無人書店〉の役目も果していた。

（6）　CD-ROM システムの開発

　情報検索は、その使いやすさとリアルタイムで情報が入手できるなどの特性により、オンラインサービスが主流になっていった。しかし、オンライン情報検索サービスは、例えば、前述の CA Condensates という化学データベースを 10 分ほど使って 50 件の必要情報を得ようとすると、その費用は 5,000 円ほどかかり、決して安くなく、大学図書館はもとより、ましてや閲覧者に課金することができない公共図書館では使えなかった。これらの機関でデータベースサービスの使用を可能にしたのが、CD-ROM データベースであった。CD-ROM は、1980 年代の前半にソニーとフィリップスが共同開発した光ディスクの一形態で、音楽再生用の CD と同じ媒体に文字、画像、音声などの情報を記録できるマルチメディアである。直径 12cm のディスクに 500MB の記憶容量を持ち、新聞なら朝夕刊 1 年分、広辞苑のような辞書なら 20 冊以上の情報が蓄積できるデータベースである。この CD-ROM が登場したとき、長年データベースビジネスに携ってきた者の多くが、これからの情報サービスに革命をもたらす可能性がある新しいメディアと認識したはずである。

　オンラインデータベースサービスが、タクシーのメーターのように使った時間、出力させる情報量に応じて料金がかさむ従量料金制であり、なおかつ高額な回線使用料金もかかるのに対し、CD-ROM データベースは定額料金で、しかも回線料金もかからないスタンドアロン方式で使用できるため、大学や公共図書館での利用が可能になり、データベース市場が拡大した。

　紀伊國屋書店は、1986 年秋から日外アソシエーツ社との共同事業で、OEM で日立製作所の CD-ROM ドライブ外付のパソコンをハードとし、ソフトを前述の BOOK データベースや朝日新聞の全文記事情報、JETRO の世界の経済・貿易情報データベースなどとした『電子書斎バイブルズ』というシステムを開発した。例えば、従来、図書館などでの新聞記事の検索は使い勝手がわるい縮刷版を使用していたが、CD-ROM 販ではオンライン検索と同等に瞬時に目的とする情報が検索でき、記事原文を出力できるようになったため、短期間に 300 機関でバイブルズシステムは使われるようになった。

　紀伊國屋書店は、その他にも当時日本のパソコン市場の 90% 近くを占めていた日本電気と Oxford English Dictionary（OED）CD-ROM の NEC-PC 版を共同で開発した。これは、もともと出版元の Oxford University Press（OUP）

が開発した。OED CD-ROM の IBM-PC 版を、NEC-PC 版に変換したもので
ある。版元の OUP は、この商品の開発に当って先発の紀伊國屋書店に種々ア
ドバイスを求めていた経緯もあり、紀伊國屋書店が日本での商品開発に当っ
たのは当然の成り行きであった。OUP は、OEDCD-ROM の効用のイギリス
での事例として、それまで英語研究者が一生かかっていた語彙研究が1週間
でできるようになったと PR していたが、決してこのシステムの威力を誇張す
るものではなかった。1セット 40 万円程度もする OED の印刷版は、日本で
6,000 セット販売されたといわれていたが、25 万円で発売された NEC-PC 対
応の OEDCD-ROM は、たちまち数百セットが購入された。

1.4　出版業界の情報化

　再販制度と委託販売制度は、出版業界の二大特性である。年間7万点を超
える新刊の全国数万ヵ所の販売店への配送手配、1日数 10 万件の客注処理、
膨大な返品が常態となっている“行って帰って来い”の物流、商品が委託販売
制によるために起こる代金決済の複雑さ、といったことが業界の日常業務とな
っている。そして、これらの業務が最も集中している取次が、いち早くコンピ
ュータを導入して業務の効率化をはかろうとしたのは必然であった。
　メーカである出版社のこうした情報化は、1990 年代になって商品取引の
EDI（Electronic Data Interchange）化が始まるまで進まなかった。書店の情
報化は、大型書店では TONETS、NOCKS などの取次のネットワークシステ
ムの利用という形で比較的早く始まったが、書店で自社に汎用コンピュータを
導入して情報化を行ったところは皆無といってよかった。
　紀伊國屋書店は、社内業務の電算化が目的ではなく、情報検索商品の製作と販
売のために 1972 年2月に HITAC8210 という日立製の中型汎用コンピュータを
導入した。出版業界では、トーハン、日販に次ぐ3番目の導入であったであろう。

1.5　紀伊國屋書店が果たした役割

　紀伊國屋書店のコンピュータをベースとした情報サービス商品の販売は、
1972 年5月に開始され今日に及んでいる。しかし、開始直後から 1980 年に

DIALOG などのオンライン情報サービスを開始して暫くの期間が経過するまで、この事業部門は赤字であった。

1990 年代に国際情報部と情報製作部の 2 部門からなる情報メディア事業本部に発展したころには、累積赤字を消せるところまで成長できた。売上ゼロから始まった情報サービス部門の売上は、1994 年(平成 6 年)には 64.5 億円に達し、部門の従業員も 190 人を数えた。

書店にあって書籍・雑誌という重量のあるパッケージ商品を販売するのでなく、目方のない紙切れに印字された情報、MT (Magnetic Tape)や CD-ROM という本 1 冊分にも満たない軽量の、付加価値が高いメディアを販売するノウハウや手法と技術の開発にはそれなりの時間が必要であり、体制の確立には大変な苦労があった。当時、洋書の納期はエアメールで発注しても約 1 ヵ月、シーメールでは 3 〜 4 ヵ月というのが当たり前となっており、科学技術系の洋雑誌の一部はエアカーゴによる輸入もはかられてはいたが、洋書部門の業務はオーソドックスでスローな業務体制であった。

一方、情報サービス部門の顧客への情報の提供は、大部分はリアルタイムで即時、空輸によるデリバリーを必要とする文献複写で遅くも 1 週間以内、というのが通常であった。また、洋書部門は、仕入部門と営業部門の 2 部門からなり、開発業務は仕入れ部門が行っていたが、業務の中心は新刊書の発掘と速報パンフレットの作成が中心で、技術的な開発には無縁であった。

紀伊國屋書店が行っていた情報サービスは、洋書などの書籍雑誌の輸入・販売業ではなく、情報サービス業界の業務の範疇に属するものであったといってよい。技術変化が極めて激しく、顧客の要求もシビアーな市場の要求に応えるためには、市場のニーズに即応できる仕入・開発・営業の新たなシステムの開発を必要とした。通信回線サービス(紀伊國屋書店は KINOKOSMONET という日米間の国際専用回線サービスも行っていた)提供のため、CD-ROM などの商品開発のため、化学・医薬・特許分野その他の専門家等による顧客サポートのため、電算目録作成のためのコンピュータの運営、海外の提携企業との技術開発やマニュアル作成業務等々、高度な情報技術と専門知識を必要とする事業であった。こうした要請に対応するために、多数の理工系の大学院卒者を採用し、業務にあたらせた。その知識と技術の高度さは、後にこれらのスタッフか

ら東京大学・筑波大学などの大学教授4名、短大教授2名を輩出していることからも窺い知ることができる。

　いま出版業界では、紀伊國屋書店の出版販売のオンライン情報サービス「PubLine」（パブライン）(9)が注目を浴びているが、こうしたオンラインによるデータベースサービスは社員30名を擁する情報システム部によって行われている。パブラインは、大手出版社・大手取次をはじめ利用機関が236に達しており、いまでは出版業界のインフラになっているが、こうした情報サービスもこれまでのシステム開発やデータベース事業の経験を生かした自然の流れのなかから生まれている。

　紀伊國屋書店は、1969年に新宿の一等地に劇場(ホール)をつくり、演劇界の甲子園といわれる、わが国における演劇活動の拠点を提供するなど、メセナがマスコミの話題にもならなかった早い時期からメセナを行ってきた企業であった。しかし、このような文化指向のメセナ以上に、同社が行ってきた莫大な投資をともなった、コンピュータをベースとしたさまざまな学術情報提供サービスは、社会的に大きな貢献を果してきた。丸善が、1945年以前に果した日本の学術専門情報の流通を通じての国や社会への貢献を、戦後は紀伊國屋書店が果してきたといっても過言ではない。

1.6　紀伊國屋書店の特異性

　紀伊國屋書店の松原現会長は、日本経済新聞の私の履歴書の中で、「「これなるは当社社長の田辺でございます」。私が初対面の紹介をすると、床の間を背にした日本長期信用銀行(当時)の小川彰専務は謹厳な表情そのままに田辺の顔をじっと眺めた。「お目にかかったことのない顔で……」。しばし沈黙の後、思い当たったように、「浪費のお顔ですね」と言った。」「田辺という人は破天荒を地で行き、経営のことなど分からないし分かろうとも思わないと公言し、まるで眼中にない。夜な夜な街へ繰り出し、会社はすべて私に任せきりだった。」(10)と書いている。

　紀伊國屋書店の創業者田辺茂一の功績の一つは、自らが広告塔になって、かつてのテレビの人気番組「イレブンPM」に常連で出演して、紀伊國書店の知名度を全国的に高めたことにあったが、紀伊國屋書店を名実ともに全国ブランド

の一流企業に育てあげのは、会長の松原治であった。

　長らく書店の適正規模は 20 坪と言われ続けてきた、零細企業の集まりであった書籍小売業界にあって、大型店舗を矢継ぎ早に展開し、それを成功させて業界の常識を打ち破ったのは紀伊國屋書店であった。出版社・取次と比べて余りに企業格差があり過ぎ、低かった書店の業界での地位を出版社・取次と同等のものに高めたのも紀伊國屋書店の功績といってよい。紀伊國屋書店が一流企業になったのは、もちろん松原の経営手腕によるが、単なる書店の域を越えて、出版業界のなかで特異な地位を築くことができたのには、別の理由もある。

　そもそも常人では発想できない、社屋の中に劇場と画廊を設けるというような、およそ書店らしからぬ会社経営を可能にしたのは、田辺茂一という創業者を戴いたからであり、紀伊國屋書店のユニークさは、まずここに端を発している。しかし、ビジネス上の観点から見たとき、出版業界にあって紀伊國屋書店を単なる書店から、一流の総合的な情報販売会社に成長発展させた別の理由には、情報事業遂行のためではあったが、いち早くコンピュータを導入したことが契機となって社内の情報化が促進されたこと、情報通信の最先端技術を駆使した情報サービスを手がけたことにより、社が情報武装しシステムと情報通信に強い会社になれたことであろう。

　1972 年に結んだアメリカのデータベースのライセンス契約先に、アメリカ物理学会（American Institute of Physics：AIP）があった。アメリカ側の交渉にあたったのは、原子物理学者でもあった開発課長のカッチ博士であったが、当時 AIP にとって大した取引先ではなかった紀伊國屋書店がデータベースサービスを行うことを高く評価し、後に彼が学会長になったときに紀伊國屋書店を AIP が発行している雑誌の日本の販売総代理店に指名した。

　また、丸善と比べて圧倒的に低かった企業市場のシェアも情報サービスを契機に拡大し、大手企業との独占契約が可能になり、DIALOG などの情報検索サービスの利用料収入だけで年間数千万円に達する取引企業を何社も開拓できた。情報事業を遂行するために、海外の一流企業、日本のコンピュータメーカ、大手商社をはじめとする一流企業と業務提携することになり、社員のレベルアップと意識の高揚もはかることができた。

　一般に会社業務の効率化、顧客への良質なサービスの提供などにはシステム思考が欠かせない。社内に強力なシステム部門を有することは、絶え間なく社

員にシステム思考を促すことになる。紀伊國屋書店で当たり前になっているこのシステム思考の淵源は、情報サービス事業を行うために自前のコンピュータシステム部門を早くに機構化し、経営のシステム化をはかったことにある。システム部門の組織化は情報サービス事業の副産物ともいえるが、このことが紀伊國屋書店を一流企業にしたという側面がある。

　出版業界のインフラとなったのは、パブラインだけではなく、『BOOK データベース』も出版業界と図書館のインフラになっている。欧米に百年以上後れて近代化が始まった日本にとって、欧米の学術文化の導入は必須であった。この本質は、明治維新以来いまでも変わっていない。現在、物理・化学・医学といった分野の主要な学会はアメリカが中心になっている。

　日本人は学会発表を英語で行い、これらの学会が発行している学会誌への投稿論文も英語で書かなければならない。日本の学者・研究者は、科学技術分野は無論のこと，主要な学術専門情報は、日本人が発表した論文でも、日本語ではなく英語で出版された海外の索引・抄録誌や学術専門誌によって入手しなければならいのが実情である。

　紀伊國屋書店も丸善も，福沢諭吉が弟子の早矢仕有的に託した欧米の学術文化の流通という重い使命をこれからも担わなければならない。

【参考文献】
（1）科学と政府と情報―米国政府に対するワインバーグ報告―、NIPDOK シリーズ1、日本ドクテーション協会、大統領序、1965
（2）同上、p.1、1965
（3）有価証券報告書丸善株式会社平成5年3. 大蔵省印刷局、p.1、1993
（4）木村毅、丸善外史，丸善社史編纂委員会、序 p.1、1969
（5）日経ニューメディア、日本経済新聞社、p.2、1985.8.5 号
（6）図書館情報学ハンドブック編集員会編、『図書館情報学ハンドブック第2版』、丸善,p.401、1999
（7）三浦勲、データベース余話16、『情報管理』、p.603.vol.42No.7.1999
（8）三浦勲、データベース余話18、『情報管理』、p.793-794,vol.42No.9、1999
（9）出版営業を大きく変えた紀伊國屋の「PubLine」10 周年、文化通信、3617（7）.2005.10.10
（10）松原治、三つの出会い―私の履歴書―、日本経済新聞社、p.9-10、2004

松原治氏のこと

　松原治氏は、紀伊國屋書店の創業者でオーナー社長だった田辺茂一氏に招かれて重役になった。

　私がこの会社に入社したのは、1961年（昭和36年）で、当時、松原氏は常務であった。氏は、新宿の個人商店に過ぎなかった書店を、押しも押されぬ企業に育てあげ、出版業界での書店の地位を高めた功労者であったことは、「紀伊國屋書店のこと」（⇒ **19**ページのコラム）で記したとおりである。

　当時、資本と経営の分離がトレンドになっており、紀伊國屋書店は、その成功例である。同氏は、自ら常務―社長―会長と昇進させるなか、新宿本店ビルの建設、大阪梅田への進出、そして米国サンフランシスコなど海外への進出など、紀伊國屋のハード・ソフト両方の揺るぎない基盤を築いた。何より当時、書店の適正規模は20坪といわれた時代に、新宿と大阪の梅田に数百坪の店舗を展開し、業界常識を覆した。

　松原氏は、書店業界の経営者では稀な東京大学法学部の出身者で、私がシステム開発部長のとき、当時、社長だった松原氏は、開発会議というのを定例で開いていた。コンピュータ導入の成果がでて、社内の電算化が進んでいた時期だった。この会議には、在京の役員全員と会議のテーマにより、関連の担当部長をも出席させて、事実上経営面の意思決定機関になっていた。

　私は会議の事務局を担当し、毎回メンバーから議題を聴取して、会の進行に当たっていた。和書・洋書部門の両副社長をはじめ毎回十名ほどが参加し、全社に及ぶテーマが論議され、その議事録は私が作成していた。テーマは多面にわたるもので、会議での松原氏の発想・発言内容は、いつも新鮮で抜きんでていて、他を圧していた。

（⇒**次ページ**に続く）

コラム

（⇒**前ページ**から続く）

　米国の OCLC からの提携の申し入れを受けるか否かも、この会議の場で論議された。洋書部門の担当役員は、ライバルの丸善が、カナダのアトラスという類似のサービスの代理店になって先行していたこともあって、二番煎じだと強く反対した。このとき、和書部門担当の副社長が、「先方からオブリゲーションなしで申し入れてきてくれているのに、なぜ断る。やればいい」と発言し、社長も同調して、提携は決まった。

　OCLC は非営利法人のため民間企業との提携を望まず、文部省の学術情報センターに提携を打診していた。しかし、当時同センターは電算目録作成の事業化を目指していたので、OCLC とはある意味、競合関係にあった。紀伊國屋が代理店になれたのは、このような事情もあった。

　OCLC は、後には、米国の議会図書館が国家事業として行っていた、図書目録作成業務も引き受け、世界の図書目録作成の総本山となっている。

　因みに、紀伊國屋は OCLC サービスの代理店となり、従来からあった目録製作部門を統合し、情報製作部へと発展させた。この部門は、早稲田大学図書館の全目録の電算化を請け負うなど、年商 30 億円の規模となった。

　DIALOG と代理店契約を交わした 1978 年当時の紀伊國屋の売上げは、年商 340 億円ほどだった。松原氏が齢 70 歳に達したときに、それが 1000 億円になった。松原氏は、幹部社員を前にしてそのことを報告するとともに、純利益は 40 億円となり伊勢丹に並び、内部留保も 200 億円になったと、胸をはった。

　構造化した出版不況下という厳しい事情もあるが、2019 年の売上は 20 年前と変わらず、1080 億円、純益は 8 億円強という状況にある。こうしてみると、経営者としての松原氏も、紀伊國屋という企業自体も、ピークはざっと 20 年前であったと思われる。

　松原氏は、その後も長く経営に携わり、高名な出版ジャーナリストから、"閣下"と称せられたりした。氏は、「人との出会い、本との出会い」を大切に思う、根っからの書店人であった。

第３章

データベースサービス
と図書館

本章の内容

　情報検索サービスなどのデータベースサービスと図書館は切っても切れない関係にある。大手企業でも情報管理部門を図書館と称しているところもあった。検索担当者（サーチャーとも呼ばれる）は、研究者などの依頼を受けて、日常的に情報の検索を行う。

　検索で得られた情報は原文のコピーを行うが、原文が自館になければ、有料のドキュメントデリバリーサービスを利用して入手を図る。このコピーのとき、著作権使用料が発生する。

　図書館員の第一義の仕事は、受け入れ図書の分類・整理となる。この作業では、特に洋書の分類に、語学力のみならず高度の知識が要求される。この難しい作業を容易にしたのが OCLC のサービスであった。

　英国図書館は、世界の図書館のモデルであり、ここでは、多様な図書館業務の一端に触れている。

　本章では、情報検索サービスの利用者である図書館と検索サービスに付随して起こるドキュメントデリバリーサービス及びサービス利用に伴う著作権問題を取り上げている。

第1節

OCLC とデータベースサービス

（初出誌：『情報管理』Vol.42 No.7 Oct. 1999）

　私が OCLC（Online Computer Library Center）の創設者 Frederick Gridley Kilgour（キルゴア）氏に会ったのは、1984年5月17日のことであった。

　当時 OCLC が書誌情報提供（Bibliographic Utility）の世界的な情報サービス機関であることはつとに知られており、日本で書誌データのオンラインサービスはすでに丸善が2年前からカナダの UTLAS の提供を開始していることもあって、OCLC が日本の市場をどう考えているかは大いに関心があるところであった。

　獨協大学の今まど子先生（後に中央大学）から、国際文化会館で専門図書館協議会・日図協の国際交流委員会共催のキルゴア氏による「OCLC の現状と将来」と題する講演会があるとの知らせを頂いたのがきっかけで、この日に OCLC の VIP と面識を得ることができた。

　OCLC は、1967年にオハイオ州内の54大学の図書館をメンバーとして、目録作成などの共同機械化のためのローカルネットワークとしてスタートした。OCLC は、この地域協同組合の連合体という性格もあって、長い間、米国外にネットワークを広げる考えはなかった。

　キルゴア氏が来日した時は確か、サービスをヨーロッパに広げようとしていた時期であった。私は、キルゴア氏と名刺交換した翌月には、日本へのサービス拡大を勧め、日本進出の際には紀伊國屋書店が受け皿になるとのレターを出状した。

1.1　OCLC からのレター

　しかし、その年の秋にも返事の督促をしたが、結局、何の音沙汰もなかった。ところが、1986 年の 3 月になって突然、代理店になる気はないかとのレターが送られてきた。OCLC では、学術情報センターと紀伊國屋書店の 2 機関を日本のパートナーに考えているとの内容であった。日本進出の最大の理由は、日本の書誌データが欲しいという点にあった。

　OCLC は、そのために同年 5 月に 2 代目社長の Rowland C. W. Brown 氏が来日するということで交渉は一気に進んだ。OCLC は非営利法人であるため、民間企業とのビジネス取引には法律的な制約があるため、学術情報センターとの契約を望んでいた。しかし、日本側でも国立機関が商業的なサービスを行うことにはさらに問題があり、センター側の交渉の窓口になっておられた井上先生（学術情報センター教授）から学術情報センターは受け皿になれないのでよろしくとのお話があり、紀伊國屋書店が契約交渉に入ることになったという経緯があった。

1.2　契約からサービス開始まで

　OCLC は、1986 年 8 月に開催された IFLA（International Federation of Library Association and Institutions）の東京大会で CJK（Chinese Japanese Korean）プロジェクトの発表を行う予定もあり、IFLA の会期中に契約書に調印したいと要望し、契約交渉は急速に進み、1986 年 8 月に調印するとともに新聞発表が行われている [1]。紀伊國屋書店は OCLC に高く評価されたが、実のところ紀伊國屋書店の内部検討では、すでに UTLAS が先行し、しかもユーザ開拓に苦戦しているとの状況判断の基に、契約には否定論が大勢で、一定の理解を示した役員も 5 年間で 10 大学がユーザになれば上々といった具合であった。結局、洋書部門担当でない役員から「顧客にとって必要なサービスなのだからやるべきである」との後押しがあって、契約交渉は継続できた。

　OCLC 側は、日本のパートナーは誕生するとの前提で IFLA の会期前後にセミナーやワークショップを積極的に開催し、東京では契約調印に先立つ 1986 年 8 月 20 日には、オハイオ州立大学の森田一子先生（後に Library of

Congress の Japan Documentation Center 主任）を講師とするワークショップが経団連会館の国際会議場で開催され、150 名以上が参加した。

　紀伊國屋書店では、すでに DIALOG などの学術・専門情報のオンライン検索サービスのサービス経験はあったが、書誌データのオンラインカタロギングの取り扱いは初めての経験であり、サービス開始の準備に 9 か月を要した。システムの取り扱いに習熟すること、マニュアル類を整備すること、専用ハードウェア（ワークステーション）の国内調達ルートの確保などに多くの時間が費やされた。また、マニュアルの翻訳作業も一大事業であったが、今先生や国会図書館などの多くのライブラリアンの方々の協力を得て、日本語版マニュアルを刊行することができた。

1.3　OCLC について

　当時のプレスリリースによると、OCLC は、1984 年実績で売り上げ 5,612 万ドル、加入図書館は 6,000 館、従業員 818 人となっており、DIA-LOG 社の規模を上回る最大級の情報サービス機関であった [2]。

　当時のサービス内容は以下であった。
・オンラインユニオンカタロギングサービス
　　1,300 万を超える単行本、雑誌、視聴覚メディア、古文書、写本、楽譜、地図の書誌情報データベースによる目録自動作成システム。
・インターライブラリローン（ILL）サービス
　　図書館の所蔵資料の相互貸借オンラインサービス。
・電算目録作成
　　図書館機械化の前提になる機械可読目録（Machine Readable Catalog）の作成。

　また、OCLC の目標は今も変わらないと思われるが、以下に集約されると説明している。
・図書館における図書整理単位コストの軽減
・図書館資源の共用による重複投資の回避
・図書館利用者へのサービス向上

　言うまでもなく、図書館にとって受け入れ図書・資料の分類は第一義の業務

であり、分類・整理が終わらないと利用者への貸し出しもできない。

　図書館員にとって分類作業は熟練を要し、極めて時間がかかる仕事である。かつて私が国会図書館の営業担当であったとき、目録課のベテランのカタロガーから 1 冊の本の分類作業に 1 日かかることがあると聞かされたものである。

　OCLC のオンラインカタロギングシステムを使うと、最初にどこかの図書館員が分類作業を行い、それをシステムに登録すると、2 人目からはオンライン検索でわずか 2 〜 3 分でこの難しい仕事ができてしまう。

　無論、OCLC ではこの登録データの品質管理を行っているわけであるが、ユニークデータの登録者には対価の支払いを行っており、利用者との間でギブアンドテイクの関係ができている。このカタロギングのサービス一つをとってみるだけで、前掲の「図書整理単位コストの（大幅な）軽減」、迅速な分類作業による未整理本の解消による「利用者へのサービス向上」のメリットは明白である。また OCLC では、目録カードはもとより自館所蔵資料の目録データベース製作も低価格で請け負っている。

1.4　OCLC の新サービス

　OCLC は、1990 年代に入り、その使命に「世界の情報への広範なアクセス（Further access to the world's information）」を加え、コンピュータシステムの改善とともに次のような新しいオンライン情報サービスを展開していく [3-4]。

・EPIC サービス

　　全加盟館の所蔵文献資料目録（Union Catalog）と、雑誌 15,000 の目次サービス（Contents First）。

・FirstSearch サービス

　　MEDLINE、INSPEC、ABI/INFORM、New York Times など 80 種類のデータベース検索サービス。

・OCLC Electronic Journals Online

　　世界で最初のオンラインジャーナルサービス。1999 年初頭の OCLC Newsletter によると、OCLC ではこうしたレファレンス系オンラインサービスを 1999 年 7 月までに、すべて FirstSearch に統合していく方針を打ち出している。例えば、FirstSearch で MEDLINE を検索する

と、同データベースの抄録対象誌中の 325 誌もの全文記事が Electronic Collection Online システムに電子ジャーナルとして収録されているので、ユーザは抄録だけでなくオンラインで該当する記事の全文を出力できるようになっている。OCLC が言う New FirstSearch は、1990 年初頭に開発された旧システムを Web ベースのオンラインシステムに拡充し、こうした一次文献のフルテキスト情報の提供を十分にサポートできるようにするためのものと思われる。

1993 年初頭に OCLC を訪れたとき、OCLC は単なる目録情報の提供だけでなく DIALOG 型の情報サービス機関に変身しようとしていると強く感じたが、インターネットと Web 技術の進歩と普及は、**表 1** のサービス売上構成の変化で見て取れるように、彼らが予想したより格段に早いテンポと内容で業容を変えようとしているように見受けられる。

バッチであれオンラインであれ、あるいはカードベースであれ、目録作成の売り上げは今でも年々伸びている。注目すべきは、ILL と情報サービスの売り上げの急伸であろう。

「万一に備えて資料を購入する」から「必要なそのときに入手する」という図書館や企業の対応が売り上げに反映されている。ILL の処理件数は、1991 年の 530 万件から、1998 年には 877 万件に急増している。

OCLC Interlibrary Loan System には図書館相互の IMF という代金相殺決済機能があり、1998 年実績で 34 万件の精算処理がなされている。ILL システムは、途方もなく図書館の一次文献入手のサービス向上と省力化、事務能率の

表 1　OCLC のサービス別売上比率

サービス名	売上比率		
	1981/82	1990/91	1997/98
売上高	3,850 万ドル	8,770 万ドル	13,621 万ドル
Current cataloging（目録製作）	58%	39%	31.3%
Access service（online cataloging）	31%	35%	22.3%
Resource sharing（ILL）	3%	10%	13.5%
Reference services（情報サービス）	0%	2%	17.4%
その他	8%	14%	15.2%

向上に役立つている。

1.5　OCLC の将来と日本

OCLC の Asia Pacific Service は IFLA の東京大会の年に発足し、Director は、Andrew H. Wang 氏であった。彼が最初の契約交渉から一貫して日本の窓口であったが、たいへん精力的で仕事熱心な人であった。

1986 年時点では、無論、オーストラリアを含む担当地区で OCLC の加盟館はゼロであったが、1998 年 7 月現在でこの地区でのユーザは 963 になっている（全世界の 3%）。日本が 364、韓国が 284、台湾が 105、オーストラリアが 101 といった内訳である。

OCLC のユーザ会議に参加資格のある機関は 8,303 を数えるが、ユーザ構成を見ると、大学 2,476、公共図書館 963、企業 651、College646、連邦政府 616、医学図書館 582、地方自治体 250 などとなっている。1998 年時点、日本のユーザはほとんどが大学となっているが、韓国や台湾に比べてユーザ数が少なく、また企業などの利用者が無いに等しいのは、たいへん淋しい。

OCLC のデータベースにおけるユニークデータの収録件数は、1999 年 5 月現在 4,128 万件となっている。

これは、CAS や Derwent、NLM のファイルの数倍の規模である。これらのデータは英語で書かれた資料だけでなく、ドイツ語、フランス語、ロシア語、スペイン語、中国語、韓国語などの文献・資料もある。ちなみに日本語の図書・資料は、早稲田大学が OCLC との双務協定に基づき 1995 年以来すでに 60 万件を入力している。OCLC の日本進出の最大の目的は、日本語情報の入手にあったが、彼らは早稲田大学の協力で目的を果たし、さらに 1996 年には、国会図書館と Japan MARC の使用交渉が始まり、この橋渡しが OCLC との私の最後の仕事となった。

OCLC のデータベースサービスの特長は、二次情報だけでなく 2,000 誌に及ぶオンラインジャーナルを提供しており、ワンストップショッピングで一次情報の入手を可能にし、入手できない情報は相互貸借サービスでサポートしてくれる点にある。FirstSearch のデータベースには、Papers First という世界各地で開催された学会・シンポジウムなどの Paper 情報、同じく Proceedings-

First という会議録情報もある。前述の利用者構成に見られるように、OCLC は、産・官・学のすべての機関で利用されるべき情報サービスを提供している。

OCLC Newsletter の最近号によると、OCLC は、OCLC CORC（Cooperative Online Resource Catalog）Research Project を発足させ、約80の大学図書館の協力を得て Web Resource のデータベース構築に乗り出した。これは、WWW ホームページ、FTP サイト、Gopher サーバ、電子出版、メーリングリスト、ディスカッション、グループなどインターネット上でアクセスできる資源の総合データベースの構築を目指そうとするもので、すでに NetFirst として FirstSearch で提供され、現在17万5,341件ものデータが収集されている。

図書館にとって必要な WWW 上の文書的オブジェクト（Document Like Object: DOL）に関するデータ（データに関するデータということでメタデータと言われている）は、図書館員にとって必要な情報となっている。メタデータの記述方式については、1995年春にオハイオ州ダブリンの OCLC で開かれたワークショップで基本エレメントが提案され、Dublin Core と称されている(5-6)。

OCLC は、困難なウェブ上の情報資源のカタログ化事業にも乗り出そうとしている。図書館など情報業務の第一線で働くライブラリアンや情報担当者をユーザ（ユーザはいろいろな意味で先生である）とし、一方で、新しい情報技術の開発努力と運用の工夫を怠らない限り、OCLC は来世紀も間違いなく発展し続けるであろう。

【参考文献】
（1）紀伊國屋書店米図書館組織と提携 . 日経産業新聞 .1986年、8月27日
（2）OCLC Annual Report1990/91、OCLCInc.1991
（3）OCLC Annual Report 1997/98、OCLC, Inc1998
（4）John Sullivan. Why A New FirstSearch?. OCLC Newsletter、No.237、1999、p.32-34
（5）杉本重雄 . メタデータについて―Dublin Core を中心として―. 情報の科学と技術 .Vol.49、No.l、1999、p.3-9
（6）Thomas B. Hickey et al. The genesis and development of CORC as an OCLC Office of Research project. OCLC Newsletter. No.239、1999、p.28-31

第 2 節

英国図書館のサービス

（初出誌：『情報管理』Vol.42 No.8 Nov. 1999）

　私の無知に過ぎなかったのかもしれぬが、私が従来抱いていた図書館のイメージをほとんど根底から覆したのが、英国図書館（British Library：BL）であった。私が受けたインパクトの中身は以下であった。

　まず、「マルクスも通ったという図書館閲覧室（Reading room）の壮大さと荘重さ」。次いで、「文献供給サービス（Document supply）に見られる旺盛なコマーシャリズム。そして、「研究開発部門（Research and Development Department（R&DD）の活動に見られる先進性」である。

1.1　Document Supply Center—BLDSC

　BL は古くから Lending Division を持ち、国内外に対し原資料の貸し出しと複写サービスを行ってきた。日本の図書館がこのサービスを利用する場合は、予めクーポンを購入し、代金決済はクーポンで行われてきた。

　日本では、このクーポンの取り次ぎ代行を British Council の日本の出先が行ったりしていたが、1990 年代の初めに紀伊國屋書店などの業者にその代行が委託されることになった。情報検索サービスにとって、一次文献の保証は不可欠の要件であり、ユーザサービスの向上に直結するものなので、業者にとって歓迎すべきことであった。

　1998 年時点の BL の所蔵は、逐次刊行物 25 万タイトル、書籍 1,200 万冊、レポート 400 万件、会議録 33 万件、楽譜 13 万件などとなっており、利用機

関は全世界に及び、日本でも 1,000 機関が利用している。

　BL は全世界の大学図書館、企業の情報センターの一次文献調達の最後の拠り所として、長年機能してきた。BL は、文献供給サービス（Document Delivery Service）の日本への販売に力を入れており、欧米の出版社・情報サービス会社と同じように日本の取扱業者に対して、毎年、年間販売目標を設定してきた。

　BL のコマーシャリズムと言ったが、1994 〜 95 年の BL のアニュアルレポートを見ると、BL は自館の営業努力で 3,059 万ポンド（58 億円）の収入を上げており、この収入により人件費・運用費・資料購入費などの図書館経費 209 億円の 28% を賄っている。収入源の主なものは、文献複写、出版、BLAISE というオンライン情報サービス、全国書誌サービスなどであるが、その 69% は BLDSC（British Library Document Supply Center）が行っている複写サービスからのものとなっている。

　BLDSC は、ロンドンから列車で 3 時間ほど離れたヨーク州にあるが、建物自体が保存図書館であり、かつ複写サービスの処理工場となっており、年間約 400 万件が処理されている。

1.2　英国図書館研究開発部—BLR & DD

　情報検索サービス事業だけの関わりであれば、私と BL との関係は BLDSC 部門との交渉に止まっていたと思われる。しかし、私が担当していた情報サービス部門は、前節で取り上げた OCLC のカタロギングサービスをコアにした大学図書館への目録作成サービスをもう一つの事業の柱にしていた。

　大学市場を視野に入れたとき、BL との関わりが深くなるのは自然の成り行きであった。大学図書館の機械化促進の第一歩は、所蔵目録のデータベース化から始まる。データベース制作のためには膨大な予算が必要となり、大学図書館での OCLC サービスの利用促進と所蔵する国内図書の MARC（Machine Readable Catalog）化推進のためには、大学経営陣の理解が不可欠であった。

　BL は、1988 年時点で 2 億 8,500 万円の予算を計上して、図書館、情報サービス分野のあらゆる問題の研究と調査を自ら行ったり、専門機関に助成金を出して研究開発の促進を図っている。これらの成果は、レポートやペーパーと

なって BLR&DD から出版され、この中には図書館機械化と図書館行政・政策に関するものも多く含まれており、それらが図書館職員の啓発と大学経営陣の図書館運営への理解に役立つとの判断が働いた。

　BL クーポンの代理店になって間もないころ、BLDSC 部門のある担当部長から、BL の研究開発部（BLR & DD）が行っているコンサルタンシーサービスの日本での受け皿になってくれないか、との打診があった。OCLC の普及と目録製作部門の拡大と安定成長に腐心していた時期でもあり、熟慮の末、引き受けることになった。

1.3　Consultancy Service

BLR&DD から送られてきたカタログの冒頭に、次のように書かれている。

"Library and information services are key elements in the development of social, industrial and economic growth. Prominent among the world's national libraries, because of the scale and breadth of its operations, the British Library is able to offer consultative support on all　aspects of library and information service development …"

　特に前段の「図書館・情報サービスは社会・産業・経済の発展の礎をなす」との記述には極めて印象深いものがあった。かつて陽の沈むことがなかった産業革命以来、貿易立国である英国の中央図書館の理念と気概をそこに見た思いであった。

　BL のこのサービス部門は、日本に進出する以前に図書館建設、資料保存、相互貸借システムの技術、全国書誌作成などについて世界各国の図書館にコンサルテーションサービスを行っていた。

　R&DD 部門との最初の仕事は、1991 年に同所が出版した Dr. Tony Feldman 著の「Multimedia in the 1990s」の翻訳出版であった。この調査研究書は、恐らく世界最初のマルチメディアに関する本格的な調査研究書と言って良い出版物であった。

　マルチメディアの定義、その電子情報産業全体の中での位置付け、マルチメディアの基礎と技術、教育訓練、ビジネスや専門分野への応用、家庭でのレジ

ャーや娯楽への影響についての評価など、広範な問題を調査に基づき整理したものであった。翻訳出版のアイデアは、当時電子ライブラリーコンソシアム（会長酒井悌氏）の出版委員長をしておられた図書館情報大学の松村先生からもたらされ、R&DD と契約関係にあった紀伊國屋書店がスポンサーになり、松村先生ら翻訳陣に加わって同コンソシアムの協力のもとに出版の運びとなった。

　余談になるが、わが国では翻訳書は翻訳という付加価値が付いているにもかかわらず、原著より相当安い価格設定がなされるのが一般的であるが、本書については、原著と同額の 14,800 円の定価設定を行った。周囲から無謀との声が上がったが、印刷した 500 部は短期で全部売れてしまった。

　インターネットの商用サービスが始まったのが 1991 年、米国政府が「情報ハイウェイ構想」を発表したのが 1993 年、日本でマルチメディアがブームになるのが 1994 年以降のことなので、1991 年時点でこうした研究書を出版した英国図書館の底力には端倪すべからざるものが感じられた。

1.4　Academic Library of The Future

　BL の R&DD は、1989 年に同部門長の Dr. Brian Perry のイニシアチブのもとで、「1990 年代に技術やその他の情報技術が産業界、図書館界にどのような影響を及ぼすかという中期展望を得る」ために「Information 2000」という調査研究プロジェクトをスタートさせる。

　これは、社会状況、技術動向、図書館の情報サービス、記録・保存、通信インフラ、出版への影響、情報要求の変化、職員教育、情報活用、情報政策など広範なテーマを 58 人の研究スタッフで行った、大がかりなものであった。

　この調査研究の目的は、以下のようなものであった。
　（1）潜在する変化と革新に対する現状認識の形成
　（2）中期計画の方針策定と様々な意志決定に役立てる
　（3）長期計画策定のための指針を与える

　こうした意図のもとに行われた調査研究は、1990 年に「Information UK 2000」として出版された。
　こうした状況の中で、Perry 氏から日本の大学図書館に焦点を当てた同様の

調査研究を行いたいとの相談があった。英国では、教育界の重鎮で元ケンブリッジ大学副学長の Peter Swinnerton-Dyer 卿を主査とした研究チームを編成するとのことであった。BL 側の打診は、日本側も英国同様の研究チームを作って、日英合同のプロジェクトにしたいとの意向であった。BL 側の強い要望は、単なる調査研究書の出版に止まらず、マルチクライアント形式にしたコンサルテーションサービス付きの大学図書館長と大学経営陣をターゲットにしたサービスにしたいというものであった。

　この調査研究は、後に「大学図書館の将来」という標題に「Opportunities to Change Japanese Library Management」（日本の図書館経営変革の好機）という副題が付けられたように、欧米に比べて社会や学内でその地位、評価の低い大学図書館に焦点を当てて、その重要性を訴える絶好のチャンスと捉えることができた。一介の業者が大学経営に対して物申すことは到底不可能であるばかりか、顰蹙を買うのが落ちである。率直に言って、英国図書館が日本の大学図書館の様々な問題にメスを入れ、提言を行うことができれば、少しは状況が変わるのではないか、と当時考えた。しかし、この考え方は甘かったことを後に思い知らされる。

1.5　マルチクライアントスタディ

　さて、BL からのこの提案に対しては松村先生に当初から相談に乗って頂いていた。先生のお骨折りで、日本側でも調査研究チームを編成できる目途が立ち、英国側の費用は BL 負担、日本側の費用は紀伊國屋書店負担、これによる収益は折半ということで 1992 年に共同調査研究の実施契約が成立した。

　欧米では珍しくないマルチクライアント方式のこの調査研究は、明確に大学の理事長と学長と図書館長をターゲットにして 1992 年 6 月から参加者の募集が行われた。

　募集案内に書かれたこの調査研究から期待できる成果は以下のようなものであった。

・英国、日本など先進国の大学図書館の現状の俯瞰。
・図書館業務の機械化、資料の電子化を促す情報技術（IT）による大学図書館の変化とその問題点の把握。

・大学図書館が、大学の心臓部として社会の変化に対応しつつ、情報資源の
　活用を図り、教育・研究を支援し、経済・文化の発展に寄与できるかの指
　針が得られる。
・大学の中枢機構としての大学図書館が機能するための具体的な指針と方法
　論、その現実に沿った実行計画、立案についての知見が得られる。

　参考までにこの調査研究の両国のスタッフを列記すると、英国側は前述の
Dyer 卿を主査として、Lynn J. Brindley（英国政治経済図書館長）、Derek
Law（キングスカレッジ図書館司書）、John Martyn（ウェストミンスター大
学通信情報研究センター主任研究員）、Francis Teskey（国立ウェストミンス
ター銀行情報技術グループ上級コンサルタント）の各氏がタスクフォースとな
り、日本は松村先生を主査に牛島先生（白百合女子大学）その他若手の図書館
情報学分野の助教授・講師がタスクフォースになった。
　Perry 博士と私はこのプロジェクトの推進と事務局を行った。この調査研究
は、1992 年の秋にオックスフォードで日米スタッフによる 3 日間の会議で基
本構想をまとめ、1993 年 9 月に英語版と日本語版が同時に出版された。

1.6　結果について

　マルチクライアントスタディレポートの価格は、参加者へのコンサルテーシ
ョンサービスと関連セミナー参加などの特典付きで 25 万円という価格設定で、
通常の調査会社などが行っている同様のスタディに比べると格安の値段であっ
た。
　私は大学を中心にして 100 機関程度の参加は期待できると判断して、全大
学の理事長、学長、図書館長に DM を打つと共に、Perry 博士と Brindley 両
氏に 4 回も来日して頂きプロモーションセミナーを行うなどの努力をしたが、
予想外の 1 桁程度の参加者しか得られなかった。
　このレポートは、いまなお大学図書館に貴重で示唆に富む指針を与える内容
のものであるだけに、残念でならない。
　本調査研究レポートの販売に関しては、レポート作成に協力頂いた上田先生
（慶応義塾大学）から、和英 1 セットで 2 万円位の価格にしないと大学は買

えない、とのアドバイスを頂いていたが、事業として考えた場合この意見が正しかった。セミナーには、図書館長を含む図書館上級職員が105大学から141名も参加して、アンケートの回答では購入（参加）検討が過半数であったにもかかわらず、結果は惨憺たるものであった。

　折角の貴重な調査研究レポートと日本の大学図書館への提言書が、私の状況判断の誤りで極めて少数の大学にしか行き渡らなかったことは、今でも悔いが残っている。大学及び大学図書館に対し少しでもインパクトを与えたいのであれば、できるだけ安い値段で一人でも多くの人に読んでもらうべきであった。

【参考文献】

（1）John Martyn、Peter Vickers、Mary Feeney. The Information UK 2000. Bowker-Saur、1990
（2）Tony Feldman 著、松村多美子他訳.マルチメディア―21世紀への展望.(株)マルチメディア研究所、1992
（3）英国図書館コンサルタンシーサービス、大学図書館の将来―日本の図書館経営変革の好機―.紀伊國屋書店、1993
（4）The British Library Twenty-Second Annual Report 1994-95. British Library、1995

> コラム

海外の図書館の特徴

　私は仕事で、国立国会図書館 (NDL)、英国図書館 (BL)、米国議会図書館 (LC) を訪れたことがある。NDL は5年間営業担当として入りびたり状態だったので館のことに精通していた。BL も LC も訪れた時に閲覧室など見学し、その広大さと荘重さに感銘を受けた。

　両図書館とも収書・整理業務だけでなく、調査研究部門があり、そこには専門職がいた。たとえば、LC には「Japan Documentation Center」の専門スタッフが日本の図書の選定を行っていた。既に紹介したとおり BL には研究開発部門があった。NDL にも専門調査部門があったが、ここにいる研究職の人達は、国会議員の依頼を受けた調査を行うのが主務で、図書館業務には無縁の存在だった。

第3節

外国文献複写と著作権

(初出誌：『情報の科学と技術』51巻11号　578-584（2001）)

1.1　問題の所在

　文献複写を恒常的に行おうとする場合、通常、利用者は著作権管理機構である日本複写権センターと契約を結ぶことになる。

　その際、「複写利用許諾契約」を結ぶことになるが、これには「個別」と「包括」の2種類がある。「個別許諾」は、複写等をする際、そのつど許諾契約を行うもので、「包括契約」は、契約期間中は、企業・団体等の複写実態に応じて、一定の計算式に基づく定額使用料を支払うことによって、そのつど契約を結ばなくてもいい契約方式をいう。

　わが国では、アメリカの文献利用に関して、日本複写権センター（以下、センター）と学術著作権協会（以下、学著協）がアメリカの著作物の複写使用に関し同国の著作権集中処理機関であるCCC（Copyright Clearance Center）と交渉を行ってきた。

　「包括許諾」部分はセンターの担当、「個別許諾」部分は学著協担当と役割分担を決めてCCCとの交渉が行われたが、センターの交渉は不調に終わり、学著協だけがCCCと契約関係を持つことになり「個別契約」部分が先行した。

　文献複写問題の現状は複雑化しているが、その原因はセンターとCCCとの交渉が不成立であったことによるところが大きい。わが国の利用者が文献複写について真剣に対処させられるきっかけとなったのは、2000年2月15日付けで学著協が発した「外部への複写サービスについて」という文書であったと

言ってよい。この文書は、センターとCCCとの契約交渉が決裂する前に発せられたので、センターがCCCと契約を締結するとの前提で書かれているので、注意して読む必要があるが、企業など利用者にとっては衝撃的な文書であったと思料される。文面は以下のような内容であった。

> 「学著協では、去る1999年12月1日付けでアメリカ合衆国の著作権集中処理団体であるCCCとの協定が成立し、約84万タイトルの著作物の日本における複写許諾の代理権者となりました。貴社がすでに日本複写権センターと複写許諾契約を締結されている場合でも（注：交渉決裂でこの線は無くなった）、これはあくまで貴社内での複写利用に限定されており、貴社が複写したものを部外者に渡される場合には、別途の個別複写許諾が必要となります」と通告し、CCC管理著作物の複写（コピー）使用料は1ページあたり50円を課金する。」

　多くの企業は、国内文献については、日本複写権センターと同センターの管理著作物の複写利用に関する「包括許諾契約」を行い、一定の著作権使用料を支払うことによって権利処理を果たしている。しかしこの契約には海外の文献は含まれておらず、海外文献の複写利用に関して企業は、別途、学著協と契約せざるを得ない立場に追い込まれることになったわけである。

　一方、センターはCCCの管理著作物も現行契約の範囲に含めようとの交渉をCCCと再度行っているが、センターが定めている1ページあたり一律2円という、国際基準とは余りにかけ離れた著作権使用料が障害となって交渉が難航している。センターの管理著作物には、包括契約に含まれないいわゆる白抜きR〈特別扱い〉マークを表示した出版物がある。該当の出版物は主として自然科学系出版物で、1ページあたり2円ではない複写使用料が個々に設定されていて、この出版物を複写する場合は、そのつどセンターと個別許諾契約を交わす必要があった。しかし、実際には個別契約の事例は少なく、センターは2000年12月にこの〈特別扱い〉著作物を管理業務から外してしまった。

　国内の自然科学系出版社は、これを契機にして権利を擁護するために折からの著作権管理事業の規制緩和もあって、2001年1月には、独自の著作権処理会社を設立するに至った。

　さらに、海外の自然科学系有力出版社がその著作物の著作権管理をこの新会

社に委託する動きが加わり、わが国における文献の著作権処理はセンター、学著協、民間企業と三つ巴になり、複雑化の様相を深めている。多くの欧米先進諸国では 1970 年代から 80 年代に文献の著作権管理は一機関が集中して行う体制を確立させ、著作権者と利用者の利益が守られているのに対して、わが国では著作権者主導の分散化が進み利用者の便益が損なわれようとしている。

1.2　文献複写の意味

　そもそも図書館や企業の情報活動における「文献複写」とは何か。

　それは、研究者などの文献探索行動の結果として生じた調査・研究に必要な一次文献（原報）の要求に対する、情報調達行為である。

　そうした原報の入手活動を欧米では document delivery service と呼んでおり、日本図書館学会編『図書館情報学用語辞典』(1997 年) では、この英語を「文献送付サービス」と翻訳し、次のように簡潔に説明している。

　　「特定機関が組織的に、主として図書館を対象に、求められた文献もしくはその複写物を送付する活動。古くは、図書館相互貸借において、他の図書館に文献を送付することも意味した。文献送付サービスを行う機関としては、イギリスの英国図書館文献供給センターが代表的である。また、電子環境下においては、UnCover のようなサービスも登場している。」

　図書館では、通常申し込まれた文献が図書の場合には、相互貸借として処理されるのに対し、雑誌記事の場合には、貸借されないことから、複写物に代えられることになる。図書館が行っている相互貸借の多くで実際には、文献複写に基づく文献送付サービスの形態がとられている。

　『ALA 図書館情報学辞典』では、文献送付サービスを「情報検索システムの用語で、出版されたものであれ未刊のものであれ、文献を、ハードコピーもしくはマイクロフィルム形態により、所定の費用で請求に応じて提供すること」とも定義し、『図書館情報学ハンドブック』[1] では、「これは、書誌データベースの検索結果に基づき、オンライン上で発注された文献を提供する場合を想定してもよい。また、書誌データベースの検索結果に基づかなくとも、求めに応じて文献を提供するシステムを整備している機関の活動は、文献送付サ

ービスと考えられる」と説明している。

　文献複写は、DIALOG や OCLC のような商用データベースサービスの普及とともに図書館・企業内で急増し、また利用者の要求を満たすために文献複写を業とする企業が族生し、ニッチな産業となっている[2]。

1.3　文献複写と著作権

　図書館などでの文献複写の件数は、1998 年時点で英国図書館では年間 380 万件、OCLC の図書館間の相互貸借処理件数は 877 万件（1991 年は 530 万件）、JICST（現 JST）では 1995 年実績で 124 万件となっている。

　このように膨大な文献複写が全世界的に行われており、利用者と著者・出版社などの著作権者との間での権利処理が大きな問題となる。

　利用者は複写に際し著作権者に許諾を求めなければならない。しかし利用者が必要毎に個々の著作権者に複写の許諾を求めるのでは、双方にとって極めて事務煩瑣となり実務的ではない。

　こうした問題の解決のために 1958 年のドイツを皮切りに、各国で著作権の集中管理機関が設立される。アメリカでは、1978 年に CCC、イギリスでは 1982 年に Copyright Licensing Agency（CLA）、日本でも先進国の中では遅れて 1991 年に日本複写権センター（2012 年 4 月 1 日、公益社団法人日本複製権管理センターに移行）[3] が設立された。

　英国図書館の場合、複写の 25% は英国外からの複写要求となっていることにみられるように、文献複写は国境を越えたトランスボーダーなサービスである。現在では、1980 年に発足した世界的な出版団体の著作権問題委員会を起源とする国際的な複写権問題処理機構として世界複製権機構（IFRRO: International Federation of Reproduction Rights Organizations；2000 年時点、加盟 32 ヵ国）が設立されている。日本のセンター設立は、この IFRRO や世界出版連合（International Publishers Association）の日本政府への要請により促進されたともいえる経緯がある。

　日本複写権センターの概要によるセンター設立の趣旨は、
　　「複写機器の普及にともない、わが国にもコピーに関する著作権処理を一括して行う機関を誕生させたい、との声が内外から寄せられました。センターは、

　こうした要請に応じるものとして、著作権者・学協会・出版社などの計12団体によって平成3年に設立され、平成10年には文部大臣から社団法人の許可をうけました」というものであった。

　また、同センターの法制的基盤に関しては、以下のように説明されている。「著作物の複写（コピー）は、著作権法で定められた例外を除き、著作権者の許諾を得て行う必要があります。しかし、個々の著作権者の連絡先を調べ許諾を得ることは容易ではありません。そこで、コピーに関する権利を集中的に管理し、利用者が簡易な手続きで著作物のコピーを適法に行うことができるような、著作権の集中処理の仕組みが必要になりました。
著作権法には、第30条〜50条に著作権を制限する規定があり、著作権者の許諾を得なくとも著作物を利用できる場合を定めています。個人的又は家庭内の利用（30条）、一定の条件と範囲での図書館等から利用者へのコピー提供（31条）や、教育機関での授業目的の利用（35条）等が典型的な例です。これらの制限規定の範囲を超える利用は、許諾を得ずに行えば違法のものとなります。」

（著作権法）
＊第21条：著作者は、その著作物を複製する権利を占有する。
＊第63条：著作権者は、他人に対し、その著作物の利用を許諾することができる。
〔参考〕2条1項15号「複製」：印刷、写真、複写、録音、録画その他の方法により有形的に再生すること（以下略)」

　本来、著作者のみが自己の著作物を複製する権利があるが、著作者または著作権者は他者にその著作物の利用を認めることがある。利用者は、著作権法の30、31、35条の制限規定を超えるコピーをするときは、著作者または著作権者に許諾を求めるなり著作権料を支払わないと法律違反になる。ただし、利用者にとって著作者なり著作権者に許諾の申請をしたり対価の支払いをするのは大変なので、センターがその処理を代行してあげます、ということである。

1.4　学術著作権協会について

1.　学著協の成り立ちと活動
「学協会著作権協議会の10年」（学著協ニュース、No.6、2001年5月）と「学

術著作権協会の概要」によると、学著協の活動状況は、以下のようになっている。

* 1989 年 2 月に日本工学会、日本歯科医学会、日本農学会、日本薬学会で学協会著作権協議会を設立。

* 1990 年 5 月経団連は「わが国における著作権集中処理機構の整備に関する見解」を発表すると共に、学著協の企業に対する寄付要請を支援し、同年 12 月に学著協内に「著作権集中処理システム」が設置されることになった。

* 1991 年 9 月に文化庁長官の幹旋によって、日本文芸著作権同盟、出版者著作権協議会と日本複写権センターを設立。

* センター設立に伴い学著協管理著作物の複写に関わる包括処理については、センターに事務委託し、個別的処理については学著協が利用者と個別許諾契約を直接行うこととなった。

* 1992 年に日本の学会誌のアメリカ国内での複写許諾について、CCC と協定を締結。

* 1999 年 4 月に社団法人化を目指して学術著作権協会に名称変更。

* 1999 年 12 月に CCC との双務協定を締結。学著協管理著作物 736 タイトルの雑誌のアメリカ国内での複写許諾を与えるとともに、学著協は CCC 管理著作物の内約 84 万タイトルの著作物の個別許諾について日本国内の代理権を持つこととなった。

* 2000 年 4 月以降 CCC 管理著作物の日本国内における複写利用に対し、企業等との個別的な許諾契約締結の推進を図っている。

　以上の活動経過から、学著協は一貫して学協会出版物の著作権擁護のために著作権の集中管理処理を推進し、実際に成果をあげてきたことが理解できる。因みに学著協は、2000 年実績で 7,200 万円（内 500 万円は CCC から受領）の複写利用料を徴収して学協会に分配している。

2. CCC の複写許諾契約の内容

　企業などの利用者は、センターと CCC との間で CCC 管理著作物の包括許諾契約が締結されない以上、企業内で該当文献の複写を行おうとする場合、学著協と「個別許諾契約」を締結した上で複写を行わなければならない。なお、学著協は CCC との合意に基づき、次の二つの契約方式が用意されている。

（1） TRS（Transactional Reporting Service）と呼ばれる「個別期間限定許諾方式」

　複写のつど、許諾を求める方式。日本国内の権利行使にあたり、学著協では3ヶ月ごとの事業報告に基づいて複写料を請求する方法を導入している。

　CCCでは複写料は個々の著作物によって金額が異なるが、学著協は交渉により日本国内の複写については一律に1ページあたり50円と単価を設定。

　（支払額算出の方法）

　企業別複写使用料額＝ 50円×当該企業の複写枚数

（2） AAS（Annual Authorization Service）と呼ばれる「調査・年間許諾方式」

　表1のように各企業ごとに2年に1回5週間の実態調査（複写枚数及びその種類、利用者数）を行い、業種別に複写された資料の総数及び利用者総数を集計し、各業種ごとの利用者1人あたりの複写枚数を割り出して、その枚数に単価及び各企業の利用者数を乗じることにより、個々の企業の複写料を算出する方式（単価は、実態調査の結果を得てから、学著協がCCC及び経団連と相談の上確定するため、現時点においては未定。ただし、1ページあたり50円よりは安くなる見込み）。

　TRS契約方式では、まず利用者は学著協に対して所定の「個別複写利用申込書」にどの出版社のどの出版物を何ページにわたり何部コピーしたい旨記載して、そのつど学著協に提出し許諾を得なければならない。しかも、3ヶ月ごとにそれを一覧表にまとめ所定の「複写著作物報告書」で報告しなければならない。学著協はこの報告に基づき請求書を発行することになるが、SOHO的な利用者ならいざ知らず、通常の企業で事業所・部署ごとにこうした手続きを行うことは不可能に近い。企業がこれに反発したため、別案として提示されたのがAAS契約方式である。

表1　業種別に複写使用料金の計算法

企業別複写使用料額は、次のように計算される、

$$単価（50円）\frac{\Sigma 各企業の複写調査枚数 \times 10}{\Sigma 各企業の複写物使用者数} \times 当該企業の複写使用者数$$

　この方式は現在 CCC がアメリカの多数の企業利用者との間で行っている契約方式で、日本の利用者も大方はこの方式が好ましいとしている。

　AAS 方式では、アメリカに倣って約 80 業種にわたり基準価格を設定しようとしているが、利用側の企業は現在センターが CCC と包括許諾契約の交渉を行っているので、その結果が出るまでは学著協からの調査依頼を保留し、静観しているのが実情となっている。

3.　CCC により浮き彫りにされた問題

　私的使用のための複製（30 条）、図書館における複製（31 条）、学校その他の教育機関における複製（35 条）という著作権法上の著作権制限規定の適用と運用についてはさまざまな意見がある。

　特に出版社は、情報の伝達と科学・文化の発展のために出版物の複写は止むを得ないとの理解を示してはいるが、「本来著作物は発行された出版物の形態で利用され、読者にその内容を提供することが目的であり、その複写されたものを読者が利用することを目的としているものではない」、「出版物は複写利用されないことを前提に出版されている」、という厳しい立場に立っている(4)。

　学著協は、2000 年 7 月 19 日付けで JST、国会図書館など大量に複製を行っている図書館に対し、「著作権法第 31 条の適用外の複製について」という文書を送付して、以下のような学著協と CCC の意向を伝えた。
　「図書館等における複写サービスの中には、
　（1）企業等が代行業者に発注して、図書館サービスを受けるケース
　（2）第三者（公衆）に譲渡する目的で図書館サービスを受けるケース
　があると聞いております。これらの複写利用（以下「企業用複写」という）に対し図書館が複写サービスを提供することは、著作権法第 31 条によって適法とされる範囲を逸脱するものであり、著作権者の許諾がない限り、違法な複写利用と判断されます。国内の約 500 学協会及びアメリカ合衆国 CCC から複写権等の委託を受けている本協会は、代行業者による企業用複写や譲渡を目的とする企業用複写についても、個別の契約による許諾システムを設け、利用規定・契約書式等 を定めています。
　つきましては貴図書館が本協会管理著作物を対象とする企業用複写の求め

に応じられる場合は、あらかじめ本協会の許諾を受けるように関係者に対し、ご指導をお願いいたします」

　現在の法解釈では、代行業者が企業等から依頼を受けて図書館等で複写物を入手し利用者に提供することは適法とされており、学著協の見解は今後において論議されるべきことである。しかしながら、公共図書館、大学図書館では純粋個人と企業からの複写依頼を区別して、「企業用複写」を行っている図書館は学著協と「複写利用許諾契約」を交わした上で規定の著作権使用料を支払わなければならなくなる事態を迎える可能性がでてきた。

1.5　著作権等管理事業法の制定

　文化庁は1999年（平成11年）7月に「著作権審議会権利の集中管理小委員会専門部会中間まとめの概要」を発表して、出版・新聞・音楽など著作権関係業界及び情報関係機関に意見照会を行った。

　その後、2000年（平成12年）1月に「著作権審議会権利の集中管理小委員会報告書」がまとめられ、同年11月に「著作権等管理事業法」が制定された。同年11月22日の日本経済新聞の記事で、「著作権管理ビジネスへの新規参入を促す著作権管理事業法が21日の衆院本会議で全会一致で可決、成立した。同法は作曲家ら著作者個人に代わって著作物の使用料を徴収したり権利を保護したりする著作権管理事業を、文化庁の許可制から登録制に規制緩和するのが柱。著作権管理ビジネスは音楽分野などで日本音楽著作権協会（JASRAC）など特定団体が独占してきたが、一定の要件を満たせば管理事業者登録をするだけで民間企業などが自由に参入できるようになる。

　「2001年（平成13年）10月1日に施行する」と報道され、新法のおよその内容と意義が公知となった。

　文化庁が2001年（平成13年）7月に作成した「著作権等管理事業の登録等の手引き」では新法を以下のように説明している。

　　「著作権又は著作隣接権（以下「著作権等」といいます）を集中的に管理し、利用者に利用の許諾を与え使用料を徴収し、権利者に分配する業務は、音楽を中心に古くから発達しています。この集中管理方式による権利処理システムは、委託者の著作権等を保護すると同時に、利用の円滑化を図るた

めの有効な手段と考えられていますが、わが国では、著作権管理団体の健
全な発展を図るため、昭和14年に著作権に関する仲介業務に関する法律
（以下「仲介業務法」といいます）が制定され、小説、脚本、音楽の分野
について一定の規制がされていました。

最近の情報伝達手段の発達は急なものがありますが、利用実態の変化や規
制に対する国民の意識の変化を踏まえ、仲介業務制度の全面的な見直しが
行われ、2000年（平成12年）11月に、仲介業務法に代わるものとして、
新たに著作権等管理事業法（以下「管理事業法」といいます）が制定され
ました。この法律は、2001年（平成13年）10月1日から施行されます。
また、施行と同時に仲介業務法は廃止されます」

　要するに、著作権に関する仲介業務とは著作権の集中管理業務のことを言い、
対象を小説・脚本・音楽に限定した1939年（昭和14年）制定の現行法では、
規制の対象になる著作物の範囲や業務実施・使用料に係わる規制の内容が、現
在の著作物の利用実態等に適合しないとういう観点と政府全体の規制緩和の観
点から見直しが図られたわけである。法律の内容のポイントは以下である。
　ア．新規参入を容易化するため、業務実施を許可制から登録制に改めること
　イ．使用料を認可制から届出制に改めるとともに、適正な使用料を設定する
　　　ための協議裁定制度を整備するなど適正な業務運営を確保するための措
　　　置を併せて整備すること
　ウ．利用実態の変化に対応して、適用対象範囲を小説、脚本、音楽の3分
　　　野の著作物から著作物一般、更には実演、レコード、放送及び有線放送
　　　に拡大すること、この政府の規制緩和の方針は、民間企業の著作権管理
　　　事業への参入を促進するところとなり、出版界では2001年1月に自然
　　　科学系出版社の出資のもとに株式会社日本著作出版権管理システム（英
　　　文社名の略称JCLS）が設立され、業務を開始している。

1.6　利用者にとっての問題点

　本稿は外国文献の複写と著作権について現状を伝え考察するのが目的である
にも係わらず、著作権集中管理をめぐる国内の状況報告に多くのスペースを費

やした。最後にその理由を含めて、特に利用者の観点から現時点で何が問題となり、今後どう対処すべきか、を整理してみる。

(1) CCCの代理権者である学著協から、CCC管理著作物の日本での使用に関して契約締結を要求されているが、利用者（企業・図書館）はどう対処すべきかが問われている。

(2) 日本複写権センターは、従来の包括許諾の範囲にCCC管理著作物を含める契約交渉を行っているが、現状では交渉成立は困難視されている。利用者はいずれにせよCCCの管理著作物を複写利用するためには、学著協と複写利用許諾契約を結ばなければならなくなる可能性がある。

(3) 純個人の複写使用というフェアユース以外は、図書館でも複写使用料を徴収しているCCCの方針を無視するのは難しい。

(4) 現状では、利用者は国内文献の複写利用については複写権センター、CCC管理著作物については学著協、国内自然科学系出版物（Scientific, Technical and Medicalのイニシャルを取ってSTMと称している）と欧米の主要なSTM出版物の複写使用については、JCLSとそれぞれ契約を結ばなければならなくなる可能性がある。

(5) 企業及び各種図書館は、いずれにせよ内外文献の複写に関して著作権者の権利侵害とならないような配慮と組織対応を迫られることになるであろう（学著協は、CCCとの契約に基づき複写使用料の請求は2000年（平成12年）4月1日に遡及するとしている）。

(6) CCC管理著作物に関して利用者（特に企業）は、既に学著協と複写利用個別許諾契約を締結している機関を除き、現状では企業用複写は明らかに違法と、海外の出版社から訴えられる危険性がある（万一そのようなことになれば企業の情報管理担当者の責任が問われかねない）。

1.7　問題点と今後の対応

　以上述べてきたとおり文献複写についてはさまざまな解決すべき問題が山積している。行政、出版社、利用者のそれぞれに問題解決あるいは合理的な著作権処理システム構築に関して責任がある。関係者・当事者はどうすべきか、どんな問題があるかについて、以下に私見を述べる。

イ．出版著作権の複製に関して欧米先進諸国ではアメリカの CCC あるいは
　イギリスの CLA のような集中管理機構が 20 年も前に確立され、社会
　的制度として機能し、著作者・出版社・利用者の権利と利益が保護・保
　証されている。なぜ日本では確立できないのか。日本複写権センターの
　組織・機能の見直しと強化を早急に行う必要がある。
　（備考）
　CCC の職員数は約 100 名（日本のセンターは 3 名）で、2000 年実績
　で 94 億 8,000 万円の著作権使用料を徴収（CLA は 37 億 2,200 万円。
　日本は 1998 年実績で 1 億 6,100 万円。）している。AAS 方式の契約機
　関は 9,000 に達し、全徴収額の約 60% を占めている。また学校・大学
　など教育機関からは 18%、ドキュメントサプライヤー（2000 あると言
　われる複写代行業者）を主とする TRS 方式契約者からの徴収額が 22%
　を占める。CCC はサービス対象者を**表 2** のように区分し、きめ細かな
　対応をしている [5]。

ロ．CCC 管理著作物は 200 万と言われるが、日本複写権センターの事務委
　託を含む管理著作物は、定期刊行物約 2,000、書籍 51,000 となっている。
　この懸隔は何を意味するか。現状では、集中管理の実が果たされていない。

ハ．複写権センターは未だに諸外国の複写許諾機構と相互契約を結んでいな
　い（学著協が CCC と部分的な双務契約を交わしたが）。これは外国出
　版社の輸入文献複写の野放し（ただコピー）を意味しており国辱的な状
　況となっている。

ニ．現在 JST などの図書館は著作権法 31 条の制限規定に守られ複写使用料
　を著作権者に支払っていない。「個人用複写」はともかく「企業用複写」
　は著作権者の権利を不当に損なっているとの出版社の主張には説得性が

表 2　CCC のサービス対象者

Academic	Corp. 〉 750 Employees
Association	Document Deliverer
Authors	Faculty Member
Bookstore	Federal Government
Copy Shop	Information Broker
Copyright Owner	International
Corp. 〈750 Employees	Law Firm

ある。著作権者と利用者のスムーズな権利処理システムの確立のため、更に深い論議と対策が必要である。

ホ．日本では複写権センターが例外を除き複写使用料を一律1ページあたり2円と設定している。CCCにせよドキュメントサプライヤーの英国図書館にせよ著作物の複写使用料は出版社の意向に沿って出版物に使用料金を設定している。出版物の価格が多様であるように複写使用料も多様であるのが経済原則に適っている。日本の複写使用料1ページあたり2円という単価設定は早急に見直す必要がある。

ヘ．新著作権等管理事業法では管理事業者に、使用料規定のインターネットなどによる公開を義務付けている。また、使用料の設定に際して利用者とその団体（利用者代表）から意見を聴取することを義務付けるとともに、第15条に違反者の罰則規定を設けている。文化庁はこの利用者代表に経団連を想定しているが、これには多くの企業・図書館を会員とする情報関連機関である情報科学技術協会とか専門図書館協議会などが、実質的にあたるのが妥当である。情報科学技術協会ではすでに「複写権問題検討会」[6] を発足させ、文献複写問題の検討を行っている。

　冒頭で述べたとおり、文献複写の問題は行政・出版社・利用者の全てが責任を負うべき問題である。この協会のように関係当事者が重大な関心をもって複写問題に対処することが望まれる。行政は国際慣行を基本とした国益・利用者利益に合致した制度づくりの促進を、出版社は安定的な出版事業を営むことができることを前提としてその著作権物を公衆の便益に供する理解と努力を、利用者は法と出版社の利益を尊重して複写使用を行う倫理を、それぞれの立場で実行することが喫緊の要であろう。

【参考文献】
(1) 図書館情報学ハンドブック編集委員会編、図書館情報学ハンドブック第2版、丸善、p.661-664、1999
(2) 三浦勲、ドキュメントデリバリー・サービスと著作権処理、実践女子短期大学評論、第22号、p.13-26、2001
(3) 日本複写権センター（2012年4月1日、日本複製権管理センタに移行）のWeb参照。
(4) 金児優、STM出版と複写権、stm Japan News、No.8、p.1-2、April1999
(5) Copyright Clearance Center（ccc）のWeb参照。
(6) 情報科学技術協会のWeb参照。

コラム

著作権とのかかわり

　私のビジネス時代以降の書物や講演には、著作権に関するものが多い。私が、著作権問題に関わるようになったのも、データベースビジネスに携わったことによる。そして、このビジネス経験が買われて、日本複写権センターや学術著作権協会の理事職を務めたことによる。

　そもそもデータベースの利用は、研究者・ビジネスの実務者などが必要な情報を求め、最終的にその情報の出所＝雑誌などの原文を入手することにある。しかし、情報検索で得られた必要文献が自館・自社内で得られないことがしばしば起こる。

　このとき、図書館などの情報管理部門の担当者は Document Delivery Service という文献複写サービスを利用することになる。

　雑誌の出版社は、自社出版物が無料でコピーされることを認めておらず、出版社によっては、掲載論文のコピー（切り売り）の場合の価格を決めていたところもあった。

　わが国では長らく、雑誌などの出版物のコピーは料金の支払いなしで、自由に行われていたが、2000年に入り、著作権の管理事業法が制定され、一般出版物・自然科学専門書・音楽などの分野での集中管理事業の自由化が始まり、文献入手の制度化がなされた。

　Document Delivery Service は、一つの産業に発展した。

　米国では、こうした知的所有権など著作権に関わる産業を Copyright Industry と呼び、1980年代終わりには総売上1730億ドルという、一大産業分野になっていた。

第4節

ドキュメントデリバリー・サービスと著作権処理

（初出誌：『実践女子短大評論』第22号　2001年3月1日）

　2000年2月15日付で、日本複写権センターの会員団体の一つである学術著作権協会（学著協）が、企業など関係機関に送付した「外部への複写サービスについて」という文書に端を発して、学術情報の利用者、出版社及び著作権関係機関の間で、にわかに文献複写の問題がクローズアップされている。

　これは、学著協といわれる学協会の著作物の複写権集中処理機関が、米国の著作権集中管理団体のCCC（Copyright Clearance Center）と契約を交わし、同協会が米国の著作物の複写許諾に関する代理権者となって、日本国内での米国文献84万件の複写に関しては、今後コピー1枚について50円を徴収する、という通告を行ったものである。

　これまで企業などは、「米国の学術文献などの複写は個人使用ということで、著作権料の支払いを意識することなく行ってきた」というのが実情であった。しかし、この通告はこうした現状の変更を迫るもので、情報管理部門、法務部門がその対応を迫られるという事態を招いている。営利を目的とする企業のみならず、教育の現場でも学生の無料コピーは許されるが、教員の無料コピーは許されなくなる可能性がでてきた。

　筆者は、1998年7月から1999年12月にわたり月刊雑誌『情報管理』に「データベース余話」[1] として、主要な商用データベースサービスとその関連情報サービスに関する日本における約30年間のビジネス状況を、体験的試論としてまとめてみた。

　商用データベースサービスには、新聞・雑誌などの一般情報、会社・商品な

どのビジネス情報も多く含まれているが、振り返ってみると日本における利用の実態は、圧倒的に学術情報が中心であった。

　商用データベースサービスの利用の目的は、言うまでもなく文献の検索にあるが、文献検索の主要な目的は、研究者などの利用者が調査・研究に必要とする文献の探索にある。利用者の最終目的には、発見できた文献の原報（一次文献）を入手して読むことがあり、手近な研究室・図書館・資料室にそれがないときは、それの入手を図らなければならない。そして、所属機関で原報の入手ができないときは、それを所蔵している外部の情報サービス機関に文献の複写を依頼することになる。

　この時点で、その情報サービス機関では外部からの依頼に応じて文献複写を行うことになり、その著作権処理の問題が発生する。欧米では、こうした外部機関による文献複写サービスのことをドキュメントデリバリー・サービスと呼んでおり、学術情報流通にとって極めて重要なサービス業務と位置づけられている。

　本稿では、「データベース余話」で述べた商用データベースサービスの重要な付帯的サービスとしてのドキュメントデリバリーに関し、「余話」の続編としてまとめてみたい。ここでは、まず欧米のドキュメントデリバリ・サービスの実態と変遷及びサービスに伴う著作権処理について述べ、次いで、日本におけるドキュメントデリバリー及びその著作権処理の現状と問題点について述べる。

1.1　ドキュメント・デリバリーの定義

　ドキュメントデリバリー・サービス（Document Delivery Service：DDS）は、図書館用語でもあり、「文献送付サービス」と呼ばれている。『図書館学ハンドブック』[2] によるとドキュメントデリバリーには、次の二つの定義がある。

　（1）「情報検索システムの用語で、出版されたものであれ未刊のものであれ、文献を、ハードコピーもしくはマイクロ形態により、所定の費用で請求に応じて提供する」ことであり、「書誌データベースの検索結果に基づき、オンライン上で発注された文献を提供する場合を想定してもよい。また、書誌データベースの検索結果に基づかなくとも、求めに

　応じて文献を提供するシステムを整備している機関の活動」のこと。

(2)「図書館コレクションの中から、請求された文献を、図書館利用者の勤務先または居住に送付する」ことであり、「既存の資料提供サービスを伸展させたサービスとして位置づけることが可能である。勤務先への送付に関しては、企業やビジネスを対象にしたサービスの一部として行われている例を見出すことができる」。

　しかし、『図書館学ハンドブック』にも記載があるとおり、一般には（1）の定義によって理解されている。類似サービスに、図書館協力の一環として行われている図書館間の資料の相互貸借（ILL：interlibrary loan）がある。

　図書館相互貸借（ILL）が、図書館機構の枠内の業務として行われているのに対し、ドキュメントデリバリーは、送付機関との間の協力関係として捉えるのではなく、単にサービスを提供する側と受ける側との関係（サービスそのもの）と認識されている。

　図書館以外の情報サービス機関が行うドキュメントデリバリー・サービスは有料が基本であり、後述するような非営利法人、企業によりさまざまなサービスとシステムが提供されてきた。1991年における欧米のドキュメントデリバリー市場の規模は3億ドルと推計され、これは学術雑誌の売上の10%を超える規模であったと言われている。

1.2　ドキュメントデリバリー・サービスの歴史

　ドキュメントデリバリーが、図書館業務の「文献送付サービス」として定着するようになったのは、いつのことか定かではない。商用データベースサービスなどのビジネス分野でドキュメントデリバリーがサービスとして登場するのは1980年代に入ってからと思われる。先の定義にみられるように、ドキュメントデリバリーの必要性は、情報検索サービスの普及と利用の増大と深く関わっている。以下で、そのサービスの実態を概観する。

1．1990年までのサービス
(a)　ISI社のOATS

　本格的な商用データベースサービスは、恐らくカレントコンテント誌、Science Citation Index の出版で名高い ISI (institute for Scientific Information) が、1965 年に開始した ASCA (Automatic Subject Citation Alert) というデータベース検索によるカレントアウェアネス・サービスであった。

　ASCA は、科学技術分野で評価が高く、よく読まれる雑誌 (Core Journal という) に掲載されたすべての論文のタイトルとその論文が引用している文献を、電算処理で自動索引化している、網羅性と速報性に特徴を持つデータベースであった。利用者は、自己の関心テーマをあらかじめ登録しておくと、毎週、検索結果がてもとに送られてくる (このようなサービスを Current Awareness Service といったり SDI Service と呼んだ)。利用者が、検索された文献リストを見て原報が自機関内で入手できないことも想定して、ISI 社は原報を OATS (Original Article Tear Sheet Service) というサービスで供給した。

　これは、あらかじめ原報要求がありそうな雑誌を、ISI が複数部数購入しておいて、要求のあった論文の部分を切り裂いて (tear) 利用者に提供するというサービスで、出版社の著作権を侵害しないで済む方式であった。サービス価格は、1980 年時点で 1 論文 1,800 円 (送料込み) であった。

(b)　UMI 社の ACH

　UMI (University Microfilm International) 社は、米国の学位論文の出版と、学術雑誌・新聞などのバックナンバーのマイクロ出版の最大手である。16,000 タイトルの雑誌、7,000 タイトルの新聞をマイクロフィルムで出版してきた実績を持つ。

　この会社が、1980 年代に入って ACH (Article Clearing House) というドキュメントデリバリー・サービスを開始した。この会社は、たくさんの雑誌・新聞の原文をマイクロフィルムで出版してきたわけで、原報をマイクロフィルムで保有しており、商業ベースで原報提供サービスを開始することになったのは、自然の成り行きであった。科学技術系のコアジャーナルが少ないこと、マイクロフィルムから機械的に複製できることもあって、1980 年代のサービス価格は、1 論文約 1,000 円と廉価であった。

（c）　ADONIS

　科学技術分野の学術出版社は、昔も今も、文献の無断複写に悩まされている。科学技術分野の学術雑誌の購読者（機関）は多くなく、少部数の印刷出版となるため、購読料は他の一般誌に比べ高値となる。このことが文献の違法な複写を増幅し、そのことによってさらに購読者数が減り、誌代がさらに高騰するという悪循環が繰り返されている。

　こうした問題の抜本的な解決を図るために、Elsevier、Springer、Pergamon、Blackwell、Academic Press といった学術分野の世界的な商業出版社が連合してドキュメントデリバリー・システムを開発することになる。これが ADONIS（Article Delivery Over Network Systems）といわれる CD-ROM を使った電子出版によるドキュメントデリバリー・システムである。

　1981 年に実験サービスが開始されて以来、現在では約 800 のライフサイエンス・化学分野の学術雑誌に掲載された記事を論文単位で複写できるシステムである。システム的には、ワークステーションを使って、スタンドアロンまたは LAN で CD-ROM を検索して必要な原報を出力させる、という方式で、料金としては現時点では 1 論文当たり 2,400 円ほどのロイヤリティ（publisher's copyright charge）を支払えばよい。

（d）　BLDSC

BLDSC（British Library Document Supply Center）は、イギリス公営のドキュメントデリバリー・サービスである。前述のとおり、ドキュメントデリバリー・サービスは、図書館のサービス機能の一つである。イギリスをはじめ、ヨーロッパ諸国では、公共図書館の中央館あるいは国の情報センターの中心機関がドキュメントデリバリー機能を持っている。

　BLDSC は、1994 年時点で年間 380 万件の複写サービスを提供しており、その内 25% が英国外の利用者による利用となっている、世界最大のサービス機関である。1990 年前後の原報の 1 件あたりの複写料金は 1,500 円程度となっていた。

（e）　インフォーメーション・ブローカーのサービス

　情報検索サービスの普及により、研究者などの利用者からの原文献の複写要

求は急速に増えていった。米国を中心に、利用者に代わってデータベースの検索を業とするいわゆる代行検索業者が、1970年代後半から叢生し、インフォーメーション・ブローカーと称された。このインフォーメーション・ブローカーの主業務は代行検索であったが、もう一つのサービスの柱がドキュメントデリバリー・サービスであった。多くが、有力大学のキャンパス近くに所在し、依頼者の委託を受けて、大学図書館のコレクションから著作権料を支払ってコピーし、注文者（利用者）に原報を取り次ぐという、サービス形態を取っていた。

　大学図書館で入手できなかった文献は、UMIのACHやBLDSCを利用して入手をはかったり、大手の会社ではADONISとシステム利用契約を結び、複写を内製しているところもあった。サービス料金は、平均すると1論文2,500円程度と割高であったが、著作権使用料のほか、人件費・手数料などの諸経費込みなので当然であった。サービスは迅速かつ親切で、概して良好であった。

2. 1990年代以降のサービス
（1）　サービスの状況

1990年に、米国ではインターネットが教育研究利用に止まらず、商用サービスとしても解禁されるが、データベースサービス分野でインターネットによるサービスが始まるのは、1995年以降といってよいであろう。

　商用データベースサービスでも、1980年代の後半から雑誌論文などのフルテキスト（全文）データベースの搭載が始まったが、意外と利用されなかった。その理由は、需要の高いSTM（Science, Technology and Medicine）と言われれる科学技術分野の雑誌が少なかったこと、テキスト（文字）だけで図・写真が省かれていたこと、価格も安くなかったことによると思われる。

　1990年代初頭は、1980年代に隆盛をみた、前述のサービスが継続されたが、1990年半ばを境にドキュメントデリバリー・サービスが変質する。

　最大の変化は、出版社自身が原報（一次文献）の提供を、オンラインジャーナルという形で開始したことであった。オンラインジャーナルは、1990年はじめに、OCLC（Ohio Computer Library Center）、世界最大の書誌ユーティリティ提供機関）がElectronic Journals Onlineというサービスを始めたが、普及しなかった。

　しかし、現在では、1,000誌以上の学術雑誌を出版しているオランダの

Elsevier 社が「Science Direct」、同じく 400 誌を出版しているドイツの Springer 社が「LINK」といったオンラインジャーナル・サービスの提供を開始している。

　また、米国の UnCover 社は各種の雑誌論文の電子化を行い、出版社の許諾を得て、著作権使用料を支払ってオンラインで所蔵論文の提供サービスを行うなど、ドキュメントデリバリー会社の従来型サービスの特徴であった、仲介業務を中抜きするサービスシステムが登場する。

　DIALOG、STN International、Silver Platter といったレファレンス型の二次情報を提供してきた商用データベースサービス会社も、いっせいに、出版社のシステムとリンクを図り、利用者が原報をオンラインで入手できるようにしつつある。

3. 日本の状況

　前項で述べたさまざまなドキュメントデリバリーサービスなりシステムは、全て日本からも使用できる。しかし、日本で出版されている学術情報の流通方式と学術情報の入手については、いぜんとして 1980 年代のサービス方式が主流といってよく、欧米と比較して著しく立ち遅れている。

　欧米のドキュメントデリバリー・システムの事例を経時的に詳しく述べたのは、こうした先進諸国のドキュメントデリバリー・サービスでは、出版社（著作権者）の権利が保護され、サービスの過程で著作権使用料が体系的にかつ正当に処理されていること、そしてそれが事業（ビジネス）として営まれてきたこと、を実証したかったからである。

　以下に、日本のドキュメントデリバリーの実情について述べてみたい。

（1）　ドキュメントデリバリーと著作権法

　複写と著作権に関する現行の著作権法の中での取り扱いを、『科学技術情報ハンドブック』[3] の記述により整理してみたい。文献複写に関する部分についてみると、1971 年 (昭和 46 年) 1 月 1 日施行の著作権法第 1 条に「この法律は、著作物並びに実演、レコード及び放送に関し著作者の権利及びこれに隣接する権利を定め、これらの文化的所産の公正な利用に留意しつつ、著作権の保護を図り、もって文化の発展に寄与することを目的とする」とある。

　ここでは、著作権者の権利保護、著作物が社会の文化的所産であること、また
それが公正に利用されるべきことが謳われている。

　「公正な利用とは、著作権の権利保護の立場とともに利用者の立場も考えて、
広く世の中に障害なく、公正な流通を図ると言うことが著作権法の考え方であ
る」としている。制限条項としては、第30条（私的使用のための複製）、第
31条（図書館における複製）、第35条（学校その他の教育機関における複製）
があげられ、次のようなことがある。

- イ．個人的又は家庭内、その他これに準ずる限られた範囲内において使用す
  ることを目的とする場合は、使用者自身が複製することができる。
- ロ．図書館（政令、法令に定めた図書館）や学校での複製は利用者の求めに
  応じ、その調査研究の為に著作物の一部分の複製を1人につき1部提
  供することはできる（雑誌の場合は論文ごとのコピーはできるが全文の
  コピーはできない）。
- ハ．非営利の学校での授業の過程で、あるいは、試験問題として必要と認め
  られる範囲の複製。

（2）　日本複写権センターの業務と機能

（a）　日本複写権センターの設立と目的

　日本複写権センターは、1991年9月に、出版物の集中著作権処理機関とし
て設立された（注：2012年4月1日、公益社団法人日本複製権管理センター
に移行）。

　日本複写権センターによる設立趣旨によると「複写機器の普及にともない、
〈わが国にもコピーに関する著作権処理を一括して行う機関を誕生させたい〉
との声が内外から寄せられました。日本複写権センターは、こうした要請に応
じるものとして、著作者・学著協・出版社の計12団体によって、1991年（平
成3年）に設立され、1998年（平成10年）には文部大臣から社団法人の許
可をうけました」とあり、その目的は「著作権者の複写等に係わる権利等を集
中的に管理し、利用者から複写使用料を徴収して著作権者に分配するという集
中的な権利処理を行うことにより、許諾に係わる困難さや不便を解消し、著作
権の保護と著作物の適正な利用を実現することをその事業としている」[(4)] とあ
る。

（b）　複写権センターの業務

　著作権集中処理の実務は、著作権者から権利委託を受けた会員団体の著作者団体連合、学術著作権協会、出版社著作権協議会が、センターに権利委託または事務委託を行う形で行われている。センターでは、利用者である企業等と包括許諾簡易方式といわれる著作物複写利用許諾契約を交わし、著作権使用料を一括徴収している。包括許諾による使用料の支払い方式には、契約機関が保有するコピー機を基礎にする方式、従業員を基礎にする方式、それらの組み合わせの3方式があるが、多くの機関は、

　　「年間使用料」＝全従業員×20枚×2円　という方式を取っている。

　これは、従業員が年間平均1人当たり20枚コピーを行うと想定し、コピー1枚に対し一律に2円を徴収する、という計算方式である。ただし、ドキュメントデリバリー業者が、利用者に代わって複写を代行する「文献提供サービス」に関しては、業者が依頼者（利用者）に納入する価格（売価）の10%を基準として著作権使用料を徴収する、としている。

　1999年時点の企業などの契約機関数は2,406で、1998年度（平成10年度）の受け取り使用料の総額は1億6,107万円となっている。

（3）　日本におけるドキュメントデリバリー・サービス

　前述したISI社のASCAや米国化学会製作のChemical Abstractsなどの著名なデータベースを使った情報検索サービスが、日本で開始されたのは、1972年の紀伊國屋書店のASKという文献情報検索サービスによってであった。

　その後、科学技術庁（現・文部科学省）所管の日本科学技術情報センター（JICSTと通称）が類似のサービスを始め、1980年以降、通信回線の規制緩和によりJICSTや日本経済新聞社などのオンライン情報サービスに加え、さまざまな欧米の商用オンラインデータベース・サービスが、日本に上陸することになる。

　その間、情報検索の普及により文献複写の依頼件数も増えて、JICSTの年報によると、同センターだけで1986年には99万件（売上12.1億円）、1991年には123万件（売上17.4億円）となっており、処理件数、売上とも確実に上昇した。

表1　主な機関のドキュメントデリバリー・サービス料金

機関名	料金体系
JST	基本料金 650 円にコピー枚数 1 頁につき 65 円を加算 （注）5 頁の論文のコピー料金は 650 ＋ 65 × 5 ＝ 975 円 海外手配の場合は、上記に 1,700 円を加算
IMIC	基本料金 700 円にコピー枚数 5 頁ごとに 500 円を加算 （注）会員のみにサービス。5 頁の複写料金は 1,200 円
サンメディア	複写手数料に著作権使用料を加算 （注）料金は、著作権使用料の支払額・入手の方法・文献のタイプ 　　　によって可変

4．サービス価格

　日本におけるドキュメントデリバリー機関の代表的なものとしては、特殊法人の JICST（現・科学技術振興機構で JST と略称）、財団法人の国際医学情報センター（IMIC と通称）、民間企業のサンメディアがある。現行のサービス料金は、**表1**のようになっている。

　公的機関（公共図書館）である英国の BLDSC サービスでは、民間のサンメディア社同様に著作権使用料を明示している。JST も IMIC もいわば公的機関であるが、著作権使用料の明示がない。サンメディアの平均的な価格が不明であるが、JST や MIC の料金を見る限り、欧米のドキュメントデリバリーのサービス価格に比べると、日本の場合は半分以下でかなり低い。

1.3　問題点

　以上が、ドキュメントデリバリーに関する内外の一般状況である。

　冒頭で、学著協が米国の著作権集中管理機関の CCC と複写許諾の代理権者となって、企業等から著作権使用料を徴収する、との通告を発して関係者に大きな波紋を与えていると、言ったが、なぜそのような事態になっているのかについて、問題点を指摘するとともに、所見を述べてみたい。

1．複写権センターの問題

　複写権センターの有力な会員団体である「出版社著作権協議会」（出著協）はセンターに対し 1999 年に、以下のような申し入れを行っている。

(1) センターが定めている現行の複写許諾単価の1頁当たり2円は、国際的な標準値と比較して低額である。また、一律2円という設定は、出版物の多様性にマッチしていない。従って、価格設定の見直しを行うべきである。

(2) 専門出版社が行っている、一律2円という使用料の適用除外出版物（白抜きのRマークが付されている〈特別扱い〉の出版物）に関し、センターは特別委託であるとの衆知と個別許諾の促進を、契約者と一般利用者に対し怠っている。そのため、契約者は、包括契約による定額料金を支払えば、あらゆる出版物の機関内部での複写ができると錯覚している。

(3) センターが徴収した複写使用料の分配の基礎になる複写実態調査は実態を反映していない。

(4) センターは、米国のCCCなど海外の複写権集中処理機構のいずれとも複写許諾に関する相互契約を締結しておらず、世界における日本の立場と責任を果たしていない」。

以上は、いわば身内のパートナーから不満が述べられたもので、日本の複写権センターが、十分機能していないことの証左と言える。

前述したように海外のドキュメントデリバリー・サービスによる文献複写の料金にも触れたが、平均5〜6頁といわれる学術論文の複写料金は送料・手数料を入れて、1980年代で2,000円前後となっている（1994年時点のBLDSCのサービス料金は、論文1件あたり「複写手数料＋著作権料」＝3,000円）。

日本の複写権センターの現行料金1頁2円という基準価格だと著作権使用料は、1文献当たり10円前後となってしまい、余りに欧米諸国の現状とかけ離れ過ぎている。

この価格設定については、センター設立のとき、民間の発起人は1頁20円と決めたが、所管官庁の文化庁が高すぎるとして、2円にするように指導したとの風評がある。因みに、米国化学会では、自機関が発行する学術雑誌の論文コピー料金は、論文あたり一律に3,480円、ドイツの商業学術出版社のSpringerは、同様に3,890円と決めている。

出著協は、当初から1頁2円では著作物を複写権センターに委託できないとの考えのもとに、制度的に「特別委託」扱いで処理してくれるように申請し

ているにも関わらず、実行されていないというのが（2）の不満である。

　これでは、協会がモットーとしている「著作権の保護と適正な利用を事業の精神」に甚だしく悖るといわれても致し方ない。

　（4）については、米国とは協定的なものが結ばれたが、その当事者が複写権センターではなく「学著協」であったがためにさまざまな混乱が起きている。

　「出著協」の申し入れは、どれもが著作権集中処理機構の業務の本質に関わることであり、こうしたことの全てが不十分であるとしたら、複写権センターは業務の執行について、当事者能力がないといわれても致し方ない。

2.　著作権ビジネス意識の問題

　1999年11月に文化庁は、「著作権審議会権利の集中管理小委員会専門部会中間まとめ」を行い、新聞社、出版社、レコード業界、情報関係学協会などに意見照会を行った。

　これは、1939年（昭和14年）に制定された「著作権に関する仲介業務に関する法律」（いわゆる「仲介業務法」）を見直して、従来からの著作権の権利処理の許可制・認可制を改め、規制を最小限度に止めて、競争原理に基づく著作権集中管理団体の新規参入の機会を認めようとの委員会答申について、意見を求めたものである。

　これについては、さまざまな団体・機関から規制緩和の促進が求められ、その後、民間主導の幾つかの著作権集中管理団体が生まれようとしている。著作権の集中管理団体としての成功例には、レコード・音楽業界の「日本音楽著作権協会」（通称JASRAC）があり、年額985億円（1998年実績）の著作権使用料を徴収している。レコード産業は、6,075億円（1998年）程度の業界規模で、出版業界の4分の1以下の規模に過ぎないが、業界総売上の16.2%にあたる著作権使用料収入を挙げている。

　ドキュメントデリバリーが行われる分野は、主として学術情報分野であるが、米国のCCCが、1998年実績で68.4億円、英国の著作権集中管理団体のCLAが38,2億円の著作権使用料を徴収しているのに対し、日本は1.6億円しか徴収していない。人口比率でみてもGDP比率でみても余りに懸隔がありすぎる。出版社側にドキュメントデリバリーを業（ビジネス）として追求する姿勢が足りないのではないか。

3.　著作権法第 31 条適用外複写の問題

　学著協は、2000 年 7 月 19 日付でドキュメントデリバリーを行っている政
令または法令指定図書館に対し、「著作権法第 31 条の適用外の複写について」
という文書を送った。文書の内容は「図書館が第三者に譲渡する目的で複写
サービスを提供することは、著作権法第 31 条によって適法とされる範囲を逸
脱するものであり、著作権者の許諾がない限り、違法な複写利用と判断され
る」ので、許諾を受けるように、というものであった。この文書は、JST（旧
JICST）などを対象にしたもので、英国の BLDSC のサービスに見られるように、
先進諸国では公的機関といえども文献複写の著作権使用料を支払っており、日
本だけが例外ではあり得ない。

4.　海外の処理機構との双務契約の問題

　丸善など海外出版物の輸入販売会社 80 社で構成される日本洋書協会は、
1999 年 10 月に複写権センターに対し、海外各国の複写権集中処理機構と複
写利用許諾の双務契約の早期締結の申し入れを行った。これは、双務協定が結
ばれないと、たとえ輸入洋書が日本の著作権法による保護を受けていても、「実
際には多くの企業あるいは研究施設において相当量の海外出版物の複写が、複
写利用の契約が行われることなく行われており、これらの複写に対しては著作
権の保護を第一の目的として、違法コピーを排除し、一定の範囲のものについ
て速やかにその許諾業務を行い、適切な利用料の徴収と著作権者・出版社への
合理的な配分が行われるべき」であるとの勧告を行ったものである。

　言葉を換えて言えば、学術専門書の輸入比率が高い洋書輸入業者が受けてい
るダメージをくい止める措置を取るよう、複写権センターに要請したものであ
る。また当然のことながら、国際契約を結ぶ場合、複写権センターが定めてい
る、コピー 1 枚当たり 2 円という異常な低価格については、国際基準に合わ
せて是正することを前提条件としている。

　この問題についてはその後、学著協が、同協会に委託されている日本の学協
会の出版物 736 タイトルについて米国内の複写許諾を CCC に与え、CCC は
学著協に 84 万タイトルの著作物の日本国内での複写許諾の代理権を与えると
いう双務協定が結ばれたが、米国以外の国との複写利用に関する双務契約は、
2000 年時点で、まだなされていない。この双務協定によって日本の利用者は、

複写権センターではなく学著協という、学協会以外は無縁な機関と米国の複写許諾の契約をしなければならなくなっている。企業など多くの利用機関が当惑しているのは、国の代表機関である複写権センターが、契約の当事者になっていないことにあろう。洋書協会の申し入れは、空振りに終わり、いぜん問題は未解決のままとなっている。

　もっとも、複写権センターも CCC と双務契約締結の交渉を行ったが、洋書協会が要請した国際的に通用する基準価格ではなく、日本でしか通用しないと言える「1 ページ 2 円」という現行の規定料金をベースに交渉が行われた。

　しかし、それが実現すると、いくつも例示したように 1 論文あたり 2,000 ～ 3,000 円を複写許諾料と定めている科学技術・医薬系の米国の学術出版社は、日本では、1 論文十数円というタダ同然で合法的に複写されることになるので、驚愕して契約締結を阻止したという話が伝わっている。このストーリーも、現行の非現実的な著作権使用料が、国際的に忌避されている好例となっている。

1.4　意見及び提言

　医学書院社長の金原優氏は、その著書『出版界は今何が問題か』[5] の中で著作権問題に触れて、「コピー問題の本質はただ一つ、日本国民の知的所有権に対する認識が低すぎるということです」と言われている。

　しかし、認識に乏しいのは、一般国民に限らず、為政者・経営者・学者 - 文化人といった指導的な人達をはじめ、と付け加えた方がいいかもしれない。

　知的所有権（Intellectual Property Right）には、工業所有権（Industrial Property Right）と著作権（Copyright）の二つがあり、米国では著作権にかかわる産業を Copyright Industry と呼んで、1980 年代の終わりには総売上高で 1,730 億ドルに達している。

　日本でも、レコード産業の著作権ビジネスが 1,000 億円あるとすれば、潜在的市場は数兆円規模ある、と容易に想像できる。出版についても、まず出版の著作権ビジネス市場を形成（創造）することから始める必要がある。

　まず、学術情報流通の仕組み及び市場（著作権料を支払っていない JST の複写売上げだけで約 20 億円ある）がすでに社会に存在している、ドキュメントデリバリー・サービスを中心に据えたビジネスが考えられないか。

　理論的には、音楽著作権でJASRACが1,000億円売上ているのであれば、出版著作権は、売上規模からいうと4,000億円の売上を見込める。学術専門情報の分野の著作権売買では、米国のCCCが70億円程度売り上げているという実績から、日本でも20億円程度の売上が見込めるのではないか。

　学術文献と一般文献とは、その内容と取り扱いに相違があるが、比較的処理しやすい学術文献分野で、販売システム（著作権使用料の徴収システム）を作り、出版著作権販売のモデルとしたらどうか。

　ただし、その場合の絶対条件として、米国のCCC Inc. のように民間主導でビジネスを行うことが肝要であろう。すでに官のJST、公のIMIC、民のサンメディアなどが一定の市場を形成し、利用者である企業等も明快な著作権処理ができるドキュメントデリバリー・システムの出現を望んでいる、というのが実態である。学著協が引き起こした著作権処理についての問題は、関係業界・機関・利用者にとって問題の根本的な解決の好機をもたらしたとも言える。

【参考・引用文献】
(1) 三浦勲、データベース余話1～18,『情報管理』、41（4）～42（9）、1998～1999
(2) 図書館情報学ハンドブック編集委員会編『図書館情報学ハンドブック』（第2版）、丸善、p.661から664,1999
(3) 科学技術庁振興局監修『科学技術情報ハンドブック』、日本科学技術情報センター、p.160～162.1977
(4) 「日本複写権センターの概要」、社団法人日本複写権センター、p.2,7（なお、日本複写権センターは、2012年4月1日、公益社団法人日本複製権管理センタに移行）
(5) 金原優『出版界は今何が問題か』』医学書院、p.58～59,1999

コラム

著作権集中管理機構のこと

　文献著作物の集中管理の在り方が複雑化したのは、官民ともの著作権意識の低さに起因していた。そもそも、時の文化庁との複写の料金交渉時に、出版業界側はページ当たり20円を提示したが、当局は高すぎると2円になったと伝えられている。なぜこの時に出版側は、引き下がってしまったのか。

　音楽業界ではJASRACが、巧みに多額の著作権料を集め、成功している。だが、なぜ出版業界では、微々たる著作権料の徴収にとどまっているのか。電子書籍・雑誌サービスが普及している時代に、どう対応するのか。

第4章

データベースサービスの変容

本章の内容

『データ通信』という雑誌が1986年1月号で、「高度情報社会の展望」という特集を組んだ。一橋大学教授の宮川公男氏の巻頭言に始まり、当時の郵政省通信政策局の課長、片方善治氏など通信業界の論客が執筆している。この特集への寄稿を依頼され、データベース業界の現状を当時のマーケットと利用状況、問題点を俯瞰的に述べた。

1990年代に入りマルチメディアが喧伝されるようになり、『情報の科学と技術』誌の特集「マルチメディアの時代に向けて」の巻頭論文で、データベースサービス業に従事している者として、当時の現状認識を述べている。

オンラインデータベースサービスは、マルチメディア時代に呼応して急速に変容していく。研究者などの専門家にとって、データベース利用の究極目的は、学術専門誌などに掲載された論文の入手にある。

データベースサービスの大きな変化は、海外の大手出版社が自前のシステムを構築し、電子ジャーナルとしてオンラインやCD-ROMで発行雑誌の原文を、直接エンドユーザーに提供し始めたことにあろう。

この章の第3節では、1990年前後に生まれた、さまざまなフルテキストのデータベースサービスを紹介している。

第 1 節

高度情報化社会とデータベースの整備
―その現状と問題点に対する私見―

（初出誌：『データ通信』Vol.18 No.1 Jan. 1986）

　1985年11月15日、産業構造審議会情報産業部会情報提供サービス振興小委員会（委員長猪瀬博東大教授）は、データベースサービスに関する中間報告を行った。少々長くなるが、同報告冒頭の「問題の所在及び経緯」の一部は、そのまま、所与のテーマのイントロダクションになっているので、引用したい。

　「データベースは、コンピュータにより多種多様な情報を効率的に検索することを可能とするものであり、パピルスの発明、グーテンベルクによる印刷技術の発明とも並ぶ情報の分野における第3の革命との指摘もある。しかしながら、我が国におけるデータベースの整備は欧米に比して大きく遅れており、また、産業としてのデータベースサースも未だ未成熟な段階にある。このため、今後、我が国経済社会の持続的な発展と高度情報化社会の円滑な突現を図る観点から、また、国際的な情報化への貢献と自由な国際情報流通の確保の観点から、我が国のデータベースの整備とデータベースサービスの振興が喫緊の課題となっている。」

1.1　データベース整備の問題点

　本稿では、わが国のデータベースの整備が欧米より大きく遅れていると言われるその具体的な中味と問題点は何か、立ち遅れを取り戻すためにはどうするべきかについて、データベースビジネスに15年間携ってきた者の立場から実感を述べ、データベース問題論議の参考に供したい。

表 1　わが国の主なオンライン情報サービス業の契約者一覧

提供企業、機関名	システム名	内　容	パスワード数	伸び率[%]
市況情報センター	QUICK ビ デ オ -I シ ス テ ム、QUICK ビデオ -II システムなど	金融、証券、為替レート情報	12,000 *	10.6
テイケイシイ	TKC Telecom、LEX/DB、BPS、TPS など	法律、ビジネス情報	5,740	50.1
日本経済新聞社	日経テレコム、NEEDS-IR、TS、BULK、NEXIS、DRI、DJN/R など	経済、経営、金融、株価情報、一般記事情報	4,871	23.1
紀伊國屋書店	DIALOG 情報検索サービス、CIS サービス、QUESTEL 情報検索など	学術専門情報	3,240	8.5
日本科学技術情報センター	JOIS（JICST オンライン・インフォーメーション・システム）	科学技術文献情報	3,000	30.4
日本特許情報センター	PATOLIS サービス	特許情報	1,781	18.6
日本エス・ディー・シー	ORBIT（SDC サーチ・サービス、サーチ J サービス）など	特許情報、科学技術文献情報	1,540	16.2
東京商工リサーチ	TSR サービスなど	企業情報	1.354	20.8
日本電子計算	米国 BRS サービス JIP/AMD など	科学技術文献情報、地域情報	1.070	10.1
本多通商	THE SOURCE など	文献情報	900	157.1
共同通信社	AP・DJ・テレレート、AP・DJ・クオートロン、DJN/R	金融、株価、商品相場情報、一般記事情報	700	250.0
平和情報センター	HINET	科学技術文献情報	556	38.0
コムネックス	THE SOURCE、DELPHI	文献情報	530	158.5
東洋情報システム	BRANDY、JUPITER	商標情報、法律、判例情報	520	16.9
三菱総合研究所	Dialine	一般文献情報	330	32.0
コーパス	ツーカー情報サービス	パソコン情報	230	91.7
東京カンティ	首都圏マンション・データベース	不動産情報	228	4.6
東京出版販売	東販 TONETS	出版情報	216	44.0
日本出版販売	NIPS（日販出版情報検索システム）	出版情報	208	16.9
電通国際情報サービス	SDB、TSR 財務データ・バンク、時事東証株価 CITIBASE など	金融、財務、証券情報	131	4.0
インテック	IGDS/I.P.Sharp	化学製品市況情報	91	51.7
帝国データバンク	COSMOS-I、COSMOS-II	企業情報	20	0
22 ディストリビュータのパスワードの合計		39,256	31,563	24.4

注：＊専用端末数、パスワード数は 1985 年 7 月現在のもの。
　　＊伸び率は、1985 年 1 月 1 日現在のパスワード数との比較。

1.2　データベースサービスの実態

まず、データベースサービスの市場、利用動向などについて、コメントしたい。

(1)　市場について

わが国のデータベースサービスの売上高は、1984年度（昭和59年度）で967億円で、米国（4,560億円）の1/5、ヨーロッパ（3,000億円）の1/3と言われる。データベースプロデューサ、データベースディストリビュータ、代行検索業者などの関連業者は100社、サービスされているデータベースは1,242（実数924種類）で、内20%が国産データベースであると言われている。

しかしながら、こうした統計データに現われる数字を額面どおり受止めるのは危険である。以下、気付いた点を、幾つか述べる。

イ．米国の場合、売上げにバッチサービスが含まれておらず、

ロ．米国の代表的な商用オンラインサービス30の1985年4月1日現在のパスワード契約数は、119万3,726（日経ニューメディア1985.5.27号の数字）で、これは、日本のパスワード数39,256（**表1**参照）の30倍以上に相当する。

ハ．わが国のデータベース業者は、100社と言われ、これは**表2**の世界の

表2　データベースとサービス業者数

年次年	データベース数	サービス関係業者数
1979	400	280
1980	600	423
1981	965	682
1982	1,350	931
1983	1,878	1.199
1984	2,453	1,551

出所：CUADRA、Directory of Online Data Base、1984

表3　データベースの利用状況

	データベース名	分　野	利用比率
1	MEDLINE	医学	29.1%
2	CA SEARCH	化学	20.0
3	WPI	世界特許	5.0
4	EMBASE	医学	4.8
5	CLAIMS	米国特許	4.8
6	BIOSIS	生物	4.2
7	NTIS	米国政府レポート	2.3
8	INSPEC	物理・電気	2.3
9	COMPENDEX	工学	1.4
10	PROMT	ビジネス	1.3
	その他		24.7
計			100%

注：紀伊國屋書店におけるDIALOGサービスの利用実態（1985年1〜6月の統計）

総数の約 6% である。しかし、このディレクトリに掲載されている日本の業者の実数は、その 1/3 でしかない。

（2）　利用実態

わが国のデータベースサービスは、1980 年（昭和 55 年）9 月の KDD の国際公衆データ通信サービス（ICAS）のサービス開始により、国際化が進み、利用が本格化したと言える。この 5 ケ年間の市場の成長は目ざましいものがあり、紀伊國屋書店の例でも、この間にユーザ数がバッチサービス主体の 5 年前の 11 倍、売上高も 8.5 倍となった。現時点でのサービスの特長は以下となる。

イ．**表 3** に見られるように、科学技術分野のデータベースに利用が偏っている（欧米では、人文・社会科学系ファイルも同等に使用されている）。

ロ．紀伊國屋書店の例（英・米・西独・仏・日の 6 種類のオンライン情報サービスを扱っている）では、オンラインサービスの売上げの 87% が、企業に依存している（欧米では、50 〜 60%）。

ハ．**図 1**、**図 2** に見られるように、大学・官庁のみならず企業でも未利用が多く、利用先でも 1 社当りの使用量が少ない（177 ページの**表 4** の 500 社中の化学会社 29 社のオンラインサービス費参照）。

（3）　産業構造

データベースの構築には、多大な初期投資及び継続投資を必要とし、かつ、

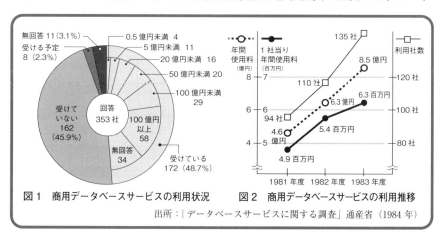

図 1　商用データベースサービスの利用状況　　図 2　商用データベースサービスの利用推移

出所：「データベースサービスに関する調査」通産省（1984 年）

投資の回収期間が他の産業に比し極めて長い。そのため、欧米では、1960年代から各国の政府が積極的に投資と助成を行い、**図3**のようにパブリックセクタが、データベース構築に大きな役割を果してきた。

　わが国では、医学中央雑誌刊行会のように1903年（明治36年）以来、情報蓄積を行い、それのデータベース化に取り組んでいる機関、日本科学技術情報センター（JICST）のように政府資金でデータベース構築を行っている例もあるが、欧米に比してその数は、極めて少ない。

　例えば、米国のBio Science Information Service（BIOSIS）は、職員280人で年間44万件の生物情報を収集・加工し、売上げ1,500万ドルをあげている。化学情報の専門データバンクであるChemical Abstracts Service（CAS）の場合は、情報生産量はBIOSISと同等の50万件であるが、その他の規模は、ほぼ4倍を誇っている。

　一方、JICSTは、**図4**及び**表5**、**表6**のように69億円（3,100万ドル）の予算と325名の職員で、52万件の科学技術全般の情報を収集・加工し、28億円（1,270万ドル）を売上げているに過ぎない。

　彼我の決定的な差違は、以下である。

　イ．BIOSIS、CASは共に非営利機関であるが、現在では国から補助を受け

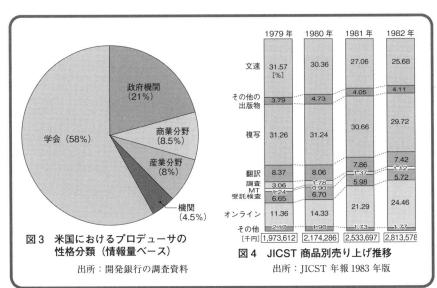

図3　米国におけるプロデューサの
　　　性格分類（情報量ベース）
出所：開発銀行の調査資料

図4　JICST商品別売り上げ推移
出所：JICST年報1983年版

るすことなく業容の拡大が図られている。

ロ．欧米には、類似の専門データバンクが、学問分野毎に存在しているといって過言でなく、そのほとんどが経営的にも成功している。

表4　企業の情報コスト

	上位4社	残り25社
1社あたりコスト	423万ドル	69万ドル
1社あたり情報関係人件費	167万ドル	26万ドル
1社あたり資料購入費	179万ドル	28万ドル
1社あたりオンライン・サービス費	73万ドル	14万ドル
1社あたり図書室数	12.5室	2.8室
1社あたり情報専門家数	66.3人	10.6人
情報専門家1人あたり研究者数	102.7人	129.3人
研究者1人あたり情報ソフト	1300ドル	910ドル

出所：E.B. ジャクソン（1983年）

表5　JICST 情報処理件数（1982年度）

区　　　分	外国文献	国内文献	計（件）
化学・化学工学（外国）	124,607	―	124,607
機械工学	40.687	12,686	53,373
電気工学	31,834	10,568	42,403
金属工学・鉱山工学・地球科学	41,707	10,783	52,490
土木・建築工学	15,425	12,416	27,841
物理・応用物理	40,670	3,531	44,201
原子力工学	12.672	2,942	15,614
管理・システム技術	13,771	5.659	19,430
化学・化学工業（国内）		30,239	30,239
環境公害	9,198	2,154	11,352
エネルギー	9,089	352	9,441
ライフサイエンス	13.012	12,029	25,041
小　　　計	35,2672	103,359	456,031
国内医学	―	26,345	26,345
外国特許	36.283	―	36,283
海外技術ハイライト	1,329	―	1,329
食品工業技術情報	418	―	418
小　　　計	38,030	26,345	64,375
合　　　計	390,702	129,701	520,406

出所：科学技術庁年報 1983 年版

表6　1982年度 ICST 年度収入支出予算

収入	予算額［千円］	収入［千円］	予算額［千円］
政府出資金	1,924,000	受託事業収入	50,171
国庫補助金	2,282,631	事業外収入	61,694
提供事業収入	2,362,456	前年度繰越金	236,167
―	―	計	6,917,119

出所：科学技術庁年報 1983 年版

1.3 データベース整備のための条件

1985年12月3日の日本経済新聞の「データベース整備は急務」という社説は、データベースが、来るべき高度情報化社会で果たす役割の大きさにも拘^{かか}わらず、その実情ははなはだお寒い限りと断じ、以下のように論評している。

「一つの懸念は、情報が情報の多くあるところに集まる傾向にあり、放置すると、彼我^{ひが}の差はさらに広がって、ますます海外に情報を依存するようになりはしないか、という点である。データベースの過度の海外依存は国の交渉力を弱める必配があるし、いつまでも情報後進国の地位に甘んじなければならないことになる。

それに、日本から送り出す情報が少ないために、海外からは、一方的に情報を輸入するばかりで出し惜しみしている、といったあらぬ批判を受けやすくなっている現実も一方にはある。」

この社説は結論として、「わが国最大の情報資源である政府保有データベースの民間への提供」を、その気になればすぐにでもできる施策として提唱している。無論のこと、その主旨には大賛成であるが、それだけでは問題の解決にならないところに、データベース問題の困難さはある。

以下、若干この問題に触れてみたい。

(1) 日本情報の海外流通の実状

慶應大学上田助教授の調査（ドクメンテーション研究 Vol.33 No9）によれば、日本の科学技術関係逐次刊行物 8,901 誌中、データベースを通じて海外に流通しているのは 1,878 誌（21.1%）に過ぎないという。しかも、欧米の代表的なオンライン情報サービスでは、日本のデータベースはまったくサービスされておらず、これらの雑誌に収録された情報は、ほとんど海外のデータベース製作機関の手により加工され、日本に逆輸出されているのが実情である。

この事実自体、大いに問題であるが、欧米のデータベースプロデューサとしては、当然の成り行きとして**表7**、**表8**に見られるように、本文ないしは抄録が英文で書かれている雑誌を多く情報源としており（それは**表9**、**表10**の

表7　日本の科学技術関係雑誌の言語別採録誌数調査

データベース名	英文		和文		和英混合	
	本文	抄録	本文	抄録	本文	抄録
CA SEARCH	206	499	557	15	510	345
BIOSIS	172	254	384	15	214	239
EMBASE	72	129	97	5	84	105
INSPEC	98	137	132	6	43	20

表8　日本の科学技術関係雑誌の分野別採録誌数調査

データベースと国名分野	CA SEARCH (アメリカ)	BIOSIS (アメリカ)	EMBASE (オランダ)	INSPEC (イギリス)
Engineering, General　(816) *	146 (18%) ＊＊	0	2	59 (7%)
Electrical Engineering　(401)	38 (9%)	2	2	46 (11%)
Medical Sciences, General　(538)	121 (22%)	78 (14%)	58 (11%)	0
Disease, Pathology　(554)	98 (18%)	62 (12%)	55 (10%)	2
Chemical Industry (186)	54 (29%)	11 (7%)	1	0
Pharmacy, Therapeutics (306)	63 (20%)	28 (9%)	17 (5%)	0
Metallurgy　(186)	46 (25%)	0	0	2

＊日本で発行されている総雑誌数　　＊＊採録率
注：表7、表8は紀伊國屋書店が1985年（昭和60年）8月に実施した調査結果の
　　一部を表にしたもの。

表9　BIOSIS データベース中の日本情報の比率

	全情報数 (A)	日本人著者による情報数 (B)	内原文が日本語の情報数 (C)	B/A	C/A
1982 年	315,013	15,047	6,595	4.8%	2.1%
1983 年	335.012	16,245	4,897	4.9%	1.5%
1984 年	360,020	17,981	4,256	5.0%	1.2%

出所：DIALOG システムを用いた検索による

表10　INSPEC データベース中の日本情報の比率

	全情報数 (A)	日本人著者による情報数 (B)	内原文が日本語の情報数 (C)	B/A	C/A
1982 年	168,718	12.765	2,335	7.6%	1.4%
1983 年	200,976	15,774	3,818	7.9%	1.9%
1984 年	153,314	10,516	2,601	6.9%	1.7%

出所：DIALOG システムを用いた検索による

調査でも裏付けられている）、日本の科学技術情報の 21.1% が、データベース化されていることを意味しない点、留意しなければならない。因みに、ビジネス情報の分野では、欧米でもっとも利用量が多い PROMPT データベースの場合、1,490 誌の情報源のうち、日本の雑誌は僅かに英文で刊行されている 23 誌が採録されているに過ぎない。

(2)　データベース整備の問題点

　日本開発銀行発行の調査第 78 号（1984 年 12 月）は、「データベース産業の現状と展望」と題する特集を組んでおり、その中で、わが国のデータベース産業の未成熟の理由として以下を挙げている（原文のまま、囲繞して列記する）。

①そもそも我が国には、データベース化できるような情報の蓄積に乏しい。

②コンピュータの日本語処理技術の遅れとコスト高。

③日本語のデータベースは市場が我が国に限られ市場規模が小さい。これを世界にも広げようとすると翻訳の問題が出てくるが、コストがかかる。

④政府保有データの公開が進んでいない。

⑤日本人は端末操作に不慣れで、かつ端末の日本語処理が複雑なため、ユーザの作業負担が大きい。

⑥データベース構築費が高いのに対し、市場規模が小さく、データベースの絶対数も小さいため、米国のデータバンクのような民間の強力なディストリビュータが存立できない。

⑦我が国では従来より情報に対する価値観が低い。例えば米国ではデータベース産業の売上高の過半はビジネス関係情報の売上が占めるが、我が国においては大手証券会社は証券及び関連情報をその顧客に対し情報料無料で提供しており、専業のサービス業者が育ちにくくなっている。

　これらの指摘は、いずれもが正しく、どれ一つ取ってみても越え難いハードルと言える。果して、この閉塞状態を打開する道はあるのだろうか。

(3)　閉塞打開の道

　ありふれた言葉になるが、データベース問題を解決するためには、発想の転換を図ることが肝要と思う。オランダ、ドイツなど非英語圏の先進国がとうの

昔に取っているビヘイビアで
あるが、自国語で自国市場に
情報の販売を行うという志向
ではなく、最初から世界市場
をターゲットにして情報を収
集・加工すればよいのではな
いか。

そうすれば、開銀レポートの
ハードルは全てクリアできる。

たとえば、英文への翻訳は
情報加工費を高めるが、翻訳

図 5　JTIS 計画の概要

という付加価値がつくのであるから、その分高く情報を売ればよい。

　図 5 は、最近 ベル アンド ハウエル社の傘下に入った University Microfilm
社の Japanese Technical Information Service（JTIS）という企画に関する
ものである。JTIS は、日本の科学技術関係の雑誌 750 を情報源とし、それら
の英文抄録を作り出版すると共に、データベース化しオンラインで提供しよう
という企画で、既に雑誌は年間購 読料 5,000 ドルで刊行が開始され、同社で
は米国だけで予約が 100 を超えたと言っている。

　オリジナル文献が出版されて 2 ヶ月で英文化できるとのことで、類似の日
本語抄録誌を JICST でも刊行しているが、タイムラグが 6 ヶ月近くあり、日
本語のままでも売れる質を持っているが、この場合、最初から欧米市場を対象
に企業化したところに注目すべきである。

　紙面の関係で、論旨にかなりの強弁、短絡があったと思われるが、ビジネス
の現場からの荒っぽい証言ということで、寛恕賜わりたい。日本情報のデータ
ベース化は、商業的に成り立ち難いという大方の見方に対し、だからこそ、却
ってビジネスチャンスがあるのではないか、と思う者である。

　欧米では、人間の知的生産物である個人の著作物を、商品として社会に送り
出すための、生産―収集―加工―蓄積―提供―再生産のシステムが、専門分野
毎に確立し、総体として一つの社会システム、業体が形成できている。それは、
日本でも可能であり、いまこそ産・官・学が共同して実現可能性の追求を、真
剣に行うべきと私見する。

第2節

マルチメディアの現状と展望

（初出誌：『情報の科学と技術』Vol.44 No.12 Dec. 1994）

　本稿は、1994年6月24日に「サーチャーの会」の要請で同会の総会終了後に実施された講演内容をまとめたものである。

　戸塚隆哉氏によりテープ起こしされたこの講演の分量は、資料を加えると本稿の2倍に達していたが、話の骨子を損なわないように修正加筆した。

　いま、誰にとってもマルチメディアの現状と将来を展望するのは至難といってよい。たとえば、マルチメディア市場というのが存在しているかといえば、単体では存在せず、実際にはCD-ROM市場であったり、パソコン市場であったり、ゲーム機市場であり、それらの部分を集めて総体としてマルチメディア市場と称しているに過ぎない。浜野保樹氏がその著書『マルチメディアマインド—デジタル革命がもたらすもの』の前書きで、次のように言っておられる。

　　「新しいメディア・テクノロジーを作ることは、新しい認識を作ることだ。メディア・テクノロジーは、認識のための手段だといっても過言ではなく、体験から得られる認識だけではなく、メディア・テクノロジーの数だけ認識がある。マルチメディアがメディア・テクノロジーならば、また新しい認識の方法を生み出すに違いない」

　情報界に身を置く者は、人それぞれにマルチメディアにより、新しい認識を求められているのではないだろうか。

　本稿は、長年情報検索とデータベースサービスに携わってきた経歴を持つ者の現在の認識を示したものに過ぎないことを最初にお断りしておきたい。

1.1　一般認識について

　ちょうど 10 年前（1984 年）の日経ビジネス創刊 15 周年記念増刊号の特別企画「実戦！ニューメディア」の冒頭で、次のように当時の状況を伝えている。
　　「18 世紀に始まった産業革命は、人間を重労働から開放した。いま起こりつつあるニューメディアによる情報革命は、人間を時間と距離の制約から自由にする。欧米に比べて遅れていた日本でも、三鷹の INS 実験開始、キャプテンの商用化スタート、そして来年（1985 年のこと）4 月の通信の全面自由化で、いよいよ本番に突入する。ハードやシステム、そして概念だけが先行しているかに見える日本のニューメディア。事業として、また利用者としての企業の関心は高い。いまこそ足が地に着いた "実戦" に入ったのだ」

　DIALOG などのオンラインサービスが急速に普及しだしたときであり、キャプテンなどのビデオテックスサービスは成功し、ビジネスユースはもとより、ホームユースへと発展するものと大きな期待を集めた。その後の技術進歩と時代背景の相違はあるが、当時の社会状況は、現在と似ているところがある。
　マルチメディア時代の社会の姿は、光ファイバー網を使って、情報端末を用い、誰もが好きな情報を好きなときにインタラクティブに入手できる。入手した情報は、文字であれ、映像、音声であれ自由に自分で編集・加工ができ、人は誰もが出版者にもクリエーターにもなれる、といったものである。
　現在、米国では、情報スーパーハイウェイの拡充に向けて民間企業の膨大な投資が行われ、双方向 CATV などマルチメディアサービスの実験も進んでおり、これらを伝えるマスコミの過熱ぶりを見ると、今度は本物だと感じる人も多い。
　しかしいま、官民を問わず、マルチメディア対策または推進のための組織作りが急速に行われているが、大多数の人は 10 年前の失敗の事例もあり、図式化されているようなマルチメディア時代は、本当に来るのかと半信半疑、暗中模索の状態にあるのが実情ではないか。

1.2　マルチメディアの定義と視点

　『2001 年のマルチメディア・ビジネス』という野口恒氏の著書では、マル

チメディアを、「テレビ、パソコン、電話が三位一体となった新しい情報機器」「デジタル処理された映像情報を扱う電子メディア」「双方向に多様な情報をやりとりできる通信システム」などとも定義されるが、マルチメディアの本質の簡潔な定義は、MIT のネグロポンテ教授が行った「マルチメディアとは、デジタルメディアである。それがマルチメディアの必要かつ充分な条件である」としている。

　これらの言葉を繋げると、マルチメディアは、テレビ、コンピュータ、電話（通信）の先端技術を融合して、文字、画像・映像・音声・コンピュータデータなどさまざまな情報を組み合わせ、編集・加工し、誰もがそれを簡単に利用できるようにしたもの、となろう（**図 1**）。

　Tony Feldman という人は、「マルチメディアとは、あらゆる種類のデータ、テキスト、イメージを継ぎ目なく（seamless）統合して、単一なデジタル情報化したもの」とも言っているが、文字、映像、音声の各シングルメディアがデジタル処理されることによって、シームレスになったことによる激しい変化をとらえて、マルチメディアは、デジタル革命であるともいわれる。

　マルチメディアの特徴をキーワード的にとらえて、パーソナル、ビジュアル、バーチャルリアルティ（仮想現実）といったりしているが、パーソナルという

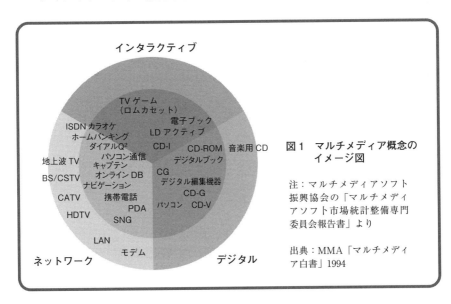

図 1　マルチメディア概念のイメージ図

注：マルチメディアソフト振興協会の「マルチメディアソフト市場統計整備専門委員会報告書」より

出典：MMA「マルチメディア白書」1994

コンセプトは、とりわけ重要と思う。1960 年代に汎用コンピュータが出現して以来、それはずっとビジネスユースで使われてきた。

　しかし、米国には、コンピュータを組織のために使うのではなく、個人の表現のための道具と考え、活字や片方向の電波マスメディアによる文明とは違ったコンピュータによる新しい表現力を持った文明を作ろうと努力してきた人達の系譜があった。彼らは、コンピュータを画期的な文明を創り出す道具（メディア）ととらえ、多くのコンセプト、ソフトウェアの設計を行ってきた。

　マルチメディア社会は、パソコンとネットワークにより誰もが新しい文化と文明の担い手になれるという極めて個人中心の社会となる可能性を持つ。その意味で組織人としてよりも、まず個人としてマルチメディアに対する視点を持つことが大切と思われる。

1.3　マルチメディアの現状

（1）　各国の現状

　米国は、1991 年 12 月に HPC 法（High Performance Computing Act：高性能コンピューティング通信法）を成立させた。これは、高性能コンピューティングとコンピュータ通信分野でアメリカがリーダーシップをとることを目指したもので、これを受けた HPCC（High Performance Computing and Communication）計画により技術革新の速度を早め、生産性と産業競争力を高めようと意図したものであった。

　1993 年 9 月には、HPCC をさらに実効あるものとするために、官民が一体となって NII（National Information Infrastructure：全米情報基盤構想）と称する国家的な総合的情報化政策を策定。NII では、光ファイバー網の整備や技術開発などクリントン政権が打ち出してきた情報分野の育成政策を集大成し、通信網の整備や研究開発の促進策のほか、ソフトウェア開発や公共部門の情報化など幅広い政策を打ち出している。

　NII の大きな柱として情報スーパーハイウェイの整備があるが、これは民間主導で行われ、すでに関連分野を入れて約 6,000 億ドルの投資が行われ、クリントン大統領は今年の一般教書でスーパーハイウェイを 2000 年に完成させると宣言している。米国の CATV、ビデオ、新聞、コンシューマブックなどの

アナログメディアの市場規模は約933億ドル（1992年）であるのに対し、オンラインサービス、ビデオゲームソフト、デジタル音楽などのデジタルメディア市場は約210億ドルであるが、1988年に比べ、その規模は倍増している。

ヨーロッパでもEU（欧州連合）が1994年から10年にわたり、1,500億ECUを投資する欧州版「情報スーパーハイウェイ」計画を提唱している。アジアでは、米国の情報スーパーハイウェイ構想に大きな影響を与えたといわれるシンガポールの「IT2000」が進行している。本計画は1992年4月にスタートし、現在官民200人のスタッフにより推進され、15年後には高度な情報インフラを持つ世界最先端の国（インテリジェント・アイランド）を築こうとするものである。

（2）　日本の現状

日本のマルチメディアへの社会対応は、NTTにより口火が切られた。NTTは、1990年にVI&P（Visual Intelligent and Personal Communication）構想を打ち出している。

これは、2015年までにFTTH（Fiber to the Home）と呼ばれる光ファイバーを各家庭に敷設してマルチメディアを利用した高度情報通信時代を築くことを企図したものであった。政府としては、通産省、郵政省を中心に1993年から1994年にかけて新社会資本の充実、情報化推進、CATV普及、通信と放送の融合化促進のための規制緩和などの施策を行っている。

1994年5月には、郵政相の諮問機関である電気通信審議会が21世紀のマルチメディア時代に向けた情報基盤整備に関する答申「21世紀の知的社会への改革に向けて」を行い、2010年までに全家庭に光ファイバーを敷設する計画を打ち出した。

郵政省では、マルチメディア市場は2010年には、既存の市場が67兆円に成長し、56兆円の新規市場が形成されるので合わせて123兆円の規模になると予測。マルチメディア市場は、自動車産業（90年時点で40兆円）、電子・電気・通信機器（同38兆円）を凌駕し、243万人の新規雇用が生まれると試算し、2010年までに、ネットワーク事業（13.7兆円）、教育ソフト配信（6.1兆円）テレビショッピング（5.7兆円）などのニュービジネスが生まれるとしている。

一方、通産省でも、同年5月に今後の高度情報化社会への展望を示した日本

版 NII に相当する「高度情報化プログラム」を提示している。1994 年 8 月 2 日の閣議で村山総理の「高度情報通信社会推進本部」の本部長就任が決まったが、米国、シンガポールの官民一体となった国益をかけての取組みに比べるとまとまりが弱いように思われる。

　日本のマルチメディア市場の現状は、**表 1**、**表 2** のとおりである。

　1993 年の日本のマルチメディア市場は、8,736 億円、そのうちソフト市場が 830 億円というのが実情である。この数字を大きいと見るか、小さいと見るか、どちらにも見られるというのが実感である。ハード、ソフトともゲーム系、カラオケが突出して大きな比重を占めている。オンラインでも提供されているMEDLINE などデータベース系の CD-ROM の市場規模は 26 億円（前年 8 億円）に過ぎない。

表 1　1993 年のマルチメディア市場

単位：億円

	1992 年	1993 年	前年比（%）
CD-ROM ソフト	580	830	143.1
カートリッジ型ゲーム市場（ハード、ソフト）	5,100	5,400	105.9
通信系（サービス、ハード）	210	285	135.7
シアター型ソフト（博展、アミューズメントビジネスビデオ）	240	260	108.3
マルチメディアハード（マルチメディアパソコン等）	1.606	1,961	122.1
合　計	7.736	8.736	112.9

出典：MMA「マルチメディア白書」1994

表 2　マルチメディアソフトのジャンル別流通金額（1993 年）

単位：億円

ジャンル		金額	割合（%）	92 年金額	前年比（%）
ゲーム		244.5	29.5	311.6	− 8.8
エンタテインメント		13	1.6		
アダルト		17	2.0		
リファレンス	辞書・百科事典	25.5	3.1	20.0	27.5
	データベース	26	3.1	10.85	139.6
教育	娯楽教養	27.5	3.3	3.0	1133.3
	学校教材	9.5	1.1		
ナビゲーション		27	3.3	18.25	47.9
カラオケ		440	530	216	203.7
合計		830	—	579.7	43.2

（ワーキンググループ調べ）
出典：MMA「マルチメディアソフト市場に関する調査研究報告書」平成 6 年 3 月

1.4　情報サービスとマルチメディア

（1）　CD-ROM

CD-ROM のタイトル数は、1986 年には 54 に過ぎなかった。それが、1990年には 2,250、1992 年には 5,300、1995 年には 12,000 タイトルを超すと予想される。

表 3 に見られるように、かつてのオンラインサービスの伸びと同様の成長を遂げつつある。

CD-ROM は、画像技術、圧縮技術の著しい進歩により、画像・イメージデータのデータベース処理が容易になったため、情報検索用に限らず、通常の出版物、カタログそして AV の分野で広く使われるようになった。医学雑誌のフルテキスト、フルイメージの CD-ROM である ADONIS は、当初ディスク 1 枚に4,000 ページしか入力できなかったが、いまでは約 1 万ページとなっている。

前ページの表 2 で見られるとおり、現状ではマルチメディアソフトとは

表 3　北アメリカの電子情報サービスの提供メディア別売上高（1992 年〜 1997 年）

（単位：百万ドル）

	1992	［%］*	1997	［%］*	%変化	年平均成長［%］
オンライン・インタラクティブ・ダイヤル呼び出し回線	3,835.2	35.0	3.445.6	20.0	-15.0	-2.1
オンライン・インタラクティブ専用回線	4,383.1	40.0	5,168.4	30.0	-10.0	3.4
一方向放送回線	547.9	5.0	775.3	4.5	-0.5	7.2
双方向放送回線	109.6	1.0	516.8	3.0	2.0	36.4
インタラクティブ音声回線	208.2	1.9	430.7	2.5	0.6	15.7
CD-ROM	449.3	4.1	2,584.2	15.0	10.9	41.9
磁気テープ	712.3	6.5	861.4	5.0	-1.5	3.9
磁気ディスク	328.7	3.0	344.6	2.0	-1.0	0.9
ファクシミリ	284.9	2.6	689.1	4.0	1.4	19.3
その他：電子メール、ワークグループ	98.6	0.9	2,411.9	14.0	13.1	89.5
合計	10,957.7	100.0	17,228.0	100.0		9.5

注：＊四拾五入しているため、合計は 100 にはならない。
出典：LINK Resources Corp.、1993（DPC『データベース白書』1994 より引用）

CD-ROM と同義である。

（2）　ネットワークジャーナル

AT&T Bell 研究所とドイツの出版社 Springer、カリフォルニア大学サンフランシスコ校は、1993 年に RightPage という電子出版システムの実験を行った。Springer 社発行の分子生物学、放射線学分野の雑誌をネットワークを通じて、あたかも手めくりするようにページを見ながら、必要なページを選びだし、コピーできるというシステムである。このシステムは、予めキーワードを登録しておくと自動的に該当文献を探し、電子メールで結果を教えてもくれる。AT&T の開発担当者は、RightPage によって以下が可能といっている。

1. ユーザーは、すでに印刷された情報を探すのではなく、むしろ情報の方がユーザーに向かってやってくるようになる。
2. 情報は、各人の要求に従って必要な分だけ抜き出して得ることができる。
3. 以上により、情報の洪水を防ぐことができる。

RightPage は、実験が済んだ後は、提供雑誌数をふやして、全米に「電子による定期講読」を広げていく計画になっている。

書誌ユーティリティの世界的な提供機関である OCLC（Online Computer Library Center）は、1992 年に世界で最初の商用オンラインジャーナルのサービスを開始した。

AAAS（American Association for the Advancement of Science）が発行する Online Journal of Current Clinical Trials という医学雑誌が最初のオンラインジャーナルとなった。この雑誌は、対応する印刷出版物がなく、ネットワークでのみ提供される。利用者は、Guidon という PC 用の通信ソフトさえあれば、年間購読料 120 ドルを支払ってオンラインで自由に使える。その他の費用は、回線料金と回線へアクセスするための電話料金だけで済む。

OCLC が提供するオンラインジャーナルは、年々増加し、IEE（Institution of Electrical Engineers）、AIP（American Institute of Physics）などの発行雑誌が追加の予定。

1994 年時点、全世界で実験や無償の提供を含めると 300 誌ほどのオンラインジャーナルが流通しているといわれているが、オンラインジャーナルは、編集から発行までの時間がかからず、出版費用も僅かで済むため、今後急増する

と予想されている。

（3）　Xanadu と超流通

アナログ情報は、文字、映像、音声といった情報の種類ごとにハードウェア（文字には紙、映像にはフィルム、音楽にはレコードというように）を必要とする。一方、デジタル情報は0と1で表現され、マルチメディア端末があれば、すべてソフトウェアで対応できるので、文字も映像も音声もシームレスに扱うことができる。

それぞれのシングルメディアが固有のハードで提供されている限りにおいては、情報の著作権の管理運用は容易であるが、すべてのメディアをシームレスにしてしまうマルチメディアでは、著作権の取扱いが非常に困難になってくる。

マルチメディアの著作権問題（知的財産権問題）は、マルチメディア産業の成長の死命を制するものであり、マルチメディアソフトの場合、多くの素材を使用するので権利処理が重要になる。

こうしたマルチメディアの著作権処理を可能にするマルチメディア出版流通システムに**図2**のようなXanadu（ザナドウ）がある。

Xanaduは、ハイパーテキストの考案者である米国の著名なコンピュータサイエンティストのテッド・ネルソン氏が1965年以来提唱してきたシステムである。そのコンセプトは、「何百万人もの人々によりマルチメディア作品の出版活動を可能にし、過去の作品とメディア、新しい素材、他人のメディアをオープンで多元的な出版形式で共有・再利用できる電子出版と流通のシステム。この出版と流通システムは、情報提供者（著作権者）が数百万人になっても、誰が誰に幾ら支払うかという著作権決済を可能にする会計処理システムを持つ」というものである。

Xanaduを"電脳桃源郷"と呼んで夢想的という人もいるが、最近、同氏の「リテラリィーマシン―ハイパーテキスト原論―」が翻訳出版され、そこでは具体

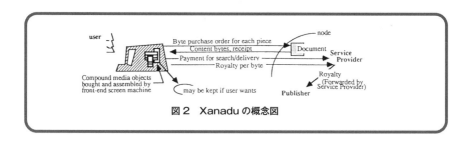

図2　Xanaduの概念図

的なビジネスプラン、システムの運用方法まで示されている。一方、わが国でも筑波技術短期大学の森亮一教授が、マルチメディアの流通対象に単位ごとに「超流通ラベル」を付けることにより、使用量に応じた課金を行う超流通システムの研究開発を行っている。マルチメディアソフトの権利処理を合理的に実行できるソフト流通システムの確立は、多様なマルチメディアソフトの流通をスムースに行う上で最も重要なインフラとなろう。

1.5　情報サービスの変化

　1990年代は、情報へのアクセスの時代といわれる。情報（資料）の蓄積・保存・整理中心から情報へのアクセスが情報サービス部門の重要な業務になりつつある。**図3**は、慶應義塾大学が1993年4月に新しい学術情報システムを発足

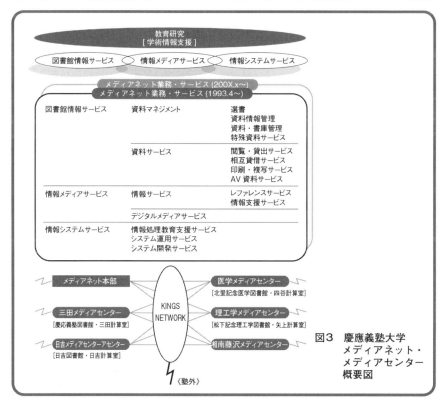

図3　慶應義塾大学
　　　メディアネット・
　　　メディアセンター
　　　概要図

させ、そのシステムを支えるメディアネット、メディアセンターの概要図である。

　通常の情報管理部門の情報サービスは、この図の中央にあるような(図書館)情報サービス、情報メディアサービス、情報システムサービスに大別できよう。同学のメディアネットの渋川雅俊事務長は、次のように述べておられる。

　　「コンピュータ（通信機能を含め）や、他の情報伝達手段（衛星放送、CATV、デジタル無線通信など）などの情報処理施設設備を整備し、利用者がそれらを活用して教育研究を進めることを可能にする」情報システムサービスは、インフラとして必須である。

　　３つのサービスの中で最も重要なのは情報メディアサービスで、図書館情報サービスとこのサービスの違いは、「一方は外部で生産された情報で、書物などの固体資料を媒体として流通しているものを収集、組織、保管・蓄積しておき、必要な人達にそれを提供することを主眼とする定型的なサービスであるのに対し、情報メディアサービスは、書物などを含めて整備された情報資源とシステム環境をフルに活用して、利用者の要求に応じて情報を生産したり、加工（再生産）したり、あるいは処理したり、そしてまたその技術や機能をもって非定型的（融通無碍）に利用者の情報入手活動を支援する、というものです」

　このような情報メディアサービスが日常的になされるようになった状態がバーチャル（またはデジタル）ライブラリーなのだと思われる。こうした情報サービスの変化の担い手はいうまでもなくスタッフである。渋川氏も指摘していることであるが、今後情報サービス部門のデジタル化が進むにつれ、その活用を効率的に図れる情報収集、システム運用などの専門職、つまり人的資源の育成と確保、そしてその役割が極めて大切になってこよう。

1.6　マルチメディアの今後の動向と問題点

（1）　マルチメディアと情報技術

　神沼二真氏は著書『第三の開国—インターネットの衝撃』で、次のようにマルチメディアが情報技術の進歩により生み出されつつあると述べている。

　　「ビックバンとは、はじめ大爆発（ビックバン）があり、それによる高温、

高密度状態から膨張によって今日の宇宙ができたとする宇宙創成論である。1990年代は、情報関連技術にとって、まさにビックバンに相当する時代であり、これまでの個別の情報技術の進歩が臨界点に達した時期となった。マルチメディアへの狂騒がそれを象徴している。マルチメディアの定義が一様でないのも膨張期特有の混乱を考えれば、当然といえる」

また、氏は、このビックバンが起こりつつある重要な要因として、「コンピュータだけでなく、通信・放送までディジタル化が進み、またそれらの関連技術を含めて、個々の要素技術が成熟し、量的な進歩が急ピッチとなり、コストダウンと普及が相乗するサイクルがはじまった」ことをあげている。

情報技術の進歩は、現在の工業社会の仕組みを変え、新しい情報社会の仕組みの創生を促す起爆剤となっている。

（2）　情報サービスとインターネット

1980年に国際通信回線サービスが始まり、海外の有力なデータベースがリアルタイムで検索できるようになったことは、当時の情報サービス部門の関係者にとって衝撃的な出来事であった。

いまこれに似た衝撃的なことが起こる兆しが出はじめている。工学情報のデータバンクである米国の Engineering Information（Ei）では、Ei Reference Desk（EiRD）の開発を進めている。これは、Ei Page One という工学分野の情報を収録した CD-ROM に必要とするオリジナル文献の発注とその文献の調達を可能にするエンドユーザ指向（One-stop Solution）のシステムである。

Ei は、年間30万件の工学情報を収集しているが、その原文をデジタル化してオンラインで即時的に提供することを考えている。同様のことを、ISI（Institute for Scientific Information）社が IBM と共同でシステム開発を行い、来年には実験サービスすることを計画している。こうしたシステムの特徴は、一つはセグメント化した市場への特化したシステムの提供であり、もう一つは、フルテキスト情報の電子的提供にある。

CD-ROM の大手出版社 SilverPlatter は、ERL（Electronic Reference Library）というネットワークソフトウェアを開発した。これは、CD-ROM、MT などのデータベースに一つのサーバーで30ユーザーが同時にアクセスして、オンライ

ン検索を可能にするものである。

　ERL は、CD-ROM を LAN、WAN（Wide Area Network）などのネットワーク利用を図るために開発されたもので、インハウスのデータベース検索システム構築に極めて有効である。

　以上の 3 つの事例のシステムは、いずれもインターネットを通信インフラとして用いることを前提としている。少なくとも米国では、インターネットがデータベースサービスを含む情報サービスの分野で不可欠なものとなりつつある。

（3）　社会

　ある機関が 1993 年 12 月から 1994 年 2 月にかけて情報関連専門家にアンケート調査を行い、百数十名から回答をえた。「マルチメディアにより社会・生活環境はどう変化するか」との調査の中で、「東京と地方の情報格差が縮小する」との設問に「そう思う」（どちらかといえばそう思うを含む）と答えた人が 76%、「在宅勤務が可能になり、それが増加する」が 59.6%、「疑似体験によって知識習得効果が向上する」が 82.7%、「人間の創造性が向上する」が 36.6% であった。

　また、「2000 年頃の新しい電子情報サービスの個人（家庭）への普及率は」という調査では、普及率が 15% から 50% に達するとの回答者が、「電子出版」では 20.5%、「ニュースオンデマンド」で 8.5%、「ビデオオンデマンド」19.7%、「遠隔医療・診断」4.3% であった。読者は、どのような感想を持たれるであろうか。

　大阪科学技術センターは、マルチメディア時代が到来すると年間 1,000 時間労働が可能になると予測している。1993 年の日本の平均労働時間は 1,913 時間であるから、半減となる。

　情報技術と自動化技術を駆使した未来型オフィスや工場で、単純作業を「コンピュータ秘書」に任せることによってそれは実現されるとの考えである。米国防総省は 1991 年にリーハイ大学に「マルチメディア社会が到来する 21 世紀の企業戦略」の調査研究を委託した。まとめられた報告書では、近未来の企業形態としてバーチャルカンパニー（擬似企業）、アジャイルエンタプライズ（俊敏企業）などのアイデアが提案されている。企業は、本社、工場、営業所といった機構と組織で運営されるのではなく、新たな需要やプロジェクトに対応して自在に人材を集め、ネットワークを通じて情報を共有しつつコミュニケーシ

ョンを図り、事業を推進するようになるという。

　マルチメディア社会の企業環境はいま以上に急速に激しく、予測不可能なほど絶え間なく変化していくものと考えており、俊敏企業とは、こうした変化に素早く対応できる能力を備えた企業をいう。バーチャルカンパニーとは、環境の激変に耐えるために、人物本位、プロジェクト（顧客のニーズ）主体の柔軟な対応を図りうる新しい企業形態といえる。マルチメディア社会の将来像は、まだとらえ難いが、以上の調査や報告に見られるように、世界的な規模で着実に社会が変わろうとしていることが見てとれる。人によっては、現在起こりつつあるデジタル革命をルネッサンス、産業革命にも匹敵する革命ととらえているが、妥当な評価と思われる。マルチメディア社会では、産業面の変化と共に、人間の個人生活、精神生活面に起こるであろう変化にも注目すべきであろう。

（4）　問題点

　1993年11月のニューヨークタイムスに、「今度は日本が追いかける番だ」という論調が現われ、**表4**のような情報利用の日米比較が掲載された。

　ここで比較の対象になっているハード、ソフト、サービスはいずれも社会の情報化の進展度を計るメルクマールとなりうるものであるが、両国の国情、経済規模、人口などの相違を考慮に入れても著しい格差があると認めざるをえない。

　郵政省は2010年には社会のマルチメディア化の進行により243万人の新規雇用を創出すると予測しているが、米国では既に1980年から1993年の間に、製造業の雇用者が産業の空洞化などにより248万人が減少し、他方、サービス業（とりわけ知的サービス産業）の発展により1,230万人の新規雇用

表4　情報利用の日米比較

	アメリカ	日本
勤労者100人当りのパソコン	41.7台	9.9台
国内商用データベース	3,900	900
携帯電話対人口普及率	4.4%	1.4%
インターネット端末数	118万台	3.9万台
ビジネス用パソコン100台当りのLANの接続数	55.7台	13.4台
テレビ所有世帯におけるケーブルテレビ契約率	60.0%	2.7%

出所：1993年11月のニューヨークタイムス

が創出されているとのデータがある。

　また、金融、通信、運輸、観光などの世界のサービス貿易は、1992年に1兆ドルを超えたが、米国は1,600億ドルの輸出国であるのに対し、日本は480億ドルと世界最大のサービス貿易赤字国となっている。

　サービス業人口やサービス貿易の数字だけで短絡的に物事を判断すべきではないと思うが、**表4**の数字にしてもこれだけの数量が米国には既に存在しているという事実を無視することはできない。これまで列記した数字は、長年かけて築き上げられたものであり、注目しなければならないのは、これらの膨大な量のハード、ソフトを使いこなす人が存在することであり、彼等は身につけた知識や技術を使ってそうしたハードやソフトの乏しい国の人と比べてはるかに生産性が高く創造的な活動を営んでいると考えられることである。

　いまの日本の経済力を以てすれば、ハードの数だけは米国並にすることは可能かも知れないが、ソフトと知識が伴わなければハードは役立たない。神沼氏は前掲の著書で「そもそも日本人は、民族のアイデンティティになるような単

コラム

マルチメディアのこと

　今なら、いったいマルチメディアとは何か。扱っている業務にどのように関わってくるのか、などと思い悩むことはないだろう。1990年代でも、マルチメディアとはデジタルのこと」と言った人もいた。いまではマルチメディア＝デジタルの日常生活のなかで、空気のようになじんだものとなっている。

　CD-ROMのシステムを含むオンラインサービスを日常業務で使っているユーザも、使用しているデータベースサービスがどう変化するのか、職場環境にどう影響するのか、と不安を感じる人も多かったと思われる。

　情報科学技術協会(INFOSTA)の研究グループの中に、OUG(Online User Group)と通称される「サーチャーの会」がある。サーチャーは提供していた種々のデータベースサービスを使用してくれるアクティブユーザ、いわば大切な顧客でもあった。

　実は、私自身、マルチメディアについて確信的な理解を持てないなか、講演を機会に考えをまとめるつもりで、依頼を受けた。市場の実態に触れ、それなりにマルチメディア像を描き、話をまとめた。

一の宗教をもっていない。日本精神の源泉となるようなまとまった知識情報を
もっていない。これでは高度知識情報化社会といっても、その精神基盤は誠に
脆弱である。

　世界の富を手に入れて魂が空洞化してしまう恐れもなきにしもあらずだ」と述
べておられるが、工業技術（ハード）では欧米を凌駕できたが、情報技術（ソフト）
での立ち遅れは「魂の空洞化」に大いに関係があるように思われる。ハリウッド
の映画産業は、産業でもあるがアメリカの文化だともいえる。マルチメディアは
シームレスであると共にボーダレスである。ネットワーク社会で大切なのは内容
ある情報（ソフト）である。ゲームとカラオケ以外に世界に通用するソフト（例
えばハリウッド映画のような）をどうつくるかが最大の問題であろう。

　日本は、言葉のハンデを背負っている。ランゲッジバリアは、マルチメディ
ア社会の中心になるソフト（情報）の国際的な流通にとって致命的な障害とな
る。日本がグローバルなマルチメディア社会の一員となり、国際化を遂げるた
めには徹底した英語教育と共に機械翻訳技術の国家事業規模での開発がまず優
先される必要がある。

【参考文献】
本稿の元になった講演および本誌掲載のための加筆で参考にした本文中に記載以外の文献・
資料は以下のとおりである。
(1) 『英国図書館コンサルタントサービス』『大学図書館の将来―日本の図書館経営変革の好
　　機―』東京、紀伊國屋書店翻訳発行、1993年9月
(2) 下田博次「米国のニューフロンティア＝仮想経済空間―マルチメディアブームの背景―」
　　『エコノミスト』1994年3月29日号
(3) 中山孝雄「マルチメディアの現状と将来」、連載第1回～3回、IATV Journal、1994年
　　7月号～9月号
(4) 森亮一．河原正治『歴史的必然としての超流通』超編集・超流通・超管理のアーキテク
　　チャーシンポジウム。平成6年2月
(5) Perry,Brian J.,Multimedia and Libraries. Paper for 47th FID Conference and Congress
　　October,1994
(6) 通商産業省機械情報産業局監修『マルチメディア白書』東京、マルチメディアソフト振
　　興協会、1994
(7) 通商産業省機械情報産業局監修『データベース白書』東京、データベース振興センター、
　　1994

第3節

データベースを取り巻く現状と問題点

（初出誌：『情報の科学と技術』Vol.47 No8 1997）

　データベースを使った情報検索サービスが出現してから、わずか40年ほどしかたっていないが、その間のデータベースとそのサービスの発展と変化には目覚ましいものがある。

　殊にここ数年のブームといってよいマルチメディアとインターネット現象は、データベースとそのサービスを根底から揺さぶっているかに見える。こうした現象にみられるいわゆるデジタル革命の社会への浸透は、データベース・プロデューサ、ディストリビュータのみならず、ユーザ側の図書館・情報サービス部門へもインパクトを与えようとしている。

　本稿では、まず、データベースに関してそのサービスに深く関わってきた人たちの識見を通して、改めてその原点と現在の状況について理解を深める努力を試みたい。次いで、新しいデータベース・サービスをご紹介して、今後の問題点にも言及したい。

1.1　データベース・サービスの歴史

　われわれが取り扱っているデータベースは、1950年代の半ばころに実用段階に入ったと言われ、1963年には、米国立医学図書館（NLM）がIndex Medicusの機械編集とバッチモードでの検索サービスのためのシステム『MEDLARS』を開発した。

　一方、Chemical Abstracts Serviceは、総合化学情報システム構築計画のもとに、1964年にCA Condensatesの利用実験を始め、1968年に一般利

用に供した。これらに続き、他の学協会が発行していた抄録誌、文献目録誌も機械可読化された。METADEX（1966）、INSPEC（1967）、Geological Reference File（1967）、LC MARC-Books（1968）、BIOSIS Previews（1969）、COMPENDEX（1969）などは、こうして誕生することとなる。

　中井浩教授の小論「データベース発展の経緯」によると、近代的な学会の嚆矢は、ナポリで1560年に創立された自然科学アカデミーとされ、レオナルド・ダ・ヴィンチ（1452～1519）の先駆的な努力に始まり、ニュートンのプリンキピアの発表（1687）に至る一連の科学上の重要な研究の土壌となる。

　一方、学会活動は国境を越えたものとなり、情報の交換が活発になる。こうした流れの中で、1776年『Comte Rendus』（仏）、1798年『Philosophical Magazine』（英）、1818年『American Journal of Science』といった学会雑誌の発行が開始される。

　さらに、発表された成果の一覧表という形で文献目録に発展すると同時に、多くの研究者や社会的に高名な人の人名録が編集されることになる。代表的なものが『Chemisches Zentralblatt』（1830年創刊）、『Science Abstracts』（同1898）、『Chemical Abstracts』（同1907）であった。

　われわれに身近かなデータベースの歴史的な生成過程とそれらのサービス化がどのように果たされるようになるか、を知るために中井教授の論述をいま少しご紹介したい。こうした学会活動をベースとした情報流通は、第二次世界大戦を境に、研究開発活動に国家が積極的に介入するようになり、その運営原則や規模が大きく変化することとなる。ロシアでは、1952年に全連邦科学アカデミー科学情報研究所「VINITI」が、英国では、科学技術情報の国内研究開発に対する国家的な供給プランの支柱としてNational Lending Library for Science and Technology（BLDSCの前身）を1958年に設立。

　一方、米国では、1957年のロシアとの宇宙開発競争でのスプートニク・ショックを契機に米国内研究開発体制を再編成し、科学技術への国家投資を急増させる中で、民間への技術移転政策を取り、NASA（米航空宇宙局）やAEC（米原子力委員会）の研究成果に関する情報伝達を積極的に進めた。

　1962年にNASAの中に、Scientific & Technical Information Facility（STIF）を設立し、NASAレポートの編集や機械可読の抄録誌の発行、検索システムの開発が進められ、これらの成果が後にLockheed Missiles and

Space 社が開始する商用オンラインサービス『DIALOG』(Knight-Ridder Information) へと結実していく。

　米国では、1971 年に Tymshare 社が、ユーザに自社のホストコンピュータのみでなく、第三者のホストコンピュータにアクセスできるサービス（このような通信サービスは、Value-added Network ＝ VAN と呼ばれた）を計画し、1972 年に営業を開始しており、最初の契約者の NLM が MEDLINE で大成功を収めたことが、DIALOG のような商業的オンライン情報サービスの進出の引き金になった。かくして、情報の流通は、学会レベルのドキュメンテーション、政府が介入した技術移転の段階を経て商業的情報サービスの時代を迎え、その発展によりデータベース（情報）産業が形成されるところとなった。

　オンライン情報サービスは、学術・専門情報の分野では、CD-ROM の出現により高成長は止まったが、ダウジョーンズ社の調査によると、ビジネス情報を含めた学術・専門情報のデータベース・サービスの市場規模は 25 億ドルで依然として年率 15% 程度の成長を遂げ、特にアジア地域では 50% の伸びを示しているとしている。

1.2　データベース・サービスを取り巻く環境

　1997 年 2 月 14 日に（財）データベース振興センターが主催した「第 12 回データベース国際セミナー」で、Knight-Ridder Information 社の Jeffery S.Galt 社長は、「進展するメディア革命とデータベース・ビジネス」と題した講演の中で以下のような発言を行った。われわれ情報関係者の身近かな人間の現状認識を知る意味で、詳報してみたい。

（1）　インターネットについての見方

　DIALOG サービスの創設者であるロジャー・サミット博士の最近の講演でのインターネットについての論評は以下のようであったという。
・当初の ARPANET（米国防総省の研究機関のネットワーク）から、現在のインターネットユーザにとって無料または無料同然の電気通信手段であった。これが E-mail によるオープンな意見交換を促し、ドキュメント、グラフィックス、コンピュータ・プログラムを交換するツールの開発を促したこと。

- ゴア副大統領が情報ハイウェー構想を大々的に打ち上げた結果、多くのメディアに取り上げられ、人々の関心を呼び、インターネットに対するニーズを引き出したこと。
- モザイク、ネットスケープによって、当初ブラウザソフトが無料で配られたこと。
- CompuServe、American Online など多数のユーザが加盟するオンライン・サービスが自社の既存カスタマベースをインターネットに接続することを決心したこと。
- 全世界の人々とコミュニケーションできる能力を持っていたこと。
- 情報を自由に交換するというフィロソフィーが貫徹され、大量のドキュメント、画像、ミュージック、ソフトウェアがインターネット上で流されるようになったこと。
- 従来の宣伝広告、販売チャンネルでは到底実現できなかった製品の開発を促し得るほど市場ポテンシャルが巨大であること。
- 人種、性別、年齢、肩書きまたは能力のあるなしに関係なく、人と人を結びつける手段であること。インターネット上に行き交う主張は、誰それが言ったからではなく、それ自体として評価される。

　これらはインターネットが社会に浸透した要因を述べたものであるが、「コンピュータの世界では、世界中のすべての人々が突然共通語をしゃべり始めたことと同じで、情報の共有が爆発的に広がっていった」、そして「特許で守られたデータ交換プロトコルが崩れさって、世界中にデータ送信するのに使用する共通の言語が生まれたことが革命の根本的内容である」、と Galt 氏は認識する。

（2）　オンライン情報サービスへの影響

　情報科学技術協会編の『情報検索のためのインターネット活用術』（1996年9月刊）を紐解くと、インターネットと WWW（ワールド・ワイド・ウェブ）の出現によって情報サービスの範囲が急速に広がり、変化していることが窺い知れる。サミット氏も指摘したように、無料もしくは無料同然であらゆる分野の情報が入手できるようになり、誰もが情報の提供者に成り得る状況の中で、Knight-Ridder Information 社のような総合的な情報サービス会社（データベース・アグリゲータ）はどのような問題意識を持っているのか。Galt 氏は、

以下の三つがサービス側にとって核心的な問題としている。

(1) データベース・プロデューサの今現在の役割は何か。出版社の合意のもとに著作権処理が組み込まれた、先駆的な原報提供システムであった。以下に紹介する新サービスは、いずれもインターネットと Web の利用をベースとした、オンラインで利用可能な二次情報の検索と一次文献の電子的提供を一体化した、これから市場の開拓が本格化するサービスである。

(2) データベース・アグリゲータ及びディストリビュータの役割、価値は何か。

(3) 現在目の前に存在しているメディア展開のチャンスを徹底的に活かすには、技術をいかに活用すべきか。

以下で、これら三つの問題の核心についての彼の考えを紹介する。

（3）　プロデューサの役割と価値

David Ellis という人が、その著書『Progress and Problems in Information Retrieval』で、情報検索の研究は 40 年にわたり行われてきたが、研究の目的は、

・検索結果の再現率と精度を高めること。

・「結果の経済」の追求。つまり、コスト・時間と再現率・精度の兼ね合いのよい検索結果をえること。

にあったと述べている。この尺度から見ると、現在 WWW 上で使われている検索エンジンは、商用サービスのそれと比べお粗末なものであり、またデータベース・プロデューサが制作している抄録や索引そのものが検索精度を高めるのに有用な価値を持つものであることがわかる。

正確さや時間に大きな価値が与えられているビジネスの世界では、データベース・プロデューサのこのような付加価値サービスは、依然として重要性を失っていない、と彼は主張している。

（4）　ディストリビュータの役割と価値

長期的に見てデータベース・プロデューサが生き残れるか疑問が呈されているのと同様、DIALOG などのようなデータベース・アグリゲータの必要性についても疑問符が投げかけられている。

「そんなもの Web 上に転がっているはずだし、しかもタダじゃないか」と

いうわけである。これらに対しては、インターネット上と DIALOG のデータベースのサイズの違い、インターネット上の情報と DIALOG で得られる情報の質の差がどれほどあるかの切り口で答えるのが有効である、としている。

　前者については、デジタル社が開発したインターネット検索エンジンである AltaVista が、リンクを含む全ウェブページを検索できるという謳い文句で、ページ数で 3,000 万ページ、ワード数にして 150 億ワード、1 ワード 5 バイトと仮定するとウェブ上のデータは約 75 ギガバイト（1 ギガは 10 億）の記憶容量を持つと計算される。

　これに 1 万 5,000 程度のニュースグループのデータの 60 日分、12 〜 15 ギガバイト（ギガは 10^9）が加わり、トータルでは、4,000 万ページ、200 億ワード、100 ギガバイトとなっている。これに対し、DIALOG と DataStar のオンライン・データベースを合わせるとレコード数で 10 億件以上、ワード数で 5,000 億ワード以上、バイト数で 2.5 テラバイト（テラは $10^{12}=1$ 兆）となり、検索可能なテキスト情報量は、WWW 全体の 25 倍にも達している、としている。

　後者の質については、サミット博士は「インターネットで入手できる情報のほとんどが、特定の人への通信を目的にした情報であって、中庸をえた（モデレートな）、審査されたものはわずかに過ぎない」と言い、Tim Miller は、Information World Review 誌で「ウェブは現代のグーテンベルク印刷機と化し、毎年、新しい内容が盛られた何百万ページものドキュメントを生み出すが、そのほとんどは由来が定かでなく、いかがわしい類のものである。自分のビジネス目的に関連した情報が欲しいとなっても、何時間もブラウジングに費やしながら、気晴らしに見るページばかりで、何の成果も得られないのが落ちである。かくして、浪費された時間、金、そうして失われたチャンスは、膨大なものがある」と述べ、これらを引用して、「情報はタダ」という公理は神話であって、貴重な、良質な情報が有料なのは正当であると言っている。Galt 氏が上げた三番目の問題点は、これから紹介する新しいデータベース・サービスに深く関わる。

1.3　新しいデータベース・サービスとその評価

　そもそも、情報検索とは、河野徳吉編『情報検索の知識』（1968 年 7 月刊）によれば、次のように解説されている。

「1960年代初頭にアメリカで用いられ始めた。この時期に唱えられるようになった背景には、社会活動をしたり研究を進めるために必要な情報の量が、飛躍的に増大してきたという事情があった。

これに対処するためには、情報を効率よく処理する必要があった。すなわち、情報処理の効率を高めることを課題として、情報検索というテーマが登場してきた。したがって、情報検索は、当初から機械化、自動化と結びつき、機械（コンピュータ）を用いる文献探索と同義」。

情報検索のためには、コンピュータ可読のデータベースの開発が必須であり、前述したような変遷がたどられた。情報検索が機械を用いる文献探索と同義というのは、サービスの実態からみても正しい。何のための検索か。行き着く先は、文献であり、利用者が最終的に求めるものは原報である。

英国が国策として、原報供給機関としてBLDSCをいち早く作ったのは、そのためであった。情報技術の進歩は、文献探索のための抄録・索引データベースの処理に止まらず、オリジナル文献そのものを直接検索し手許の端末で出力されることを可能にした。

一方、文献の供給者である出版社も1980年代に入ると、検索機能を持ち雑誌論文そのものを提供するシステムの開発を開始し、最初のドキュメント・デリバリー・システムとして、80年代末にADONIS（Electronic Document Delivery と称した）がCD-ROMで登場する。出版社の合意のもとに著作権処理が組み込まれた、先駆的な原報提供システムであった。

以下に紹介する新サービスは、いずれもインターネットとWebの利用をベースとした、オンラインで利用可能な二次情報の検索と一次文献の電子的提供を一体化した、これから市場の開拓が本格化するサービスである。

（1）　TULIP、RightPages、ELP

オランダの出版社エルゼビアサイエンスが、米国のカーネギーメロンなど9大学と、雑誌そのものをネットワーク経由でユーザの端末に配信するシステムの実現を目指して行った実験が、TULIP（The University Licensing Program）である。この実験は、1991から5年間行われ、その内容は、同社

が発行する 43 の理工系学術雑誌に関し、ユーザのデスクトップで論文のフルテキストやイメージが入手でき、入手した情報を簡単にかつ迅速に検索・通覧・プリントアウトできるようにしたもの。

　技術的には、Web が用いられ、ユーザの反応と利用頻度、電子図書館開発における図書館と出版社の役割、経済的に電子図書館へ移行するための問題点の調査を行うのが目的であった（詳報は、『TULIP プロジェクト最終報告(1)』情報の科学と技術、47 巻 5 号参照）。

　RightPages は、ドイツの出版社シュブリンガーと AT&T ベル研究所とカリフォルニア大学サンフランシスコ校が 1993 年に行った、TULIP と類似のネットワークを利用した、同社発行の分子生物学、放射線学分野の雑誌のオンライン配信を行ったものである。予めキーワードを登録しておくと自動的に該当文献を探し、電子メールで教えてくれるといった SDI 機能も持つ。「各人が要求する情報だけを入手できる」、「情報を探すのではなく、情報の方がユーザに向かってやってくる」という有効性を売りものに、「電子による雑誌の定期購読」サービスの商用化を目指している。

　ELP（Electronic Library Project）はカレントコンテントの出版社 ISI が IBM と技術提携して、Glaxo、ロンドン大学などと実験をすすめ、1998 年に商品化を目指している電子情報サービスである。技術的には、ユーザサイトの LAN に追加または併用できるネットワークベースのクライアント・サーバ・システムである。内容としては、書誌情報と抄録を持つ Current Contents/Life Sciences データベースによる二次情報の検索と約 500 誌の全文を提供。ユーザは、雑誌や論文を 1 ページずつ見たり、欲しい論文をプリントアウトできる。

　ユーザサイトのコストは、①データベースのサイトライセンス料、②選択した電子ジャーナルの年間購読料、③原報送付に対する著作権料と手数料の三つの合計となる。

(2)　ProQuest Direct、SearchBank

ProQuest Direct は、学位論文とマイクロフィルムの出版社として名高く、電子出版への進出も早かった米国の UMI 社が新たに開始したオンライン情報サービスである。同社は、ことに Business Periodicals On disc（ABI/INFORM を検索用データベースとしたビジネス・経営分野の専門雑誌

370誌の全文記事をイメージデータとして持つドキュメント・デリバリー型 CD-ROMシステム)にみられる、フルテキストCD-ROMの出版に注力してきた。

　ProQuest Directは、専用ワークステーションでしか使えなかったこれらの サービスにWeb経由でアクセスできるオンライン情報サービスである。ビジネス、教育、医学分野を中心とした4000誌の抄録・索引、140万件の学位論文、ニューヨークタイムスその他400紙の全文記事、1100雑誌のフルイメージデータをソースとしている。また、自社に保有がなく調達できない原文献は、独自のドキュメント・デリバリー・システムで供給している。

　SearchBankは、世界で最大級の学術・一般情報分野のコンテンツホルダーであるInformation Access Company（IAC）がインターネット及び専用回線によるオンラインで提供している情報サービスである。学術及びビジネスの全分野をカバーする約8000の雑誌と3000誌に近い雑誌の全文データをソースとして、二次情報検索サービスと原文献の提供を行っている。利用者は、データベースを選択できることになっており、例えば、Expanded Academic ASAPは、1,580誌の抄録・索引と527誌の全文記事のデータベースからなり、1ユーザ利用の場合で年額8,500ドル、Computer Databaseの場合は、同様に150誌の抄録・索引と103誌の全文記事（フルテキストは、両方とも4年間分）からなり、その利用料は、1ユーザで年額6,200ドル、2〜5ユーザで7,500ドルとなっている。また、Current Contents、Books in Print、COMPENDEXなどのデータベースも、補完的に利用できるようになっている。

（3） Literature Online

　英国のChadwyck-Healey社は、もともと人文科学分野のマイクロフィルム出版社であったが、いち早くCD-ROMの出版を開始し、1996年の秋には、Literature Online（LION）というWebサイトを使ったオンライン情報サービスを始めた。文字どおりWeb上で英米文学のデータベースが検索できるというもので、English Poetry、American Poetry、English Dramaなど15のデータベースからなる。例えば、English Poetryは、6〜19世紀までの英国の代表的な詩人1,500人の4,500巻に及ぶ詩集の全文データベースであり、CD-ROMで購入すると652万円もするが、オンラインサービスでは、1ユーザ利用の場合で年額約45万円で済む。また、このCD-ROMの購入者がオン

ラインも併用する場合は、90% 引きで使える。

（4）　Journals Online

英国の Bath Information & Data Services（日本の文部省学術情報センターに類似の機関）が提供している。WWW ブラウザによって出版社とユーザをリンクする革新的な電子出版サービスが Journals Online。もともと、英国の高等教育機関の利用のために開発されたサービスであるが、商用化されつつある。ISI 社の Citation Indexes や EMBASE、BLDSC が保有する雑誌や会議資料の書誌データベースである INSIDE INFORMATION など多数のデータベースがオンライン検索できる。ユーザは、情報検索だけでなく、BODOS というソフトウェアを使って、出版社に対し雑誌の予約やシングルコピーの注文ができる。

また、ドキュメント・デリバリー機能があり、UnCover、BLDSC から文献複写が受けられ、代金は電子取引で決算できる仕組みになっている。文献所有者の出版社の Web サイトにリンクし、出版社自身の情報に自由にアクセスでき、電子的にドキュメント・デリバリーを受けられるという、学術出版流通の理想的サービスとして注目されている。

（5）　NICHIGAI/WEB サービスその他

NICHIGAIASSIST オンライン情報サービスの提供者、日外アソシエーツ社が 1997 年 6 月からウェブを使ったオンラインサービスを開始した。「安くて使い放題の定額制料金」をキャッチフレーズにして、例えば通常のオンラインサービスでは、使用料金 1 分当たり 200 円の BOOKPLUS データベースが、法人で年額 36,000 円、個人で 6,960 円（これまでのサービスでは、35 分しか使えない）となっている。

商用データベースは高価のため個人利用は困難であったが、他のファイル（雑誌記事索引など5ファイル）を含め個人利用の道を開いた点が画期的といえる。ISI 社も、一連の Citation Database の「Web of Science」というオンラインサービスを開始する。自然・社会・人文の全分野の全ての Citation Index にアクセスが可能となり、原文献オーダーもできるようになる。ISI は、民間では最も古いドキュメント・デリバリー会社でもあり、これを武器に総合的な情

報サービス指向を強めよう。

1.4　データベースをめぐる問題点

　これまで述べてきたことは、長年データベースサービス側に身を置いた者の視点としてとらえる必要があろう。『情報の科学と技術』誌では 1997 年 No.2 号で「ジャーナルのコストパフォーマンス」、同 5 号で「企業図書館のこれから」を特集しているが、時宜にかなったものであった。

　後者の論文「デジタル情報時代の企業内専門図書館」で慶應大学の髙山正也教授は「単なる図書館業務の機械化と情報社会に対応した電子図書館を峻別して認識することが必要である。前者は、図書館業務の大枠を変えずに機械化によって業務効率の改善をはかることをいう。

　これに対し、後者の電子図書館の導入とは、innovation を意味し、図書館のあり様や、サービス内容はもとより、利用者の行動やその図書館を設置している組織の構造にも変化を及ぼすものである。

　そこで企業内専門図書館が変化する情報技術環境の中で存続するためには、電子図書館への道を取らねばならない」と言われている。

　また、別の報告では、プラット アンド ホイットニー オーチスを傘下に持つ米ユナイテッドテクノロジー社の情報サービス部門に所属する小林麻実氏が、「同社は、バーチャル・ライブラリーこそが利用者の利益と判断して全図書館の閉鎖と大幅な組織変更を決定した」と、伝えている。

　このような英断を下せるのは、実は、前項で紹介したような電子情報サービス（電子図書館）が、外部に幾つも存在しているからであろう。また、ここで紹介したサービス会社のみならず、多くのデータベース・プロデューサ、ディストリビュータ、電子出版社は、こうした企業、大学その他の情報要求の受皿機能を担うために、新しい情報技術を使ったさまざまなサービスを世に送り出す努力をしているということであろう。最後にデータベースとそのサービスの現在及び今後についての私見を述べてみたい。

　・データベース・プロデューサ、データベース・アグリゲータの役割は、今
　　後ますます重要になるであろう（データベースは、1 項で述べたとおり、
　　人類の文化遺産というべきもので、その本質・価値は、環境の変化により

変わるものではない）。

・電子図書館の利用は、データベースの活用と同義といってよく、オンライン情報サービスの検索担当者の重要性は増すであろう。

・外部情報サービスの利用に関しては、自機関の利用目的にマッチした相手をよく選ぶことが肝要であり、自機関の要求に合わせたカスタマイズにも応じる柔軟さが要求される（学術雑誌の出版社へのダイレクトアクセスも始まる。サービスのきめこまかさが決め手となろう）。

・医学・特許・化学を除いた一般情報の利用はフルテキストサービス付きの固定料金サービスシステムへの移行が進もう。

・CD-ROM の利用は、急速にネットワーク利用が進もう。CD-ROM 利用のオンライン回帰により、DIALOG 型、IAC-UMI 型のオンラインサービス会社と CD-ROM 出版社との競争が高まろう。

・図書館・情報サービス部門のバーチャル・ライブラリー化は、急速に進行するであろう。これに伴い、サーチャーは単なる検索代行者の役割から「インフオーメーション・コーディネーター」へと職域が広がるであろう。

コラム

データベースサービス今昔

　私は、1972 年にスタートしたバッチベースの学術研究情報データベースの検索サービスに従事していた。わが国には、このようなサービスは他に存在しなかった。以来、欧米のオンライン情報サービス、CD-ROM による情報サービス提供の現場にもいた。

　しかし、スタートから 25 年を経て、私がこうしたデータベース提供の現場から離れることになってしまった。このことは、以降のデータベースサービスについて語ることができなくなったことを意味する。それからさらに 24 年を経た現在のデータベースのサービス状況については、ぜひ、後身に語ってもらいたい。私が、各ビジネスで行ってきたことが役立ったのか、書き物で述べた幾多の予測に当てはまったものが、あったのか、知りたい。

ビジネストリップのこと

　初めて米国の西海岸から東海岸のニューヨーク（NY）に向かったとき、その広大さに驚くとともに、この国のことを知っていながら、なぜ日本の軍部は戦争を仕掛けたのか、呆れた覚えがある。

　海外出張は、取引先が多い米国が多かった。各地の常宿も決めていて、サンフランシスコ（SF）では St.Francis、NY では Waldorf Astoria、ワシントンDC（D.C.）では May Flower といった具合だった。

　旅程は訪問先とのアポの都合で、西から東またはその逆で、NY に直行し、ISI 社のあるフィラデルフィアへは、NY から 3 時間かけて特急列車で赴くこともあった。東からは、例えば、NY ～ D.C. ～オハイオ～ LA ～ SF といったもので、終着の SF では、アムトラックでパルアルトのロッキード社に赴き、成田への帰国となった。多くは 10 日ほどの旅程で、5 か所くらいを訪問した。

　英国・ドイツ・フランス・オランダへのヨーロッパ出張でも同様であったが、出張先では土日は移動日になるので、およそ観光とは無縁であった。

　SF からマイアミにある Knight-Ridder へ向かった際、空港についてから搭乗客が少ないので運休の目にあった。夜遅くの便でマイアミに真夜中に着いたところ、同社の迎えのリムジンが待機していた。同社を訪問したところ社長以下多くの役員が待ち受けていた。会議終了後の午後には、同社手配の貸し切りのビスケインベイ周遊船で湾内周遊の歓待を受けた。

　NY で三菱商事・電電公社（現 NTT）と日本の科学技術情報の抄録を英文データベースにして、欧米にサービスするという調査研究のため、商事で会議を行った折、日中に時間ができ、同社の社員とフィラデルフィア交響楽団の演奏を聴くことができた。このこととマイアミの舟遊びが、観光らしきものであった。

　また、電子出版協会主催のヨーロッパ電子出版業界視察旅行では、団長としてフランクフルトとオランダのアムステルダムに赴いたが、このケースでは手配は旅行会社が行ったので楽に旅行できた。

　CD-ROM が登場したばかりのときで、フィリップス社では、白衣を着せられCD-ROM の制作現場を見学したのが印象的だった。

第 5 章

学協会と短大改革の事例

本章の内容

　「情報科学技術協会 (INFOSTA) との交渉は、長期にわたる評議員を経て、2016 年から 2019 年まで副会長を務めた。その間「著作権問題研究会」や 21 世紀の協会ビジョン検討委員会の座長を務めたりして、この協会とは深く関っていた。本章の「ビジョン検討会の報告書」では、多くの学協会が抱える財政の立て直しのための具体的な事業計画を示している。さらに、学協会の使命とは何かについての本質的な問題にも触れている。

　2000 年 4 月に実践女子短期短大の教職に就いた。ここでもすぐ所属学科の経営問題に直面した。この学科再生のプランを立て、実行した事例の報告となっている。所属学科は、もともとは国文学科であったが、時流に合わせて「日本語コミュニケーション学科」に科名を変更していた。この学科のカリキュラム改革を行い、定員割れを克服した。定員割れを起こした女子短大の国文系学科が、再生されたのは奇跡的といわれた。

　さらに、社会のニーズに応えられなくなっている短大の存在理由についても触れられている。また、このカリキュラム改革で誕生した「出版編集コース」の講義内容、学生の授業評価の詳細が示されている。大学教育の中で、「出版教育」の学科またはコースを持つ大学は極めて少なく、短大がコースを設けたことは、当時、関係者の中で大きな話題になった。

第1節

情報科学技術協会と
21世紀ビジョン

（初出誌：『情報の科学と技術』50巻9号　455-460（2000）

　社団法人情報科学技術協会(以下協会)では、協会の将来ビジョンについて、1998年秋から2000年6月に至るまで検討を重ね、このほど「協会中期ビジョンとその事業化」がまとめられる運びとなった。

　このまとめは、2000年(平成12年) 6月27日に終了した「21ビジョン事業化委員会」が行い、その「提言」を受けて協会が検討を加え、総会に諮って今後の協会の運営方針として採択が期待されるべきものである。

1.1　なぜ、21世紀ビジョンが必要なのか

　なぜ、協会は、この時期にビジョンの検討を行わなければならなかったのか。筆者の認識では、これは二つの要請に基づくものであった。

(1) 21世紀に向けて、地球規模で起こりつつある新産業革命といわれる事態に対処するために、現在世界が行っている新しい社会・経済の仕組みの構築に寄与できる協会組織を再構築する。

(2)社会貢献を果たせるような協会経営および財政基盤の確立とそれを可能にするための協会活動および事業推進のアクション・プランの策定。

　学協会が社会に果たしてきた役割は大きいにも関わらず、社会の評価は低い。このことを主な理由として、おしなべて学協会の財政は苦しく、協会も例外ではない。INFOSTA（協会の英文名 Information Science and Technology Association, Japan の略称）は、2000年9月に創立50周年を迎えるが、協会の主要な財源となっている法人会員は、維持会員(企業関係)と特別会員(大

学・官庁関係)数で 40 周年時点の 10 年前と比べて前者が 143 社から 101 社へ、後者が 167 機関から 142 機関へと激減し、この傾向はさらに強まっている。

　本協会に限らず、インターネットなどの情報技術革新によって多くの学協会が変革を迫られている。こうした社会環境の大きな変化のなかで、これから協会はどのようにして変化に対応し革新を遂げていくべきか。協会はこの根元的な問題を検討するために平成 10 年 11 月に「ビジョン委員会」(委員長中央大学斉藤孝教授)を発足させた。その後、この委員会からの提言を受けて 2000年 1 月に「21 ビジョン事業化委員会」を発足させ、さらに検討を深めた。本稿では、まず世の学協会が置かれている現況を概観した上で、ビジョン委員会での検討経過およびその結果についてご報告し、合わせて私見をも述べてみたい。

1.2　学協会の現状

　『科学新聞』が 1999 年 7 月 2 日号から同年 9 月 10 日号まで 10 回にわたり「学協会が社会に果たす役割」という特集を組んだ。学・産・官の影響力のある有識者が「社会の中での学協会の位置付け」「科学技術政策と学協会」「国際化と学協会」「大学の改革と学協会」「教育—人づくり—と学協会」「産学連携の中での学協会」「学協会の社会貢献」「学術情報発信基地としての学協会」「学協会の財政問題」「学協会の大同団結」の各テーマについて論じ、提言を行ったものである。ここでは、INFOSTA のような学協会が抱える普遍的な多くの共通問題に触れられているので問題の整理のために概要を述べてみる。

(1)　学協会とは何か

　学協会とは「知と情報の相互補助機構」であり、構成員のみならず社会全体が大きな利得を得ることができる優れた「知と情報の収集分配機構」でもある。

　加えて、学協会は「知識が更なる知識を生み、情報がさらなる情報を創り出す」という知と情報の動的創造機能を有しており、もっとも効率的かつ生産的な「知と情報の自立的増殖組織」でもある、と東京大学の木内学教授は定義している。またその機能は、「学術の進歩は第一義的には、それに直接関わる大学などのいわゆる研究実施機関の成果に負っている。しかし、各研究機関は研究を実施して成果を挙げても、その成果の評価と公表を、第三者(学協会)に委ねている。

　研究成果が学術の進歩のために相当の貢献を果たしているかどうかの公正な判断は、専門家集団としての学協会の相互評価(Peer review)機能に拠るのが学問の長い伝統になっている。学術は、知識の創造基地としての大学や研究機関と、その発信基地としての学協会が縦糸と横糸のように助け合って健全な発展を遂げることができる。学協会は、専門を等しくするものの共同体として発足し、会員相互の連携と協力を通じて専門家集団としての地位向上を図る目的を持っていることに深く関わっている」(日本工学会大橋英雄会長)といった内容に集約される。そもそも学協会は、

(1)学術の発展を通じて、社会に貢献する役割(Academic society としての役割)

(2)専門職集団として、社会に責任を果たす役割(Professional Society としての役割)

の二面性を持つ。INFOSTA の場合、特に会員の専門職業人としての自己向上を助け、また職業集団としての地位向上を図る役割が大きかった、と認識できる。

　しかし、わが国では 80 人に 1 人が何らかの学協会に所属すると言われているが「社会は学協会と"好き者の集まり"を識別する意識が希薄であり、多くの学協会が現実に果たしている社会の〈公器〉としての役割を正当に認知していない」(大橋会長)。「一般論として、わが国の歴史ある代表的な専門学協会は、学際・業際的な科学技術の広がりと変化に先導的な対応を充分果たすことができず、多数の中小規模の学協会が存在する分散傾向がますます顕著になってきている。財政基盤は脆弱、事務局も同好会的機能を運営するのが精一杯の状況にある」(三菱化学小野田武顧問)という現実がある。

(2)　学協会への期待と今後の方向性

　1996 年に策定された科学技術基本計画の中で「研究評価、情報発信・交換あるいは人的交流の場として重要な役割を果たしている学協会について、その活動の支援と機能の活用を図る」の一文が明示され、国策の中ではじめて学協会の役割が認知された。

　また、学術は、「学術のための学術」から「社会のための学術」へと変容を遂げつつある。「大学、学協会ともに今改革に取り組んでいる。そうした中で、大

学における改革の基本的な方向は、1998 年(平成 10 年) 6 月に出された大学審議会の中間答申に示されているように、(1)教育研究の質の向上、(2)大学の自律性の確保、(3)組織運営体制の整備、(4)大学の個性化と教育研究の不断の改革、というようなものであって、「社会の中の、あるいは社会のための学術」への取り組みと言える。前述の大学の改革の方向の 4 項目の中の「大学、教育研究」という言葉を「学協会、学協会活動」に置き換えれば学協会が目指すべき方向となる」(滋賀県立大学 曽我直弘教授)

(3)　問題点

現在の学協会活動、学協会がこれから留意すべき事項としては、以下のようなことが執筆陣によって指摘されている。

(1) 学協会関係者の社会に対する存在主張が希薄であった。

(2) 我が国の学協会の関係者の間で国際化が議論されるようになったのは、最近のことである。国内市場が限界に達した欧米の学協会では、積極的に世界戦略を展開している。

(3) 我が国に曲がりなりにも学会が誕生したのは 1877 年と言われるが、以来、学協会は仲間を増やすことにのみ腐心し、一般大衆への啓蒙活動を怠ってきた。

(4) 現代が抱える諸問題の解決には、単に自然科学と技術を中心とした知ではなく、自然科学や人文・社会科学が融合し、技術や社会と共鳴しながら発展していく知が必要とされる。

(5) 学協会は、編集委員会、事務局の近代化を進めなければならない。

(6) 学協会も国内外を問わず学協会同士、あるいは出版社を包含した共同事業に踏み切るべき時にきている。

(7) 「学協会こそは国の最大の知的財産であり、これを守り育てることが国の発展のために不可欠である」との認識のもとに、(1)公的資金による支援、(2)学協会への民間資金の導入、(3)学協会活動のための社会資本の整備が必要である。

(8) 学協会の財政基盤は企業からの支援への依存が高い。しかし、学協会運営は、大学人中心となっており企業の参加は名目に止まっている。これからの学協会活動は、産学一体の活動が重要で産業側の責任が極めて重くなる。

1.3　ビジョン委員会発足の経過と主な論点

　50年の歴史を持つ協会の将来ビジョンの策定及びその事業計画の内容は、まず会員の同意が得られるとともに、社会に受け入れられるものでなければならない。会員のコンセンサスが得られる検討過程を踏むにはどうすればいいか、運営委員会などで検討の結果、第一期の「ビジョン委員会」は、研修・資格試験・会誌編集・出版・OUGなど協会の主要な事業部門の長を中心とした8名で、第二期の「21ビジョン事業化委員会」は評議員を中心とした12名で、それぞれ構成することとなった。協会としては協会ビジョンの策定のために、会員が了承しうる最善の方法をとったと言ってよい。

　斉藤委員長による「ビジョン委員会」では、協会は誰に対し、どんなサービスをするのかが論議され、「これまで協会が対象としてきた情報専門家に限らず、情報を取り扱うすべての人々を対象に、協会のドメインであるドキュメンテーション技術を基盤とした新しい情報科学技術Infosta21（Digital Documentation）を構築すべきである」、また、「協会はInfosta21のコンセプトの下でその体系化、理論化、実践化を行い、それを協会事業の柱として実行組織を作り、その資格認定試験を行うべき」という結論となった。

　この提言を受けて協会では運営委員会・事業企画委員会を中心にさまざまな討議を行い、提言内容の検証とそれの事業化の検討をさらに進めるために「21ビジョン事業化委員会」を発足させることになった。

　第二期委員会では、第一期の「ビジョン21提言」を受けて、Infosta21の資格認定試験を協会事業の柱に据えるべきか」を検討するとともに「協会は誰に何をサービスするのか」「協会の性格・ドメインは何か」「協会事業とその運営はいかにあるべきか」について、改めて論議と検討を行った。その結果、本委員会では、余りに激しく変化する情報技術の環境下で「Infosta21（Digital Documentation）の資格認定試験」を協会事業の柱にするのは危険であるとの意見が大勢となった。しかし、それに代わる協会事業について、多くの事業案が提起されるところとなった。

　「21ビジョン事業化委員会」は、最終会議において、これまでの論議・検討の整理を行い、協会に提出すべき提言起草案の検討を行った。

1.4　「21 ビジョン事業化委員会」の提言草案

　以下は、最終委員会の決定に従い、これまでの幾多の論議と検討結果を委員長がとりまとめて協会に提出するビジョンの「提言草案」である。

　この草案はさらに全委員の点検を受けて、近い将来に「成文」とするための「下書き」とでも言うべきものである。しかし、協会が 2 年近くにわたって行ってきた「協会ビジョン」の策定準備の経過を、本特集号（「情報の科学と技術」）で一刻も早く報告したいとの思いで、筆者の一存で草案のまま掲載することとした。この草案により、これまでのビジョン検討の趣旨・経緯・内容を知っていただくことができよう。

「協会の中長期ビジョンとその事業化に関する提言」
（1）　はじめに

　社団法人情報科学技術協会は、平成 12 年 9 月をもって設立 50 周年を迎える。協会は 1950 年に UDC 協会として発足以来、時流に合わせて 1958 年には日本ドクメンテーション協会、1986 年には現協会名へと名称変更を行い今日まで発展を遂げてきた。この間、会員および社会に対し一貫して情報の生産・管理・利用に関する理論と技術の調査研究ならびに開発を進めるとともに、これらの普及に努め、その使命を果たしてきた。情報が第四の経営資源として重要視されるようになって久しい。

　社会の情報化の進展、ことに 1990 年代からのインターネットの社会浸透により引き起こされつつあるデジタル革命とも新産業革命とも言われる社会状況のもとで、情報はますますその意味と重要性を増している。こうした革命と言われるような現象が多く見られる社会環境にあって、協会が取り扱ってきた情報に関する「実践的な理論および技術」についても変容が見られるようになってきた。いま協会は、新しいミレニアムに向かって時代の要請に応えられる新しい情報科学技術の活用、利用技術の開発ならびにその普及方法の再構築を迫られている。

　こうした協会活動の根本的な変革の検討は、協会運営の在り方の変容をも迫るもので、端的には協会事業と協会経営についても変革が迫られている。

　協会はこれまでこうした変革期に備えて、会長の諮問委員会として平成 10

年11月から平成11年3月の間、「ビジョン委員会」（委員長中央大学斉藤孝教授）を設置し協会の将来ビジョンについて検討を行い、同委員会からの提言を受けた。この提言を受けて、協会では9ヵ月にわたり理事会、評議員会、運営委員会、事業企画委員会でその内容の検討と討議を重ねてきた。

その結果、中長期ビジョンをより鮮明にし、その内容の実現（事業化）をいかにして図るべきかを検討するために、運営委員会の諮問委員会として、「21ビジョン事業化委員会」を発足させるところとなった。本委員会は平成12年1月より同年6月まで5回にわたり委員会開催と電子メール会議を行い、「ビジョン委員会」で検討された将来の協会運営の根本に関わる協会の中長期ビジョンとその事業化について検討を加えた。ここに、その検討結果をまとめ、協会への提言としたい。

（2）　これからの協会活動の基本（ビジョン）について
2.1　協会の活動対象の拡大
「協会は、活動の対象をいわゆる情報専門家から情報を利用するすべての人々に拡大すべきである」情報技術が汎用コンピュータと専用回線での情報処理を主流とする時代においては、協会活動は企業・大学などの情報管理、情報検索などの情報専門家を主要な対象としてその活動を行えばよかった。

しかし、パーソナルコンピュータ（パソコン）とインターネットが情報技術の主流になりつつある現在および将来の協会活動は、こうした企業・大学などの情報専門家に限らず、情報を利用するすべての層を対象とした情報の取り扱いに関する理論と技術・技法の普及に重心を置くべきである。

パソコンの普及とインターネットの浸透は、情報活用をより一層個人中心に変えつつあり、企業・大学人はもとより教員、学生、情報弱者といわれる高齢者・障害者、主婦など広範な社会層が情報リテラシーを必要としている。

平成13年4月1日には「情報公開法」が施行となるが、同法の行政文書の開示請求制度は、何人も行政情報の開示を請求することができる権利を定めており、今後、協会はいわゆる情報格差の解消をもその使命にしていく必要がある。

2.2　ITとインターネットを重視した情報科学技術の再構築
「協会はIT（情報技術）とインターネット技術を、情報検索・情報利用・情

報生産・情報伝達といった協会のドメインである情報の内容や意味に関する取り扱い面でより一層活用し、それらに関する理論と利用技術を再構築して積極的に社会に提案していくべきである」

　協会は発足以来、専門知識の記録、組織化、提供の過程、またそのための技術、特に科学技術文献などの専門性の高い資料の収集、蓄積、検索、伝達を中心とし、中でも書誌記述と主題分析を重視した、理論と技術を社会に普及させてきた。この理論と技術は、情報をその形式面からではなく、内容や意味に着目して処理することの専門性を言い、この専門性に特化していることが協会を他の情報関連機関から差別化できる大きな特徴となっていた。

　しかし、インターネット時代におけるこの理論と技術は、一部の専門家の占有物であってはならない。協会は、情報利用者の誰もが理解し活用できるデジタル時代に適応した、新しい「情報取り扱いの理論と技術」の体系化と大衆化を図り、早急にそれを実践的に社会に提供していくべきである。

(3)　協会が推進すべき事業について

　前項 2 のビジョンに基づき、協会が行うべき事業としては、以下のようなものが挙げられる。協会はこれらの実現可能性について、早急に検討を開始すべきである。

3.1　IT 活用関連
(1) 情報利用の観点に立った経営者向けの IT 活用講習会
(2) 情報利用の観点に立った情報専門家向けの IT 活用講習会
(3) 情報利用の観点に立ったビジネスマン・学生向けの IT 活用講習会
(4) 新しい情報科学技術および情報利用分野の IT に関するコンサルテーション
(5) 情報利用の観点に立ったイントラネット構築講習

3.2　ネットワーク時代の情報発信の標準化手法「インフォマップ法」の普及・研修
3.3　デジタル時代における知的財産権に関する啓蒙と講習会
3.4　一般社会向けの情報支援活動
(1) デジタル時代の情報科学技術に関する啓蒙的な講座

(2) 高齢者・障害者・主婦・SOHO 向け情報リテラシー講座
(3) インターネットによる情報収集技術スキルアップ講習会
(4)「情報公開法」に関する情報蓄積・提供技法の提案

3.5　資格認定試験関係
(1) インターネット指導者養成講座とその資格認定試験
(2) 新情報ビジネス・コーディネータ養成とその資格認定試験

3.6　出版関係
(1) 広範な社会人向けの「情報活用ハンドブック」などの継続出版物の出版
(2) 各種資格認定試験受験のためのテキストの出版
(3) 高校教育向け情報教科書および補助教材の出版

3.7　ナレッジマネージメント管理者講習会
3.8　女性の時代を意識した女性を重視する情報活動

(注) これらの事業案の中には、すでに詳細な実行プランと収支計画が示されているものもある。しかし、個々については後述する検討体制が整った時点で、提案者からの提案書を基に、改めて実施の検討を行うものとする。

（4）　新事業実現の方策について

以上のような協会ビジョンとそのビジョンに基づく新規事業を遂行するためには、協会の体制を含めて新しい組織作りが必要である。現在の協会事業のほとんどは、協会員のボランティア活動によって成り立っている。事業とは「収益のあるビジネス」にほかならず、従来のボランティアによる活動だけではその事業遂行に限界がある。従って、事業遂行のためには、以下のような対応と措置を行うべきである。

(1) 3項の事業を強力に推進するために協会内に「事業開発室」(仮称)を新設し、その専任者を可及的速やかに配属する。
(2) 事業遂行のための資金と人材を外部からも導入する。そのために、講習・出版・資格認定のすべての事業にわたって「協会ブランド」(協会がこれまで培ってきた社会的資産)を担保として、積極的にビジネスパートナーの募集を図る。

(3) 協会が行うべき事業については、前 3 項に挙げた諸事業を含め会員およびビジネスパートナーから事業提案を募り、検討を加えて「協会ビジョンに適し」「社会性があり」「事業収益性がある」ものからその実施を図る。

(4) 個々の新規事業・サービスの実施については、「事業開発室」(仮称)を事務局として適宜少数精鋭のワーキンググループないしは外部ブレーンを組織してフィージビリティスタディを行う。これらの委嘱については、原則的に有料(コスト)ベースで行うものとする。

(5) 資格認定については、「協会員が資格取得のために協会活動に励み、さらに上級の資格取得のために研鑽するという、受講者が上級の資格を取得するにしたがい指導員あるいは出題者に変身する」ような循環・再生産型の仕組みを作りあげるべきである。

(6) 協会は、所管官庁の科学技術庁はもとより、文部・通産・郵政の各省、総務・文化・特許の各庁および科学技術振興事業団その他内外の情報関連団体との連携を密にして、協会活動に関し理解を求めるとともに、業務の提携を積極的に進めるべきである。

(5)　中期事業目標の設定について

以上の協会ビジョンに基づく協会活動および協会運営に関しては、2005 年までに以下をその事業(経営)達成目標とする。

(事業規模) 3 億円規模

　　(内訳:「講習会・セミナー」= 1 億円、「出版」= 1 億円、「資格認定」= 0.5 億円、会費収入= 0.5 億円)

(職員数) 10 名規模

(事業収支) 3 千万円程度の収支プラス

　協会は一定の社会的な使命を果たすために、協会財政と協会経営の基盤を固めなければならない。協会が、将来にわたり安定的にその活動を営むためには少なくとも上記程度の経営基盤が必要である。

　これからの協会運営は、協会員のボランティアにのみ依存するのではなく、事業団体としての経営センスと経営体制により行われなければならない。そのためには、協会の諸活動を収益を伴う事業と考えて、まず事務局の増強を図り

協会の維持・発展を可能にする事業体へと変質しなければならない。

　＊委員会委員長三浦勲(実践女子短期大学)

　委員　青山紘一(特許庁)、荒木啓介(科学技術振興事業団)、近江晶(帝京平成大学)、岡紀子(住友化学工業)、神尾達夫(関西国際大学)、小林良子(日本能率協会総合研究所)、阪上晃庸(サントリー)、立花肇(湘南情報サービス)、福島勲(富士通)、細野公男(慶応義塾大学)、山崎久道(宮城大学)

1.5　今後の問題点

　世の学協会が抱える問題点については、1.2の(3)で触れた。ここに述べられた8項目については、誰もが異存がなかろう。

　翻って、わが協会の問題点は何であろうか。前項で示した「提言草案」は現在の協会の叡智の結集とみなされ、他の学協会と比べてもその内容については誇れるものと思われる。しかし、問題は二つの委員会で論議され危惧されたことであるが、協会は責任を持ってこのビジョンとそれに基づく事業プランを実行できるのか、という点である。

　INFOSTAは、他の学協会に比べ大学人が協会のイニシャティブをとっているわけでもないし、運営についてもかなり柔軟性があり、ボランティア人材にも恵まれ活動も活発であると言える。「科学新聞」の学協会特集で学識者が指摘した問題点のほとんどが、今回の「提言」で指摘され先鋭的な形で問題解決が図られようともしており、決して悲観するにあたらない。

　協会は、「情報学や情報技術の成果を利用することによって、コンテンツ(情報の内容)の流通と目的別利用を効率的・合理的に実現するための技術・技能の開発と普及をそのドメインとしてきた」(宮城大学 山崎久道教授)。

　協会が他の学協会や業者と差別化が果たせるのは、この専門性にある。この「専門性という武器」をどれだけ会員と社会に役立てられるかで協会の将来が決まる。高度情報社会が協会の専門性を必要としていることは確かな事実であり、21世紀は協会にとってフォローの風が吹く時代であると確信する。

INFOSTA のこと

　INFOSTA は社団法人情報科学技術協会の呼び名で、企業などの情報専門家・大学の図書館関連の教職員の間の通称である。協会の活動状況については、そのブログに詳しい。私は、1982 年にこの協会の評議員となって以来、1989 年に協会の副会長を務めるに至るまで関りが深かった。協会主催の研究会などで幾度か講演もし、会誌「情報の科学と技術」には何篇か投稿していた。学協会は、基本的に企業などの団体会員と個人会員の会費で運営されている。しかし、特に団体企業会員の減少などにより、その運営は財政的に苦しいところも多くある。私が副会長を務めた INFOSTA もご多分にもれず、ほぼ慢性的に苦しい運営状況であった。

　そういう状況のなか、2000 年 9 月に設立 50 周年を迎えることになり、それを契機に 21 世紀に向けた協会のビジョンの策定が始まった。

　協会では、1988 年に発足させた「ビジョン委員会」の提言を受けて、提言内容をどう事業化するかを検討するために、新たに「21 世紀ビジョン事業化委員会」を発足させた。

　私はその委員長に指名され、協会のアクティブメンバーの中から 11 人が選ばれ委員になった。その内訳は、住友化学、サントリーなど企業 4 社、慶應義塾大学などの大学教授 4 名、特許庁などの公的機関 3 名という内訳だった。2000 年 1 月から 6 月まで 5 回の検討会が行われ、同年 9 月には会誌で検討内容が公表された。この報告では、本題に入る前に、学協会のさまざまな問題について書かれた論議を整理して、学協会が社会に果たす役割などについて述べられている。

　実は、この報告「21 世紀の協会ビジョン—21 ビジョン事業化委員会の検討報告」は、ここでの提案などが協会の運営方針として機関決定される前に、いわば委員長の職権で書いたものだった。当時、新しい世紀を迎えるにあたって、学協会の使命や活動理念、そしてその社会的な存在理由などが、多くの学協会でも論議されており、そうした動向を「科学新聞」が 1999 年 7 月 2 日号から同年 9 月 10 日号で、10 回にわたり「学協会が社会に果たす役割」という特集を組んでいた。（⇒次ページに続く）

コラム

（⇒前ページから続く）

　そこでは多くの学識経験者の意見が述べられており、それが総括的にまとめられ多くの提言もなされた。私の検討報告のこの部分は、協会に多くの学協会にみられる弊害である、同好会・仲良しクラブ的な雰囲気があり、協会自身がその社会的役割や使命を担う意識に欠けていると感じられ、この報告の場を借りて、改めて認識を深めるきっかけになってしいとの願いがあった。この報告書に述べられている学協会の役割・使命についての記述、そして委員会で検討され提言されている内容は、いま読み返しても参考に値すると思っている。

　報告書では、協会の財政基盤を固めるための協会ブランドを活かした幾つかの実現可能な事業を提案し、2005 年までに 3000 万円ほどの収益が見込め、3億円程度の収入を見込む事業を提起している。
　協会は元々オンライン情報検索サービスが普及し始めた 1980 年初めから、データベースを検索する技術を習得するセミナーを開始し、1 級から 3 級までの検索技術資格試験を行っていた。たとえば、1 級資格は 10 名受験して 1 〜 2名しか合格できない高度な知識と検索技術を要求されるものであった。これらの試験収入は協会の大きな財源になってもいた。
　私は、既に始まっていたネット社会にあって、正しい情報の検索の知識と技術を小学生から成人に至る一般人に啓蒙・普及し協会の社会的な役割を果たすことも、重要な使命の一つになると考えていた。ビジネスモデルとしては、たとえば、漢字検定試験のようなスタイルで全国展開を図るというイメージであった。

　私は、この報告書をまとめた 2000 年春には副会長を辞していたので、委員会の提言などの事項のその後の取り扱いには関わっていない。
　しかし後日、お聞きしたところ、この検討報告自体が不評で、忘れ去られたようだ。ほとんどが企業等の専門職的なメンバーで成り立つこの協会に、ビジネス感覚で事業推進を期待するのは無理であったと思われる。だが、2000 年時点の協会長は、当時委員会のメンバーでもあった山崎久道氏なので、ぜひこの報告書を協会運営の参考にしてみてほしい。

第2節

文学教育の新たな展開
—実践女子短期大学のケース—

（初出誌：『歌子』実践女子短大　第12号　2004年3月）

　文学者の太田登氏は、『日本近代文学』誌への掲載文、「全入時代の大学教育と文学研究について」の中で、次のように述べている[1]。
　　「90年後の現在、きびしい就職戦線にあって入学直後から就職意識を育てるキャリア教育が徹底される一方で、最新の「2001年度学校基本調査速報」によれば、定員超過率は3年連続で短期大学が0.9倍、4年制大学が1.12倍という数値を示し、いわゆる「大学全入時代」を迎えようとしている。

　こうした全入時代は、まさに栗坪良樹氏が「高等教育は何処へ行く」『日本近代文学』第65集、2001（平成13年）10月で、次のように明言されている。
　　「全員合格の大学生を対象として研究者、教育者を実践できるかどうか、そうした状況を将来的に自己に課すことができるかどうかということに他ならない」。のみならず、「そうした状況を将来的に」というより、いままさに「現在」の課題として取り組まなければならないほどに問題は深刻化している」

　また、この雑誌では別の論者から、「日本近代文学という専門は確実な進路を学生に保証できるのか[2]」、「必修科目として設定された時間の大半を使い、古典や近代の文学作品を教材にして提供されたはずの「読解力と常識」によって、果たしてどんな学力が学生に備わったのか[3]」、といった問いが発せられている。
　2003年8月23日の『読売新聞』の小コラムに、次のように書かれている。

「日本私立学校振興・共済事業団の調べによると、短大は45.5％が定員割れを起こしており、新入生が定員の50％未満の短大が30％で、学部別では、国文科・文化教養科・経営実務学科などの定員充足率が低かった」

上記の報道があり、『日本近代文学』誌で述べられているような一般状況は、短期大学では一段と厳しいものがあることが想像できよう。

本稿では、こうした難問に、現在なお日本文学をコアとした教養教育重視の教育方針を貫いている、短大の一国文系学科がどのような対応を行ったかを、実践女子短期大学の国文学科の事例で述べてみたい。

また、併せて短大教育における文学教育の位置付けと在り方、そして短期大学の将来についても触れてみたい。

1.1　新カリキュラムの開発

まず、1952年(昭和27年)に国文科として発足した実践女子短期大学の国文系学科が、50年にわたり取り組んできた教育カリキュラムの変遷とその概要について述べる。

(1)　第一次カリキュラム改革

1952年から1999年(平成11年)まで行ってきた教育カリキュラムの基本的な内容は、次のようなものであった。

①「ことば」の分野：日本語について研究する科目群

②「文学」の分野：日本文学について研究する科目群

③「関連」分野：日本文学との関連の深い分野を研究する科目群

いうまでもなく、ここでの教育の中心は日本文学を考察する「文学のコース」と日本語を考察する「ことばのコース」であった。

こうした教育内容で、50年近くも、わが国の戦後の女子教養教育を支えてきたわけであるが、少子化、女子の4年制大学指向、受験生ニーズの多様化などの社会状況の変化に対応するために、1996年(平成8年)より、短大全体での改組転換の検討が始まり、教育目標の再考とカリキュラム改革が行われることとなった。

その結果、2000年(平成12年) 4月に、学科名を国文学科から日本語コミュニケーション学科に改名するとともに、教育目的と目標を次のように改めることになる。

「日本語と日本語によって表現されたものの研究を通して、日本文化の歴史と現在を深く理解させ、国際社会にふさわしい自己の確立と実践的社会能力を持った人材の育成を目的とする。すなわち、思考の装置であり、文化の基層を形成する「ことば」の研究を基本的視座として「日本語」「日本文学」「日本文化」を捉え直し、自国文化への深い認識を養うとともに、情報化社会に適応できる「情報処理能力」や「日本語運用能力」を併せ持った人材の育成をはかるものとする」従来のことばと文学という教育カリキュラムの柱に、次の2つが加わった。

　・「文化」の分野……日本文化について研究する科目群
　・「情報」の分野……情報および情報学について研究する科目群

これまでの文学中心の教養教育カリキュラムに、情報技術系科目と出版編集系科目を加えたことが大きな改革点であった。

(2) 第二次カリキュラム改革

48年続けてきた伝統的な文学をコアとした教養教育カリキュラムに、情報・出版などの実学的な科目を加えたことは、その後のカリキュラム改革の経過をみるとき、第一次改革と呼ぶにふさわしい変革であった。しかしながら、「文化」「文学」「言語」「情報」の4本柱としたものの、4つの柱の連動性が曖昧で、殊に高校側と受験生にとって、教育内容が不明確であった。そのことが大きな原因となって、2000年(平成12年)度には、入学定員165名に対し104名と、学科創設以来初めての定員割れを引き起こすことになってしまった。

そこで、2001年初頭より、次のような方針のもとに、第二次カリキュラム改革の検討を開始することとなった。

　①日本語・日本文学教育を基盤とした実学教育カリキュラムをつくること。
　②学科の教育内容が明快で受験生や一般社会にわかり易いこと。
　③授業内容が資格試験に直結しうるように工夫すること。

第二次カリキュラム改革の中心的な思想は、学科の基本方針である「教養教育」重視を貫いたまま、教養教育と同等に、併せて「実学教育」をも重視する、というものであった。

227

　どうすれば、「このようなカリキュラムがつくれるのか」は非常に難しいテーマであったが、検討に検討を重ねた結果、文学系という学科の特性を生かした、情報系・コミュニケーション系・出版系の3つのコース制教育を行なおうとの結論を得た。文学・言語系中心の専任教員でどのようなコース教育が構想できるのか、が最大の難問であった。

　しかしながら、外部の教育研究機関との連携を図ることにより、日本語・日本文学と文化を基礎教養として学修するために「学科共通専門科目」を設置し、ここでの勉学を基盤とした実学指向の3つのコースからなる教育カリキュラムを創出することができた。

　これらの各カリキュラムの教育目標とその内容は、以下のようなものであった。

〈学科共通専門科目〉

（この共通専門科目のコンセプトと教育内容）

　学問及び社会人に必須なコンピュータ技術と知識の修得を、専門教育の基礎に据える。ここでは、コース制による実学的な専門知識修得の前提となる、日本人に必要な文化的教養及び読む・書く・話すの表現能力の修得を、学科生全員に対して義務付ける。科目群は以下で構成される。

（必修科目）

　「日本語コミュニケーション入門」「日本語情報処理1・2」「自己表現法」「卒業研究」。

（選択科目）

　「日本文学の歴史1〜4」「日本語の歴史1・2」「小説と戯曲の世界1・2」「女性文学1・2」「詩歌の世界1・2」「日本の芸能1・2」「児童文学1・2」「古代の文学を読む」「中近世の文学を読む」「近現代の文学を読む」「物語の世界1・2」「香の文化」「大衆文化論」「特殊研究1・2」など。

　「日本語情報処理1・2」は、WordとExcelの3級技能検定試験受験に対応させており、学科生全員に受験義務を負わせ、過去2年間、共に90%近い合格率を達成している。「卒業研究」では、学生に自由に研究テーマを選ばせて、教員のきめ細かな指導のもとに、2年間の学修の集大成をはからせている。

〈**情報スキルコース**〉（このコースのコンセプトと教育科目）

　情報の収集・蓄積・加工・検索、ネットワークとデータベース構築など、情報管理に関する専門知識と技術の修得を図る。科目群は以下で構成される。

　（**基礎科目群**）

　　「情報学への招待1・2」「情報と社会1・2」「情報検索入門」「商用データベース検索」「インターネットサーチ」を必修科目とする。

　（**検索系選択科目群**）

　　「抄録・索引作成1・2」「ビジネスレファレンス1・2」「電子情報の活用」「記録管理論」。

　（**技術系選択科目群**）

　　「データベース作成入門」「データベース作成演習」「ネットワークの基礎」「ネットワークの活用」「情報の加工と活用」「インターネットと電子メール」「プログラミング」「DTP演習」。

　以上の科目群の履修により「情報検索基礎能力試験」（情報科学技術協会主催）の受験が可能となる。この資格試験は、コース受講生全員に受験を義務付けている。

〈**コミュニケーションスキルコース**〉

　（**このコースのコンセプトと教育科目**）

　社会や職場の中での「ことば」を中心とした、情報の発信と受信を的確に行うためのコミュニケーション能力と技能の修得をはかる。科目群は以下で構成される。

　（**基礎科目群**）

　　「日本語への招待1・2」「ビジネスリテラシー入門」「情報リテラシー入門」「ビジネストークとビジネスマナーⅠ」を必修科目とする。

　（**日本語系選択科目群**）

　　「日本語のしくみ」「ことばと生活」「日本語を教える1・2」「日本語の発見」「情報リテラシー応用」。

　（**ビジネス系選択科目群**）

　「ビジネス文書入門」「話しことばの技法」「プレゼンテーション」「ビジネストークとビジネスマナーⅡ」「インターネットと電子メール」「情報の加工と活用」「プログラミング」「DTP演習」。

　以上の科目群の履修により「ビジネス能力検定(B検) 3 級」「情報処理活用能力検定(J検) 3 級」(共に専修学校教育振興会主催)の受験が可能となる。これらの 3 級試験は、コース受講生全員に受験を義務付けている。

〈出版編集コース〉

(このコースのコンセプトと教育科目)

　出版社や一般企業などが必要とする、出版の中心となる編集知識から校正技術までの一貫教育。科目群は以下で構成される。

(基礎科目群)

　「出版概論 1 ・ 2」「校正理論 I」「校正技能 I-1 〜 3」「原稿編集」を必修科目とする。

(製作系選択科目群)

　「書籍企画編集論」「書籍製作」「雑誌編集論」「印刷製本知識」「ライター入門 1」。

(編集系選択科目群)

　「校正理論 II」「校正技術 II」「書籍制作論」「雑誌企画編集論」「ライター入門 2」「近代ジャーナリズム論」「出版文化史」「DTP演習」「情報の加工と活用」「インターネットと電子メール」「プログラミング」。「出版概論 1 ・ 2」「校正理論 I ・ II」「校正技術 I-1 〜 3」「校正技術 II」「原稿編集」「印刷製本技術」「書籍制作論」を全科目履修すると、日本エディタースクールから「校正技能検定 5 級」の認定証が授与される。

　情報スキルコースの授業は、ドキュメンテーション(情報管理)の普及・開発研究促進機関である社団法人情報科学技術協会の協力を得て、指導的会員を講師として招いている。また、コミュニケーションスキルコースでは、「B検」「J検」の試験実施について専修学校教員の研修機関である、財団法人専修学校教育振興会の協力を受けている。これら二機関は、いずれも文部科学省の認定機関である。さらに、出版編集コースについては、日本で唯一の出版学校である日本エディタースクールから、教材の提供、講師派遣など全面的な協力を受けている。

1.3　コース制教育の評価

　学科カリキュラムを、コース制を柱とした実学教育化したことにより、2001年度(平成13年度には81名(定員161名)にまで落ち込んだ入学者が、2002年度(平成14年度)には94名(定員127名)に増加し、2003年度(平成15年度)には140名(定員123名)と、定員をオーバーするところまで、一気に回復することができた。2004年度(平成16年)3月には、第二次カリキュラム改革で再構築した新カリキュラムによる2年間の教育を、無事終了した。

　ところで、コース制による情報系・コミュニケーション系・出版系といった内容の実学指向の専門教育が、果たして学生にどのように受け入れられたのかは、極めて興味深いテーマである。

　例えば、大学で体系立てた出版教育が行われたのは、日本の大学教育史上、実践女子短期大学の「出版編集コース」が初めてのことであった。

　短大での教育としては、他の2コースについてもユニーク性という点では同じようなことが言える。こうした新カリキュラムによる教育の妥当性の検証と評価は、最終的には、卒業生が社会でどのように受け入れられ、評価されているか調査してみないと判断できないが、ここでは、学生のコース授業受講の満足度という観点から最近行ったアンケート調査の集計結果を基に、新カリキュラムの妥当性についてみてみたい。

(1)　アンケートの結果

　アンケートは、2004年(平成16年)2月12日に行われた。コース受講者は情報スキルコース20名、コミュニケーションスキルコース34名、出版編集コース34名となっているが、回答は学科生合計87名中79名(情報19名、コミュニケーション29名、出版31名)から得た。アンケートの調査項目とその集計結果は、以下のとおりであった。

(質問1)

日本語コミュニケーション学科は、日本語と日本文学・文化を基礎教養として、コンピュータ技術・出版・コミュニケーション・情報を専門課程として学ぶ学科としてつくられました。この学科の教育目標、「教養」「知識」「技能」の3つを同時に学ぶことができましたか。

- □　十分に学ぶことができたと思う。　32：28：21
- □　十分とはいえないが勉強できた。　63：65：69
- □　思うように勉強できなかった。　5：7：10

(注)　問の下側の数字はパーセンテージ。上から情報スキルコース：コミュニケーションスキルコース：出版編集コースの順になっている。質問2以降についても同様。

(質問2)

(勉強できたと答えた人へ)どういう点が良かったですか(複数チェック可)

- □　好きな日本語・文学の勉強ができた上に、資格取得など実学が学べたから。　26：48：29
- □　教養・知識・技能の三つが身についたから。　10：24：19
- □　コース制で深く専門的な勉強ができたから。　74：17：52

(質問3)

コースについて

- □　選んだコースの授業内容は思ったとおりで満足した。　53：32：10
- □　コースの授業は予想どおりではなかったが、授業には満足した。　42:57:61
- □　選んだコースは予想と異なり不満だった。　0：7：10
- □　コースの授業は期待はずれでつまらなかった。　5：0：13

(質問4)

日本語コミュニケーション学科の教育全般について

- □　総じて学科の教育は将来の役に立つ内容でとても良かった。　22：14：10
- □　総じて学科の教育内容は良かった。　72：79：81
- □　学科の教育を良いとは思えなかった。6：7：3
- □　学科の教育内容には不満が多かった。　0：0：3

(質問5)

日本語コミュニケーション学科について

- □　この学科に入って良かった。　74：63：61
- □　良いとも悪いともいえない。　26：37：39
- □　入学しない方が良かった。　0：0：0

（2）　アンケート集計結果からみた評価

　アンケート結果についての詳細な検討は、これから学科で各コース毎及び全体的な分析と評価を行うことになっているが、専任教員の概括的な意見としては、新教育カリキュラムは、学生から一定の満足を得た、との評価であった。筆者の個人的な評価とコメントを若干記してみると、次のようになる。

・コース制教育は質問4の回答にみられるように、「学科教育が良かった」という学生がどのコースも90％以上を占め、学生に満足を与えることができたと評価される。

・過半の学生が、コースでの専門教育と資格獲得とも連動させた授業に満足している。

・質問3の結果にみられるように、コース特性により学生の評価に大差がみられる部分もあるが、各コース共、トータルの評価は悪くないと判断される。

・この学科の特徴は、文学に関するかなり専門的な授業が行なわれていることであるが、質問2の回答にみられるように、「日本語・文学」について勉強できたのが良かったという学生が、情報スキルコースで26％、コミュニケーションスキルコースで48％（このコースは併設大学の国文学科への編入者が一番多い）、出版編集コースで29％もいたことは特筆に価する。

・ただし、この学科に入ったことが「良いとも悪いともいえない」という回答者が、情報で26％、コミュニケーションで37％、出版で39％、全体で34％いるというのが今後、問題として残る。

　そう言わせている原因は何なのか。勉学のことか、就職のことか、学生指導面のことか、学生間の交友関係のことか、教職員の対応なのかなど、次回の調査では深く掘り下げてみる必要がある。

　今回のアンケートで、「思うように勉強できなかった」という質問1への回答者は、情報1名、コミュニケーション2名、出版3名がいた。

　勉強できなかったというこれらの学生には、「何故ですか」という、次の質問を複数チェック可で行った。

　ア　授業内容が難し過ぎたから。

　イ　2年間という短い期間の割に勉強しなければならないことが多過ぎたから。

　ウ　自分が興味を持って勉強できる授業が少なかったから。

　エ　コースの選択を誤ったから。

233

この質問項目に対し、情報と出版の計4名の全員がア・イ・ウの全てをチェックし、コミュニケーションの2名は、アに1名、イ・ウに各2名、エに1名がチェックした。この結果からみると、前述のような理由でコース制をとったこの学科が適合しなかった学生は79名中6名(8%)で、コース選択を誤った者は1名(1%)に止まっている。

1.4　コース制カリキュラムの妥当性について

実践女子短期大学の日本語コミュニケーション学科のコース制を柱とした教育カリキュラムは、この学科の前身である国文学科が長年にわたり行ってきた伝統ある教養教育の上に、実学的な専門教育を結合させたものであった。

これまでみてきたように、この新カリキュラム教育は学生の満足度という点では、合格点に達した内容であったと判断される。それではこの新教育カリキュラムが社会的な基準に照らして妥当なものであるのかについて、特に教養教育に焦点を絞って考察してみたい。

（1）　学科の教養教育の妥当性について

そもそも教養とはなにか、教養教育とはなにか、という問題については、いろいろ議論があるところであるが、ここでは、2002年2月21の中央教育審議会(中教審)の文部科学省への答申、『新しい時代における教養教育の在り方について』[4]を参考にして、論考してみたい。

この答申は、「哲学を諸学の基礎とするような学問の体系性が失われ、学問の専門化、細分化が進む中で、教養についての共通理解というべきものが失われてきた」、「社会全体の価値観の多様化、体系的な知識より断片的な情報が偏重されがちな情報化社会の性格、効率を優先して精神の豊かさを軽視する風潮の広がりなどがこの傾向に拍車をかけたと考えられる」、「こうした教養の歴史を踏まえながら、今後の新しい時代に求められる教養とは何か、また、それをどのように培っていくのかという観点から審議」を行った結果、提出されたものである。これは、慶應義塾大学顧問の鳥居泰彦氏を会長として、産官学の多数の有識者で取り纏めた、国家規模の審議会が行った答申であった。

（ア）「答申」における教養教育の位置付けと意味

　この答申では、まず、戦後の大学における教養教育のスタートを、「戦後、米国の大学のリベラルアーツ教育をモデルに一般教養として始まった。

　新制大学は、一般的、人間的教養の基盤の上に、学問研究と職業人養成を一体化しようとする理念を掲げており、このため、一般教育を重視して、人文・社会・自然の諸科学にわたり豊かな教養と広い識見を備えた人材を育成することを目指したものである」、としている。

　しかし、一般教育として出発した大学の教養教育は、実施の過程で、「高等学校教育の焼き直しに映る」などの批判を受けて、1991年（平成3年）に大学設置基準が大綱化され、「教養教育は、各大学の自主的な取り組みに委ねられる」ことになった。

　そして、「学問のすそ野を広げ、様々な角度から物事を見ることができる能力や、自主的・総合的に考え、的確に判断する能力、豊かな人間性を養い、自分の知識や人生を社会との関係で位置付けることのできる人材を育てる」、という教養教育の理念・目的を、一般教育科目だけでなく、広く大学教育全体を通じて実現することを目指す、というように変化していく。

　大学設置基準の大綱化は、各大学における教養教育の改革の取り組みを促し、多くの大学において、「くさび型」のカリキュラム編成等教養教育と専門教育の一貫教育の実施、特色ある授業科目の導入、選択幅の拡大などのカリキュラム改革が進んだ。しかし、答申では、「教養教育に関するカリキュラムの安易な削減」、「教養教育を面倒な義務と考える教員の存在」という問題が起こっているのが現状である、としている。

　この答申は、こうした大学教育の現状を踏まえた上で、激変しつつある社会の中で、「既存の価値観が揺らぎ、社会に共通の目的や目標が見失われ、個人も社会も自信や未来への展望を持ちにくい状態。社会全体に学ぶことや努力することの意義を軽んじる風潮が広がり、幼・少年期や青年期の若者に自ら学ぼうとする意欲が薄れている」、「このような時代においてこそ、自らの立脚点を確認し、今後の目標を見定め、その実現に向けて主体的に行動する力＝新しい時代の教養が必要」、と述べ、次のような新しい時代に求められる教養の要素を列記している。

　①社会とのかかわりの中で自己を位置付け、律していく力、向上心や志を持

って生き、より良い時代の創造に向かって行動する力。

②わが国の伝統や文化、歴史等に対する理解を深めるとともに、異文化やその背景にある宗教を理解する資質・態度。

③科学技術の著しい発展や情報化の進展に対応し、論理的に対処する能力や、これらのもたらす功罪両面についての正確な理解力、判断力。

④日常生活を営むための言語技術、論理的思考や表現力の根源、日本人としてのアイデンティティ、豊かな情緒や感性、すべての知的活動の基盤としての国語の力。

⑤礼儀・作法など型から入り、身体感覚として身に付けられる「修養的教養」。

（イ）　中教審の教養教育理念と学科の教養教育理念との対比

長々と中教審の答申内容を引用したのは、答申があげた「教養の要素」に辿り着くためであった。

大学の教養教育は、すでに「くさび型」という専門教育、教養教育とも履修年限を通じて履修できるカリキュラムになっているが、実践女子短期大学の国文学系の教育カリキュラムもそのようになっている。

中教審が掲げた5つの教養の要素で示される教育内容は、前述の、「共通専門科目」・「情報スキルコース」・「コミュニケーションスキルコース」・「出版編集コース」という教育に、「歴史の見方」・「国際社会と宗教」「国際交流論」などの科目が置かれている、「総合教育科目」という専門教育に入るための基礎・一般教育を加えると、すべての要件がカバーされているといえる。

この学科では、特に日本語の読み・書き・話すという国語力の学習を重視している。また、文学者の桑原武夫氏が言っている、「現実に生きて行動する人間についての知識を供給する」文学は、例えば、19世紀を生きたアンドレイ・ヴォルコンスキーとピェール・ベズーホフという若い二人のロシア貴族を主人公とするトルストイの『戦争と平和』という歴史小説を一例にとってみただけでも、中教審が期待する新しい時代の教養の全体像、「地球規模の視野」、「歴史的な視点」、「多元的な視点で物事を考え、未知の事態や新しい状況に的確に対応していく力」を、人に与える内容を備えていることが明白である。

日本語コミュニケーション学科の2年生対象の「卒業研究」に関し最近行なわれたゼミ分けでは、文学系ゼミの「江戸時代の文化」・「古代の言葉と文化」・

「創作演習」・「日本語研究」が、それぞれ 20 名ないしそれ以上の受講生を集める人気ゼミとなっている。

　冒頭の『日本近代文学』の論者の文学教育についての危惧は、恐らく国文系学科が直面している深刻な現実であろう。しかし、そうした状況の中にあっても、実践女子短期大学の文学系授業は、学生の支持を得ているといってよいと思う。

　実践女子短期大学の国文系学科は、思いきったカリキュラムの改組転換をはかり、自助努力で、日本語・日本文学・文化を基礎とした教養教育を基盤とした、独自の実学的専門教育のカリキュラムを創出し、一定の成果をあげることができた。しかし、少子化・4 大指向・社会ニーズの変化など、の構造変化には自助努力では抗えないものがある。最後に、短期大学の行く末について触れてみたい。

1.5　今後の問題

（1）　短大の現状とその教育的使命

1998 年（平成 10 年）10 月 25 日付けの大学審議会の文部科学省への答申、『21 世紀の大学像と今後の改革方策について』は、短期大学について次のように総括している[5]。

(a) 短期大学は、教育基本法において 4 年生大学と目的及び修業年限を異にする大学として位置付けられ、制度創設以来、私立短期大学を中心に量的整備が図られ、特に、女子教育の場として大きな役割を果たしてきたが、近年における科学技術の高度化、国際化、生涯学習社会への移行などの社会変化、18 歳人口の減少や女子学生の 4 年生大学指向の高まりなど、短期大学をめぐる状況の変化を踏まえた対応が求められている。

(b) 短期大学が、今後一層、社会において重要な役割を果たしていくためには、その特色を生かしつつ多様化・個性化を図り、①教養教育と実務教育が結合した専門的職業教育、②より豊かな社会生活の実現を視野にいれた教養教育、③地域社会と密着しながら社会人や高齢者などを含む幅広い年齢層に対応した多様な生涯学習機会の提供など、多様な要請に応えて教育機能の一層の充実を図ることが必要である。

(c) このため、各短期大学においては、①時代の要請にあった学科の新設や改組、②学位授与機構の認定を受けた専攻科の設置、③入学者選抜方法の多様化、④平成3年の短期大学設置基準の大綱化を受けたカリキュラムの見直し、など様々な改革を今後とも積極的に進めていく必要がある。要するに、短大を取り巻く環境は極めて厳しい、短大が生き延びるためには、それぞれの短大特色を生かした多様化・個性化を図り、専門的な職業教育を行う必要がある、そのためには、時代の要請に合った改組などの改革を進める必要がある、ということである。実践女子短期大学の国文学科は、まさにこのような改革を行ってきた。

（2）　短大は存続できるか

文部科学省高等教育局の合田隆史氏は、大学課長の立場から、短期大学基準協会のニュースレターで、短大の将来像について、「短大は対応如何によって展望は開ける」とし、次のような示唆を行っている[6]。

・大学の在り方を大学の理想や希望を優先させるのではなく、受験生の立場で考える。
・教育機能(教員の教育能力)の強化を図ること。
・雇用の流動化に対応していくために、転職の際のスプリングボードの役を果たすこと。
・短期大学は、教育の短期完結性やその実践性を遺憾なく発揮すること。
・国民に情報リテラシー・英語力修得の場を提供すること。
・フリーター志向、不本意な入学で進路変更を考えている人への魅力ある教育の提供。
・この学校で学びたい、この学校を選んで良かったと誇れる学校づくり。
・自治体等と協力・提携し、地域に根ざし、地域と共に生きるコミュニティー大学。
・社会の変化に即し、常に存在意義を求めて自己変革を続けていくこと。
・学生や社会のニーズを虚心に分析し、その変化に適切に対応する内実の転換を戦略的に進めること。

これほど盛り沢山のサジェスチョンとアドバイスがあるということは、短大が多くの問題を抱えていることの裏返しかもしれない。現に、高校の進路指導

教諭に短大志望者はどのくらいいるものかと質問すると、ほとんどから全体の5％前後、多くて10％程度との返事が返ってくる。また、統計でも大学入学者は少しずつでも増えているのに、短大は毎年10％程度入学者が減っている。これでは、短期大学の高等教育機関としての使命は終わった、といった意見がでるのも止むを得ないかもしれない。

しかし、求人市場の現実はどうであろうか。依然として、一部上場企業はもとよりあらゆる業種から多くの短大生求人がある。社会の需要がある限り、短大の使命は終わったなどということは、実際問題としてありえない。だが、問題は、求人市場が要求する良質の人材の育成が、どれほど短大という教育の場でできているか、であろう。多様化する社会ニーズに短大教育がどれほどこたえられているのか、という問題である。

合田氏のサジェスチョン（あるいは苦言かもしれない）は、この辺の事情をわきまえてのものであろう。しかし、言うは易し、行なうは難し、である。

東京都私立短期大学協会が掲げるスローガンに、「2年でバランスのある実力がつくのが短大」・「2年で目的達成はもちろん、さらに先に進むのもいい。それが短大！」、というのがある。これは短大入学志望者へのアッピールである。短期大学は、このような、受験生だけでなく、社会の求人側に対してなにができるのか、どういう人材を送り込めるのか、を明確に示し、需要を喚起する努力もすべきであろう。

1.6　今後の発展のために

青山学院女子短期大学の学長を8年務め、日本私立短期大学協会の「就職問題委員会」の委員を務めた経験を持つ栗坪良樹氏は、「高等教育が大衆化した分だけ学力が低下したことを憂い顔で嘆いているだけでなく、その根源に（読むこと）（書くこと）の初等教育からの訓練不足があることを見定めて、これからの能力強化を計ることが必要とされよう。就職問題と取組んでいて企業人が異口同音に能力低下の源が読み書き能力低下に発すると指摘してくる」、と述べている。

また、文学者の金井景子氏は、「楽曲にもゲームにもテレビのドキュメンタリー映像にも、多種多様な「文学」が偏在している、それらは功罪含めて検証さ

れるべきテキストである」と述べている[7]。

　文学系学部・学科の教育の重要な使命の一つは、こういった卑近な問題の解決にあるのではないだろうか。

　実践女子短期大学の日本語コミュニケーション学科では、既に第三次のカリキュラム改革に取り組んでいる。学科の努力だけで解決できない問題も多々あるが、少しでも学生の授業満足度をあげることが最重要との考えかり、カリキュラムと授業の改善は、今後も不断に行われるであろう。

【参考文献】
(1) 太田登、全入時代の大学教育と文学研究について、日本近代文学、第66集 2002.5, p .230
(2) 徳永光展、変化する市場への対応―日本近代文学の行方―、日本近代文学、第66集 2002.5, p .236
(3) 金井景子、教育改革、教科書、文学教育をめぐって考えること、日本近代文学、第67集 2002.10, p .161
(4) 新しい時代における教養教育の在り方について（答申）、中央教育審議会、平成14年2月21日、p.41
(5) 21世紀の大学像と今後の改革方策について―競争的環境の中で個性が輝く大学―（答申）、大学審議会、平成10年10月26日、p.16-17
(6) 合田隆史、短期大学の今後の在り方、AACJ NEWS LETTER・vol..20,2001.7,p-2-3
(7) 栗坪良樹、高等教育は何処へ行く、『日本近代文学』65集、2001.10, p .213
(8) 金井景子、前掲文のp .166-167

第 3 節

大学における出版編集教育
―実践女子短期大学のケース―

（初出誌：『出版研究 2006』37 号

1.1　日本の女子高等教育の現状

　日本の高等教育機関である大学・短期大学・専修（専門）学校に在籍する女子学生数は、2005（平成 17）年度で大学生 112 万人（学部のみ・全体 251 万人）、専修学校生 40 万人（全体 78 万人）、短大生 19.1 万人（全体 21.9 万人）となっている。

　女子短大生は、ほぼピーク時の 1995（平成 7）年には 45.5 万人（全体 49.9 万人）であったので、1995 年はピーク時の 4 割にまで落ち込んでいる。

　日本私立学校振興・共済事業団の調査によると、短大は 45.5％ が定員割れを起こしており、特に、国文科・文化教養科といった教養系学科の定員充足率が悪い。このことは、文部科学省の「学校基本調査報告」の統計で明白である。

　因みに、2005 年の短期大学の学科別在学者数は、保育・幼児教育系 29,637 名、食物栄養系がある家政 18,352 名、経営・実務系 6,966 名、英文系 5,650 名、福祉系 5,389 名に対し、文化・教養系 4,599 名（前年 6,639 名）、国文系に至っては 1,902 名（前年 2,151 名）などとなっている。

　短大への入学志願者はここ 10 年間、毎年 1 万人ずつ減少し、2005 年には 9.5 万人に落ち込んでしまっており、現在もこの減少傾向には歯止めがかからない状況になっている。

　女子短期大学の凋落の主因は、高校生の 4 大志向、共学志向もあるが、最大の原因は少子化であろう。

1.2　出版編集コース新設の経緯

（1）　出版編集コース設置の契機

　短期大学の国文系学科は、かつては短期高等教育の花形として、第二次世界大戦後（1945 年以降）の日本の女子教養教育の中心であった。

　実践女子短期大学の国文学科は、1952 年（昭和 27 年）に設立された名門であったが、時流に逆らえず他の多くの短大の国文系学科同様に、伝統ある国文学科の看板を降ろし、2000 年（平成 12 年）に学科名を「日本語コミュニケーション学科」に変更した。

　学科名変更に際して行った 2000 年のカリキュラム改革では、50 年近くにわたり実施してきた従来の教育科目に、多少コンピュータや情報・出版などの実学的科目が追加された。しかし、日本文学中心の教養主義教育を温存したままのカリキュラム改革であったために、受験市場に受け入れられず、2001 年には入学定員 161 名に対し 81 名の入学者と半減するまでに落ち込み、学科の存続さえ危うくなってしまった。

　実は、実践女子短期大学の出版編集コースは、学科存亡の危機を乗り越える方策を模索する中で誕生したものであった[1]。

（2）　学科カリキュラムと教育方針の再検討

　学科存立の危機という事態をどう乗り切るかは、学科にとって重大かつ困難な問題であった。どうすれば、日本文学とことばの教育と研究という実績と熟練した教員スタッフの能力を生かしたまま、社会のニーズに合致した教育カリキュラムを構想できるか、が最大のテーマであった。さらには、短期大学は、大学と専修学校に挟撃されて短大市場は縮小の一途をたどっており、教学の問題の枠を超えて、その存在理由さえ問われるという社会的な問題にもさらされていた。

　トータルとして、社会ニーズに合わなくなってしまった国文系学科の教育サービスを、どうすれば再生できるのか。そもそも、短期大学の大学や専修学校にはない特性は、その教育の短期完結性と実践性にある。その特性とは、次の二つに集約される。

①２年間で大学と同等の教養を身に付けることができること
②２年間で社会の一員として企業で働ける実務能力を身に付けさせること
　ができること

①の教養教育部分は十分に実績があり問題はないが、②の実務能力をつけさせるという実学教育の構築については経験も実績もなかった。

市場（受験生・求人側の企業）は、学生が教養だけでなく専修学校に劣らない実学の修得を望んでいる。この現実を踏まえて、まず教養教育偏重の教育方針を改め、実学教育を教養教育と同等に重視するという、思い切った教育方針の変更を行った。そしてこの方針の上にたって、下記のような要件を備えた教育カリキュラムを開発するという仮説をたてた。

50年続けてきた教養至上の教育システムとこれまで相容れることがなかった実学教育とを融合させるという大テーマへの取組みであった。しかもその仮説の中心コンセプトは、大学と専修学校が真似できないユニークな特色を持ったカリキュラムの開発であった。

（仮説の要件）
・従来どおりの教養教育を重視したカリキュラムの踏襲。
・学科特性である日本語の読み書き話し能力（日本語リテラシー）と文学的な
　教養修得の教育を基盤にした実学教育カリキュラムの構築。
・実学教育の裏づけとして社会人に必須な資格を取得できるカリキュラム。

言葉で伝統的な教養教育と実学教育の融合化というのは簡単であるが、仮説を満たすカリキュラムの構想は決して容易ではなかった。しかし、種々の調査と研究の結果、学科特性が生かせる三つのコースの構想が浮かび上がり、その中の一つが出版編集コースであった。以下で出版編集コースについて詳述するが、三つのコースとそのカリキュラムの内容は、次のようなものであった。

◇　**情報スキルコース**
情報の収集・加工・蓄積・検索を学ぶ情報管理（ドキュメンテーション）を柱としたカリキュラム。情報（文献）の主題分析能力を必要とする索引・抄録作成、情報検索、データベース作成の知識と技術を修得できる。「情報検索基礎能力試験」資格に対応できる。

◇　コミュニケーションスキルコース

社会言語学的にことばを学び、ことばによるコミュニケーション能力が修得できる。また、ビジネスシーンでその応用を可能にするために、ビジネス文書作成能力などのビジネスリテラシーを修得できる。「ビジネス能力検定」資格に対応できる。

◇　出版編集コース

出版編集の知識と校正技能を修得できる。「校正技能」資格に対応できる。これらのコースの基礎能力として必要な日本語の読解力と表現力・文章力を修得する科目及びコンピュータ技術科目を、コース共通の専門科目として必修化した。

1.3　出版編集コースの成立

学科の存亡問題に関しては、結論から言えば、旧国文学科が培ってきた日本文学と日本文化・ことばの学修により修得した基礎教養と基礎学力を基盤とした、三つの実学的専門コースで構成される新教育カリキュラムのコンセプトは、受験市場に受け入れられるところとなり、成功を収めることができた。この新教育サービスを開始した翌年の2003年には140名（定員123名）の入学者があり、その後も定員オーバーを維持している。

因みに、出版編集コースの志望者は、2002年34名、2003年45名、2004年27名、2005年35名、2006年38名となっている。

出版編集コースの新設に関しては、当初から日本エディタースクール代表の吉田公彦氏に相談するとともに、カリキュラムの細部にわたるご指導いただいた。同氏及び日本エディタースクールの指導と協力がなければ、大学教育の一環とする出版編集教育は誕生しなかった。氏のご尽力により、カリキュラムの構築、講師派遣、教材の提供などすべてが順調に運び、2002年4月から授業は開始され、今日に至っている。

1.4　コースカリキュラムの編成について

文学中心のカリキュラム構成を維持してきた日本語コミュニケーション学科内に出版編集コースを新設するに際して、大きな問題が2つあった。1つは、

コースに即したカリキュラム編成の問題であり、もう一つは、8名いた専任教員が一人を除き日本文学と言語系教員であるという教員構成の問題であった。

　しかしこの二つの問題は、コースカリキュラムの編成は日本エディタースクールの指導を受けてカリキュラムを作り、過半の科目についての授業担当も同スクールの教員に非常勤講師として出向していただくことで解決が図られた。

　コースカリキュラムの編成は、エディタースクールの「昼間部総合科2年課程」のカリキュラムをもとに行われた(**資料1参照**)。

　それは、以下に述べるような問題もあったが学科が国文系学科であったことにより、エディタースクールで課している基礎科目と教養科目には、学科に置かれている専門科目と共通の科目が相当数あり、比較的容易に実施できた。エディタースクールの2年課程の卒業に必要な科目数と単位数は以下のようになっている[2]。

　　　◇　基礎科目：9科目＝10単位
　　　（必修8科目＝9単位、選択1科目＝1単位）
　　　◇　専攻科目：27科目＝81単位
　　　（必修21科目＝61単位、選択6科目＝20単位）
　　　◇　教養科目：4科目＝8単位(選択4科目＝8単位)　(合計)：40科目＝
　　　　　99単位
　　　（必修29科目＝70単位、選択11科目＝29単位）

　一方、実践女子短期大学の出版編集コースの履修生が卒業に必要な単位数は、以下のようになっている。

　　　◇　総合教育科目：18単位(必修＝7単位、選択＝11単位)
　　　◇　専門教育科目：50単位(必修21単位、選択＝29単位)

「総合教育科目」とは、いわゆる短大共通の語学・女性学・生活文化・社会・国際などの関連71科目からなる一般教養科目群をいう。この科目の必修科目とは、英語、体育、コンピュータ基礎、日本語表現法といった科目である。

　出版編集コース履修生は、コース専門科目の19科目34単位の中から必修7科目＝11単位、選択11単位計22単位以上を履修しなければならない。

　また、専門科目には文学系科目を中心とした共通専門科目群があり、この中から28単位(内10単位は「卒業研究」「自己表現法j「学問への招待」「日本語

コミュニケーション入門」「日本語情報処理」などの必修科目）を履修しなければならない[3]。

　エディタースクールの授業は70分授業、実践短大の授業は90分授業なので、これを大学授業換算にしても、エディタースクールの出版専門の卒業に必要な授業単位は、70単位にもなる。

(注)　エディタースクールでは、毎週1時限・12週の講義を2単位としている。大学でもほぼ同様であるが、例えば「校正技術」「DTP演習」のような実技・演習系科目は1単位となっている。

　短大の専門教育科目をすべて出版教育に充てても、とうてい70単位に達せず、しかも実践短大の日本語コミュニケーション学科には、他にも内容が異なる二つの専門コースがある。さらに5人の文学系専任教員が担当できる文学系科目を相当数専門科目に置かなければならない、という全体カリキュラム編成上の大きな問題があった。しかし、この問題の解決は、専門科目のうち半分以上の26単位以上を選任教員が担当できる文学系中心科目（「学科共通科目」）とし、残り22単位をコース専門科目に充てるということで解決した。

1.5　出版編集コースの科目編成

　現行の出版編集コースのコースカリキュラムは、以下の19科目（34単位）で構成されている。

- ・出版基礎科目：＊「出版概論1、2」、＊「原稿編集」、＊「印刷製本知識」、＊「校正理論I・II」
- ・編集関連科目：＊「書籍製作論」、「雑誌編集論」、「書籍企画編集論」、「雑誌企画編集論」、「書籍製作」
- ・校正技術科目：＊「校正技術I-1・2・3」、＊「校正技術II」
- ・文章技術科目：「ライター入門1・2j
- ・教養科目：「近代ジャーナリズム論」、「出版文化史j

(注)　＊印のある11科目、18単位の修得者には、日本エディタースクールから「校正技能5級」の認定証が与えられる。

　一般教養科目と学科専門科目が多数を占める大学のカリキュラムに、出版編集という専門的な実学教育科目をどう取り込めるかが、このコース設置の最大

[資料1]　日本エディタースクール総合科2年過程78期　科目別講義題目一覧
◎必修、○選択

科目		講義科目	単位数	学期	必修・選択
専門科目	基礎科目	出版概論	1	1	◎
		印刷知識	1	1	◎
		雑誌論	1	1	○
		製本知識	1	1	◎
		出版広告知識	1	1	◎
		原価計算	1	2	◎
		造本設計	2	2	◎
		出版流通知識	1	2	◎
		著作権知識	1	2	◎
	専攻科目	レイアウト基礎実習	4	1	◎
		企画編集	1	1	◎
		校正実習I	4	1	◎
		本づくり基礎実習	4	1	◎
		パソコン基礎実習	2	1	○
		パソコン編集実習I	2	1	◎
		原稿編集I	2	1	◎
		記事作成実習I	4	1	◎
		レイアウト実習I	4	1	◎
		編集基礎実習	2	1	◎
		DTP基礎実習	4	1	◎
		写真実習	2	1	◎
		雑誌編集実習I	2	1	◎
		校正実習II	4	2	◎
		原稿編集II	2	2	◎
		書籍製作実習	4	2	○
		パソコン編集実習II	2	2	◎
		記事作成実習II	2	2	○
		レイアウト実習II	4	2	○
		雑誌編集実習II	2	2	◎
		DTP編集実習	4	2	◎
		DTP特別実習	2	2	○
		校正特別実習	2	2	○

	科目	講義科目	単位数	学期	必修・選択
教養科目		児童文化論 I	2	1	○
		現代の写真	2	1	○
		中国語講座	2	1	○
		電子出版	1	1	○
		現代史探訪	2	1	○
		児童文化論 II	2	2	○
		Web 活用のための英語	2	2	○
		ジャーナリズムの歴史	2	2	○
		出版の原論と自由	2	2	○
特別講座		漢字検定	2	2	○

	科目		講義科目	単位数	学期	必修・選択
専 攻科目	基礎科目		マスコミ論	1	3	◎
			雑誌論	1	3	◎
		専門科目	書籍演習 I	4	3	○
			雑誌演習 I	4	3	○
			校正実習 I	4	3	○
			エディトリアル・デザイン演習 I	4	3	◎
			編集演習 I	4	3	◎
			DTP 編集演習 I	4	3	◎
			校正特別実習	2	4	○
			書籍演習 II	4	4	○
			雑誌演習 II	4	4	○
			校正総合演習	4	4	○
			エディトリアル・デザイン II	4	4	○
			編集演習 II	4	4	◎
			DTP 編集演習 II	4	4	○
教養科目			児童文化論 I	2	3	○
			現代の写真	2	3	○
			電子出版	1	3	○
			中国語講座	2	3	○
			現代史探訪	2	3	○
			児童文化論 II	2	3	○
			Web 活用のための英語	2	4	○
			ジャーナリズムの歴史	2	4	○
			出版の原論と自由	2	4	○
特別講座			漢字検定	2	4	○

の問題であった。前記の科目は、エディタースクールとの協議に基づきコース科目として置かれたものである。エディタースクールの科目群には、コース科目にはない「出版広告」、「著作権」、「原価計算」、「出版流通」、「造本設計」、「パソコン編集実習j」、「記事作成実習」、「DTP編集」、「マスコミ文章」、「レイアウト基礎・実習」、「写真実習」、「エディトリアルデザイン」、「マスコミ論」などの多数の科目がある。しかし、実践の学科には、コンピュータ授業科目に「DTP演習」、ホームページ作成科目の「情報の加工と活用」、漢字検定資格試験を意識した「自己表現法」、取材と記事作成を内容とする「ライター入門2」など、対応する科目があることにより、相当部分がカバーできている。

1.6　学生の授業満足度

2005年3月14日に行ったアンケート調査で卒業生37名から得た回答は、以下のようなものであった。

・科目「校正理論」を理解できなかった者2名、興味を持てなかった者2名。
・科目「原稿編集」を理解できなかった者2名、興味を持てなかった者ゼロ。
・科目「出版概論」を理解できなかった者5名、興味を持てなかった者2名。
・科目「校正技術」を習得できなかった者4名、興味を持てなかった者2名。
・科目「ライター入門1」を習得できなかった者2名、興味を持てなかった者ゼロ。
・「コース授業内容は少し期待外れだった」者9名。
・「コース授業にあまり満足しなかった者」5名。
・「学んだことが社会にでて役に立つと思う者」27名。
・「出版編集の勉強をしたことが就職活動で高く評価された者」8名。
・「チャンスがあれば将来出版社で編集などの仕事をしたい者」22名。
・「一般企業に就職したが企業内で出版関係の仕事がしたい者」17名。

1.7　今後の問題点

2005年に出版編集コースの担当教員に行ったアンケートでの大方の見方は、概ねで「コース授業は成り立っている」、「学生は授業についてきている」、「意欲もまずまずである」、「概ね授業の理解ができている」、「概ね学生は授業に満

足している」というものであった。しかし、「3割くらいの学生が基礎学力に欠けている」、「基本的に出版への意欲が弱い」、「コース科目の内容の検討が必要」、「学生のレベルに合わせた教育になっている」という意見があった。

　2006年10月にコース履修の2年生25名から回答を得た、前述と同様のアンケート結果は次のようなものであった。

- ・講義系科目の理解度は：「出版概論」（92%）、「原稿編集」（92%）、「書籍編集論」（87%）、「雑誌編集論」（88%）、「雑誌企画編集論」（91%）、「校正理論」（80%）。
- ・技術系科目の修得度：「校正技術 I」（84%）、「校正技術 II」（70%）、「ライター入門1」（95%）、「ライター入門2」（71%）。

　また、2006年10月にコース履修の1年生36名から回答を得たアンケート結果は以下であった。

- ・出版編集コースを選んだ理由：「将来、本や雑誌など出版に関わる仕事がしたかったから」＝72%
- ・校正技能四級を目指したい＝42%

　2005年・2006年両年にわたり実施したアンケート結果はほぼ同じような結果であった。しかし、実際に、「出版概論1・2」を担当している筆者からみて、年々学生たちの出版編集を学習したいという意欲は高まっているように感じられる。

　日本エディタースクールの夜間課程の履修生は90%が社会人、また昼間部総合科過程でもほぼ同様とのことである。多くが大学などでの履修を終えてから、将来出版社または出版関係の仕事に従事する目的をもって通学していると言える。学習意欲の点では、同スクールの履修生に劣っていることは確かであるが、出版の仕事をしたいという夢の実現の第一歩をこのコースで叶えていることは、間違いない事実である。全国1,000を超える大学・短大の中で唯一出版編集コースを設けていることの意味は、ここにあるといってよい。

　今後の課題と問題点としては、次のようなことが挙げられる。

- ・コース担当教員全員での授業内容改善の努力の継続。
- ・出版関係の仕事に就きたいと思っている学生が多いが、短大卒者への求人が極めて少ない。
- ・一般企業、一般社会で役にたつ授業内容の工夫と開発。
- ・大学に本格的な出版編集が学べるコースがあることの周知・広報努力。

・コース受講卒業者への追跡調査。

　進路指導、担任の先生から、出版編集コースが置かれている短大があると教えられて、志願したという学生は年々増えている。出版に興味を持ち、憧れる高校生はかなりいると考えられ、進学校の生徒でも出版志向の強い生徒は、出版編集コースが置かれている短大があることを知れば入学してくる可能性は高いと判断される。

【参考資料及び文献】

(1) 三浦勲「文学教育の新たな展開—実践女子短期大学のケース—」歌子第十二号 p.83-96、2004

(2)「—昼間部総合科2年課程（第78期）—講義ノート〔第2学期〕2006年10月—2007年2月」日本エディタースクール　2006

(3)「—実践女子短期大学日本語コミュニケーション学科—履修ガイダンス2006年度」実践女子短期大学　2006

コラム

日本語コミュニケーション学科のこと

　私は、顧みると、この学科コースマネージメントを試みようとしていた。むろんのこと、コースカリキュラムは学科の教員全員で相談して決めた。

　しかし、受験市場・企業に向けた、学科の教育やカリキュラムのコンセプトなど学科そのものを知ってもらうための理念(ブランド)・構想を示す役割を果たしたと自負している。

　だが、定年退職するとき、後任人事には関与できないという慣習があって直接、意中の適任者の推薦ができなかった。文学系教員からは、当然、後任候補の相談があると思っていたが、甘かった。当時の文部省の高等教育の規定には「学科・コース」には、専任教員を置く、とあるが充足されなかった。

　毎年、就職時期になると、私の研究室を相談に訪れる学生が多かった。試験に躓き、フリータでいいという学生を励ましたり、一人でも多く就職させるのも大事な仕事であった。

コラム

人との交流

　紀伊國屋書店の ASK サービスは、中井浩氏のアイデで、氏の紹介により東レから坂本徹郎氏を迎え、スタートした。このデータベースビジネスを通じて ISI 社のガーフィールド氏と親しく付き合うようになった。

　彼は、気さくで茶目っ気のある人であった。対照的なのが Dialogs 社のサミット氏であった。彼は、謹厳実直で研究者タイプだった。ある時、彼は、2 社ある D IALOG サービスの代理店を 1 社にしたときのメリットとデメリットについての提案書を要求してきた。

　メリットは言うまでもなくサービスの均質性であり、デメリットについては、もし、紀伊國屋を外した場合には、強力な敵をつくること。なぜなら、紀伊國屋は OCLC を始め DIALOG の競合サービスにその販売力・優秀なスタッフによる顧客対応力を向けることになる、と回答した。

　サミット氏は、CIS サービスの代理店になったときには、「CIS は羊の皮を被った狼」と嫌悪を示すなど、少々かたくなところがあった。

　すんなり OCLC の代理店になれたのは、当時オハイオ州立大学の準教授だった森田一子氏の推奨もあったからだ。森田氏は、代理店契約成立後にも、OCLC セミナーを行った。

　藤川正信氏との交渉も長く、図書館情報大学学長になった後も続いた。一緒にヨーロッパに視察旅行に行っており、バイクで大学に通う途中、暴走族に因縁をつけられたとき、剣道有段者の氏が木刀を持って、"やるか"と脅したら彼らは退散したとの話がでた。温厚な人柄からは想像できなかった。また、カメラはプロ級で、旅行中何本もフィルムを消費していた。

　情報知識学会とは、その立ち上げの相談会議の場に、東京大学理学部長だった藤原鎮男氏に誘われて参加した。学術著作権協会への初期からの参加も同氏の推薦によるものだった。氏には、何かと引き立てられた。

　後先になるが、コンサルタント時代の海外とのやりとりは中尾江里子(旧姓赤沢)さんに依頼した。彼女に作ってもらった、長文の私の経歴書のお陰で、幾つかの海外企業と顧問契約を結ぶことができた。

　ビジネス上での人々との交流は、尽きることがない。

第6章

データベースとその周縁

本章の内容

　私の47年にわたる仕事歴を通じて一貫しているのは、学術専門情報との縁であった。

　1961年(昭和36年)に紀伊國屋書店に入社して、いきなり営業担当にさせられたのは、国立国会図書館(NDL)であり、数年後には科学技術情報センター (JICST)も担当させられた。

　当時、NDLは国の科学技術振興策により大量の科学技術書を購入していた。一方、JICSTは科学技術分野の専門雑誌を大量に購入しており、私は、科学技術専門書籍・雑誌の取り扱いの渦中にいた。

　以来、資料だけでなく、科学技術情報の周辺にいた専門家とも接しこうした環境のなかで、多くの啓発を受け、科学技術情報を主とした学術専門情報のデータベースによる情報サービスに身をおくことになった。

　本章の余話には、一見、情報サービスとは無関係に見えるが、すべてがデータベースビジネスにつながっている。例えば、大学の教壇に立てたのも、そもそもこの機会を与えてくれたのもデータベースビジネス仲間の仲介であった。多分に俗人的な章立てだが、大切な一章である。

第1節

データベースビジネス 25 年の軌跡

（三浦勲のホームページより収載）

1.1　データベースビジネスの始まり

　紀伊國屋書店洋書部に勤務して 10 年目の 1971 年にコンピュータによる学術情報検索サービスの開始を提案し、自ら出張し米国の主要な学術情報機関と交渉・契約し日本でのサービスを実現した（**第 1 章第 1 節**参照）。

　サービス名称は ASK（Alerting-search Service from Kinokuniya）で、主要なデータベースは米国化学会（American Chemical Society）、米国電気電子工学会 (IEEE)、ISI 社、米商務省、米国物理学協会（American Institute of

ASK サービスを当初から支えた同僚たち。
右より荒井幹夫氏、根本勝弥氏、三浦、高橋真一氏
写真 1

Physics）などが制作に関わるものであった。

　当時は「ソフトウエアの話」という啓蒙書がベストセラーになるような時代であり、民間の一書店がコンピュータを導入して、主要先進国では政府が行っていた情報検索サービスを開始したことが世間を驚かせた。

　このサービスはいわゆるバッチによる検索サービスであったが、米国ではすでにオンラインによる対話形式のサービスが始まっていた。この紀伊國屋での事業は一種の企業内起業によるものと言えるが、1978 年には米国のオンライン情報検索サービス大手二社を訪問しそのうちの一社、Lockheed Missiles and Space 社と交渉・契約し、日本で DIALOG というサービスを開始することとなった（**第 1 章第 4 節**参照）。

　実に、日本は通信規制などにより欧米に比べ 10 年遅れでのスタートだった。日本でオンラインネットワークが公認されたのは 1980 年であったので、それまではテレックスと専用回線でシステムとユーザは結ばれていた。

　1980 年以降、ドイツ・フランス・EU などのデータベースサービス機関とも契約し日本でのサービス利用を可能にした。さらに情報技術の進歩によりオンラインではなくスタンドアロンのパソコンで回線使用料なしで同等の検索を可能にした CD-ROM というメディアも実現した。

右：Citation Index の創始者 ISI の Eugene Garfield 社長
中央：マニュアルなどの翻訳・各種セミナーの通訳で
支援してくれた藤川正信氏（後に図書館情報大学長）
写真 2

　当時としては、画期的な学術雑誌のフルテキストサービスのADONIS（オランダ）も登場し、米国の最大手CD-ROM制作会社のSilverPlatter Information社のCD-ROMと合わせて独占的にサービスの提供も行った。

　一方、当時パソコン市場を独占的に支配していたNEC（日本電気）と共同で朝日新聞記事全文やOxford English Dictionary（OED）のNEC-PC対応版を開発・発売し好評を博した。
　因みに、当時日本の大学図書館の地位は欧米に比べ極めて低いと言われていたこともあって、契約関係にあった英国図書館（British Library）の研究開発部と「大学図書館の将来—日本の図書館経営変革の好機—」というマルチクライアント調査研究を行った。
　この調査研究に当たった英国側のメンバーは、ケンブリッジ大学の元副学長で高名な数学者でもあった人物を主査として、ウエストミンスター大学の情報通信研究センターの研究員、後に英国図書館の館長になったライブラリアンなどであったが、日本側は図書館情報大学など大学で教鞭をとる教授・助教授等であった。この事実は、彼我（ひが）の図書館というものに対する社会的な認識の隔たりを如実に表すものであった。
　学術専門情報とは異なるが世界最大のオンライン・カタロギング・サービス

ニューヨークの国連本部前で鈴木文雄氏（左）と
写真3

提供機関のOCLC（Ohio Computer Library Center）と1986年に日本でサービスを行う単独契約を行った。図書館では図書・資料の分類は第一義の業務であり、1冊の図書の分類に数時間かかることもあると言われ、ライブラリアンにとって専門度の高い業務である。

　しかし、このサービスは最初にどこかの図書館員が分類作業を行いシステムに登録すると、二人目からはオンラインでそれを利用できるので大変な時間の節約ができた。

　特に、日本の図書館員にとって洋書の分類は高度の知識を要するので、このオンラインサービスは大学などの図書館にとって必要不可欠なサービスであった。

　なお、以上の海外情報サービスの契約交渉及び契約締結は、当初から国際ビジネスコンサルタントの鈴木国際事務所　鈴木文雄氏（故人）の力に負うところが非常に大きかった（**写真3**）。

　1985年には、日本で初のデータベース業界団体「日本データベース協会」の発足に尽力し、理事に就任。以来、ビジネス活動に加え情報技術協会・情報知識学会・学術著作権協会などの学協会活動も行い、1996年からの情報ビジネスコンサルタントを経て2000年に実践女子短期大学の教授に就任した。

右よりDIALOGシステムの創始者Roger.
K.Summit氏、紀伊國屋書店松原社長、
左端三浦
写真4

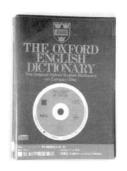

OEDのCD-ROMパッケージ
写真5

第2節

データベースビジネス余話

（三浦勲のホームページより収載）

1.1　忘れえぬ人

　そもそも電子計算機（コンピュータ）を使って大量の学術専門情報データベースを検索し、学者・研究者に提供することの重要性について教えてくれたのは、中井 浩氏 であった。氏の業績については Wikipedia に詳しいが、氏は国の科学技術情報の提供を担っていた科学技術情報センター（JICST と称され、科学技術振興機構の前身）での情報検索サービスを企画推進した功労者である。

　私は昭和 40 年代（1965 年〜）に営業担当者として JICST に出入りし資料課長だった氏とは頻繁に会う機会があった。

　氏からはデータベースとその情報の電算機による検索サービスの重要性を説かれた。世界の天才の着想の多くは若年時に得られるが、その研究活動のなかで情報入手を容易にできる環境が非常に重要である。しかし、日本は欧米先進国に比べ、その環境整備が脆弱で科学技術の進歩に重大な支障がでていることなど、説き聞かされた。私はこうした話に触発されて、それができるサービスを民間で事業化することに思い至った。正に、中井浩氏こそ紀伊國屋書店の情報検索サービス（ASK）の産みの親であったといってよい。電算機が普及していなかったこの時代に、中小企業の域を出ていない一書店がこうした事業を立ち上げることができたのは、奇跡といってよかった。

　また、1971 年（昭和 46 年）には海外の学術機関などと日本へのデータベ

ース提供の契約がまとまったが、当時こうした事業の推進にあたりアドバイス
をし、後押しをしてくれたのが宮川隆康氏（後に共栄大学学長）であった。

　実は、氏は私の高校時代の恩師でもあったが、後にデータベース業界団体が
できたときには、当時、三菱総合研究所の役員だった氏は業界団体の副会長と
して、データベース業界の発展に尽くされた。国際ビジネスコンサルタントの
鈴木文雄氏の起用を薦めてくれたのも氏であった。

1.2　自治医科大学のこと

　1971年（昭和46年）の自治医科大学新設時に、その図書館蔵書の収集・
調達を一括して受注し、図書館づくりに協力した。私の紀伊國屋の洋書部での
最後の営業の仕事になった。

　自治医科大学は、地域医療の担い手になる人材を、全国各地から募って育成
することを目的として、1971年初に都道府県の強い要望で設置が決まったも
のである。私は、この大学設置の準備室が、平河町の都道府県会館内にできた
ことを、小さな新聞記事で知った。そのころ私は、千代田区と港区を中心とし
たエリアを担当していたので、早速準備室を訪れた。訪問してみると、広い部
屋に大きな机が置かれ、そこに自治省から出向してきた、それなりの地位と思
われる人物が一人座っていた。

　その人物（恐らく後に、福井県副知事に転出した西川一誠氏だったと思う）
は、医学部新設の経験者ではなく、準備室を初めて訪れてくれた関係者と言わ
れ歓迎された。私は同氏に大学設置の蔵書に関する規定は厳しく、国内の医学
専門書を全て収集しても、到底規定数を満たせないことを伝えた。1972年開
校を目指すのなら、直ぐにでも洋書の手配をしないと間に合わない、また医学
専門雑誌についても、多くの外国雑誌を予約する必要があると説明した。

　洋雑誌の場合、1972年発行の雑誌については前払いの必要があり、そのた
めの予算措置が必要なことも話した。何度か同氏と面談し、同学の教授陣は東
京大学医学部の教員が中心であることが分かった。そして、図書担当として医
学部助教授の倉科周介氏の紹介を受けた。

　しかしある日、東大の先生方は洋書の医学書は丸善と相場が決まっている、

ほんとに紀伊國屋書店で大丈夫かと危惧しており、教授予定者たちが紀伊國屋との面談を希望していると言われた。この面談は、東大内で行われたが、私は慶應大学医学図書館の津田良成氏（後に慶應大学図書館情報学科主任教授）から、アドバイスを受けていたので、望むところと面談に臨んだ。

　津田氏からは、米国の医学図書館が義務付けられている専門雑誌・図書・参考図書のリストを貰い受け、それらをベースに、蔵書収集の方針を説明した。結果的には、問題なく受注でき、総額は当時の金額で3億円に達した。50年前の3億円は大きく、恐らく洋書業界では、最大級の受注金額であったろう。

　文部省の医学部図書館と蔵書に関する基準は、常識的にもそれを満たすのは大変困難な規定だった。医学図書館の主任となるライブラリアンを決めておく、収集した図書の閲覧カードを整える、蔵書目録を作る、などであった。それらを1971年中に整えなければならず、それは至難なことだった。

　人材については、倉科氏と共同で動き、民間から優秀な人材の確保ができた。最難関の医学専門書の分類を年内に終えるのは、とても不可能なことだった。このことも、津田氏に相談したところ、慶應の医学図書館の図書閲覧カードをすべてコピーして、それを利用して分類カードを作ればよいとの、アドバイスを受けた。米国医学図書館（NLM）の分類が義務付けられ、至難だった。

　これは、大変な荒業であったが、津田氏の医学図書館新設についての深甚な理解のお陰で実現できた。さらに、一般図書もしかるべき監修者に監修された図書の選定が要求されていた。これも、津田氏の紹介で、しかるべき人が推薦され監修者として協力をえた。この一般書についても、分類カードの作成が要求されており、分類は国会図書館と慶応大学の大勢のライブラリアンに、紀伊國屋の社屋に休日出勤してもらい、作業を完了することができた。このように、受注者は単に本や雑誌の調達だけすればよいと、いうものではなかった。

　文部省の大学設置審議会には、専門書・一般書、雑誌についても専門雑誌・一般教養関連雑誌の選定基準や収書の方針・理念を文書にする必要があったが、多くの方々の協力をえて提出できた。

　この大学が設置認可されたのは、1972年（昭和47年）2月であったが、その前に図書館への立ち入り検査があり、クリアしていた。倉科氏とはその後も交流があり、私が胆のう切除の手術を受けたときにも、アドバイスをうけた。

同氏は、自治医科大学の教授を経て、東京都立衛生研究センターの所長に就任した。

1.3　メディアのこと

　これまでの記述では、まったくメディアのことに触れていないので、ここで述べておきたい。実は、個人的なことだが、2018年夏に戸建を引き払い、マンションに越すに当たって、学会誌への掲載論文や業界紙誌に寄稿した記事などのほとんどを処分してしまった。学会誌の掲載文献は、当時の文部省所管のデータベースに採録され、ネットで原文が見られるものの、メディアの記事などは幾つも残っていない。

　日本では、1980年代に入りオンラインデータベースサービスが始まったが、この年代はサービス自体が新しく、言わば旬であった。折から、高度情報化社会が始まったといわれるようになり、データベースサービスは、さまざまなメディアで取り上げられるようになった。NHKの取材も受け、夜7時のニュースで報道された。また、TBSの報道特集でも取り上げられた。TBSは、アメリカで取材を行い、DIALOG社や世界最大級の学会、米国化学会のChemical Abstractsデータベースの製作現場を紹介した。私も取材を受け、登場した。

　当時取材を受けたり、寄稿を求められたりした紙誌を、参考までに記してみる。
　◇新聞
　日本経済新聞、日経産業新聞、日経流通新聞、日刊工業新聞、日本工業新聞、情報産業新聞、文化通信、流通サービス新聞
　◇雑誌
　週刊東洋経済、週刊ダイアモンド、日経コミュニケーション、データ通信、電気通信、BUSINESSコンピュータニュース、週刊電波コンピュータ、大学出版、印刷雑誌、KEY MANなど

　現在は廃刊となったり、紙誌名も変わっているものがあろうが、取材を受けたメディアは、多様であったと思う。ビジネスマン時代に執筆した記事文献で印象的なのは、データ通信が1986年号で特集した「高度情報化社会の展望」に寄稿した一文であった。この特集の執筆陣は、当時斯界では名のある大学教

授・民間の論客・郵政省の通信政策課長などであった。私のタイトルは「高度
情報化社会とデータベースの整備—その現状と問題点に対する私見—」という
ものであった。

　いま読み返してみると、当時の内外のデータベース産業の現状と問題点を詳
細に報告していた。日本語という制約はあるものの、世界の主要な学会が製作
するデータベースに採録されている日本人の論文は、極めて少ないことも指摘
している。1985 年代半ばの世界のデータベースサービスの実態を、数字で示
している。

　当時は、日経をはじめとする業界紙誌の記者が、定期的に取材に訪れるよう
になっていた。新しいビジネスの勃興時に、起こった現象であったのであろう。
取材に訪れた『データ通信』誌の記者からは、私の日常を書くよう要請され、
同誌の「身辺雑話」にそれが掲載された。掲載されたのは、1982 年の 1 月号
なので、恐らく前年の 10 月頃の 1 か月のビジネス行動を記したものと思われる。
　『KEY MAN』という雑誌は、データベース関連誌ではないが、私の事業担
当部門で始めたネット通販サービスが紹介されている。その事業内容は紙面に
詳細があるが、『I feel』という通販雑誌を発行して、本のネット通販を展開し
ようとしたものだった（記事の誌面は、本稿では割愛した）。
　その物流は、日本通運と契約し、Quick Service という代引き宅配システム
で行った。これも、流通系のマスコミの関心を引くものであった。
　『KEY MAN』は週刊人事情報誌で、「ビジネスマンが読む "KNOW WHO
戦略" マガジン」との副題がついていた。取材を受けた経緯については思い出
せない。

1.4　メディアのインタビュー記事

　1980 年以降にオンライン情報サービスは開花期を迎え、データベースサー
ビスは世の脚光を浴びることになった。私は、この開花の 10 年も前からデー
タベースビジネスに携わり、多くの実務経験もあったこともあり、さまざまな
メディアから取材を受けた。
　特に、『日本経済新聞』『日経産業新聞』『日経流通新聞』の日経 3 紙と出版

業界紙の『文化通信』の記者からは定期的に訪問を受けた。BOOK というデータベースサービスから派生したといえる、書籍のネット通販事業も注目され、「KEY MAN」などという人材誌からの取材もあった。

　各サービスのスタート時には、プレスリリースをマスコミに送り、記者会見を行うのを常にしていたが、これらを含め、私が関与したメディア関連の記事やドキュメントはほとんど廃棄してしまった。

　図 1 〜図 3 で紹介した記事は、手許に残されていた幾つかのもので、私のビジネス時代の活動を示している新聞・雑誌の記事を掲載した。

　1992 年の『文化通信』のインタビュー記事は、データベースサービスビジネスに従事して 20 年目の節目に、その間のことなどを語ったものである。その一部を抜粋して次ページで紹介する。

　『データ通信』誌の「身辺雑話」は、同誌の要望で、1981 年秋ころの 1 か月の主要な行動が記されている。ここで図書館情報大学 F 教授とあるのは慶應大学から新設の同大学に転出し、後に同学の学長になった藤川先生のことである。氏とはヨーロッパの情報サービス機関などを訪問した。

　オランダでは世界的な学術出版社である Elsevier で、同社が発行する『日本情報』という雑誌の編集者が会いたがっているとのことで、彼らの編集会議に出席した。4 人の国籍は全員異なり、かつ全員がドクターの肩書を持っていた。日

図 1　『文化通信』1992.12.7

図 2　『日経産業新聞』1988.2.18

図 3　『日刊工業新聞』1989.4.12

常業務の公用語は英語だが、役員会はオランダ語で行うという話で、印象に残った。日本工業新聞の囲み記事は、当時の郵政省が主催したデータベース統合システム開発に関する研究会終了を報告したもので、私が座長を務めていた。

『文化通信』1999年(平成4年)12月7日(抜粋)

紀伊國屋書店の情報事業は今秋で20年を迎えた。同社は72年にシステム部を発足、文献情報サービスを開始、72年にはJAPAN・MARCサービス開始、85年情報製作課発足、89年情報事業本部として組織を独立、92年には和書データベースの規模が約1200万件になった。

紀伊國屋書店の情報事業は、日本のデータサービスの歴史といってもよいほど、まだ海のものとも山のものともつかない時期から手探りで事業拡大を進めてきた。20年に当たり、同社の三浦勲常務取締役にその歴史と今後の展望を聞いた。
（注：収録の都合上、算用数字に変換した）

データベース参入20年
紀伊國屋書店・三浦常務に聞く

―― 20年前にはデータベース事業がどんなものか社内に知っている人がいなかったと思いますが。
三浦　全員反対でした。しかし今の松原治社長だけが10年後には普及するといってくれました。当時、全社の売上高が100億円ちょっとの時に毎月100万円投入すると発表した。

―― それでどうやって役員を説得したんですか。
三浦　九善に洋書輸入で先行され、これに追い着くには何か新しいことをはじめなければならない。その武器として情報事業に参入したわけです。当時大学、官庁はともかく企業には販売が弱かったのでどうしたら企業市場に参入できるか考えました。
企業ユーザーは情報代金にシビアなのでデータベースなどは特化したサービスを提供した。その結果、企業市場は非常に伸びました。ただ高いんですよ。1年間で当時3〜5万円前後です。客としてよ

いところは言庁で工業技術院関係、大学の医学系の研究者が価値を認めてくれた。特に留学した人は向こうでデータベースサービスを受けているわけですよ。

――セールスはどんな方法で…
三浦　一つ一つ研究室を訪問しました。だれかが使うと自分でいいというのがわかりますから、他の研究者を教えてくれたのでイモづる方式で契約してくれました。

――スタッフは何人か。
三浦　みんな兼務で専任者はなしです。71年の10月ころになって私が専任に、72年5月に二人ですか、電算部門には5人くらいいました。

―― それでも赤字が続いていたわけですね。
三浦　企業でも理解を示してくれるんですが予算がつかない。で企業が情報テープをアメリカから買って、その処理をうちでやりました。年間1000万円くらいで請け負ったわけです。

――メドをどう考えていましたか。
三浦　私は信念を持っていましたから、1億円くらいの売上高なんて1年で達成できると、楽観していました。所がそこまでいくに5年かかりました。そこからは毎年20%以上も伸びていたので、目鼻がついたと思いました。
データサービスの検索は、過去10年ぐらいの遡及が圧倒的に多く、77年で25%に登りました。当時の端末はテレックスで、これは3年ほど続きました。

――それで社内的には一応評価を得たと…。
三浦　85年ころで10億円になり地位を得たと思います。

（以下省略）

1.5　ビジネスコンサルタントのこと

1995 年 10 月に紀伊國屋書店常務の職を任期途中で辞した翌年、1996 年 1 月に国分寺の自宅を拠点に、三浦事務所を開設した。以来、2000 年 4 月に実践女子短期大学の教授に就任するまでの 4 年間、コンサル業を営んだ。

そもそも紀伊國屋書店から身を引いたのは、1971 年から 20 年余にわたって従事してきた情報事業の担当を解任されたことによる。英国図書館や富士通などとの共同事業により社に損失を与えたというのが直接の理由であった。もともと地味な書店にあって、メディアへの露出も多く、業界活動や学会活動を行っていた私の振る舞いに対する社内の批判が大きかったことが主因であろう。

最新の情報技術と高度な人的能力に支えられ、通信を通して目に見えない情報を社会に提供するという業務は、書店の枠を超えたものであった。渋谷に新しい事務所とセミナー室を設けたとき、視察に訪れた副社長に、「ここは外資系の会社だ」と言われたのは象徴的であった。社長には分社化も勧めたが、「子会社は、結局、親会社の負担になるだけ…」と一蹴された。

楽天の創業は 1997 年、アマゾンの日本での業務開始は 2000 年であったが、紀伊國屋書店は、1970 年代末には、コンピュータと通信を使った情報ビジネスを行っていた。仮定の話になってしまうが、情報事業部門を分社化して自由な活動環境を作っていたら、あるいは新たな展開を遂げていたかもしれぬ。

私の許にアマゾンの代理人が、紀伊國屋との業務提携の打診に訪れたことがあり、松原社長に取り次いだが「メリットがない」と断った。松原氏は根っからの書店人であったがために、自社の書店経営に寄与しないと判断したことは、排除した。一例になるが、1971 年に米国物理学会（AIP）で、SPIN というデータベースの日本での使用契約を行ったときの担当者の Koch 博士が後に学会長になっており、同学会の出版物販売の日本総代理店に紀伊國屋を指名した。

当時、同学会との取引は僅かであったが、最先端のデータベース開発の責任者であった同氏は、紀伊國屋を高く評価していた。このように、紀伊國屋書店は情報事業の推進によって内外の取引先、国内の大学・企業などの取引先に対し、社のプレステージを高めた。

この事業部門を育て・推進してきたという自負もあったので、担当部門長を解任された失望と屈辱は大きく、辞職につながった。

　しかしながら、この情報事業の推進のために、私の手で招き入れた多くの人たちの梯子を外してしまうことになってしまい、退職後も忸怩たる思いを抱き続けていた。だがその後、多くが大学の教職や、技術と知識を買われて、取引先であった欧米の大手出版社や情報サービス会社に転身できている。私が育てた情報事業で修得された技術や知識が、教育の場、企業などの情報部門で有用なサービスとなって現在も継承されていることは喜ばしい。

　また、前述したように紀伊國屋書店での情報事業を1972年当初のASKサービス開始のときから、この事業を支えてくれた高橋・荒井・根本の3氏とは、現在に至るまで交流がある。紀伊國屋離職後30年近くたったが、かつての仕事仲間と今も行き来できていることも嬉しい。

　コンサル業の4年間は、大樹のお陰を被った35年間のビジネス時代には味わえない経験ができた。ここでも紀伊國屋書店の前常務という経歴は役立った。国内では幸い、上場会社を含め3社と顧問契約が成った。しかし、その上場企業からの出資で新しい情報サービスを起業すべく準備を行ったものの、信頼していた社員に不正があって頓挫し、即、職を辞してしまった。とんだ滑り出しになったが、直後に海外の情報サービスベンチャーとコンサル契約をすることができた。

　Infonauticsという会社であったが、日本への進出を図るための提携先を求めていた。私の得意分野であり、2年間にわたり幾つかの会社との交渉の仲介を行ったが、この会社自体が、米国の大手企業に買収され、ピリオドとなった。他の1社はイスラエルの図書館システムの開発会社、もう1社はヒラメの養殖会社であった。いずれも日本への進出を企図したものであった。

　両社とは、紀伊國屋時代の取引先として親交のあった人物からの紹介と依頼であった。ヒラメの養殖は全くの専門外であったが、養殖の業界団体・関連学会の幹部との間を取り持ち、養殖の展示会への出展のアレンジもした。全くの畑違いであったが、結構うまく役割を果たすことができた。

　またイスラエルの会社はExLibrisという図書館システムの大手企業で、日本進出を企図していた。日立など主だった図書館開発会社へ紹介の努力をしたが、私の手では提携先を紹介できなかった。紀伊國屋にも紹介したが、当時、

同社は IBM の図書館システムの販売代理店であったので、不調であった。しかし、2020 年に同社は、紀伊國屋書店と成約している。

　ここで、コンサル時代の 4 年間に感じたことをまとめてみたい。
・日本の大手企業をスピンアウトして独立して起業を試みた幾人かの人物とも交渉があったが、成功事例を見たことがない。
・海外企業の場合、起業の時から世界戦略を構想し、優秀な人材を配置している。彼我 (ひ が) の相違を強く感じた。
・日本では、前職の企業やそこでの肩書が大きな意味を持つが、欧米にあっては、その人物の実績しか評価されない。
・欧米の企業では、日本への進出時などには現地でコンサルタントを雇うのが常套的であるが、日本企業ではコンサルタントそのものに、金を払って業務上の相談をする習慣がほとんどみられない。
・短期を含め、それなりの企業とコンサル契約を行った行きがかりで、6 社に出資したが、1 社を除き、不調に終わった。

　いずれにせよ、コンサル業をやって、改めて組織のバックがあって、その基で自らが実践できることのありがたさを痛感させられた。

1.6　実践女子短期大学のこと

　私が実践女子学園に就職したのは、当時、同学園の短大図書館学過程で教授をしていた石井紀子氏の推薦によるものであった。

　石井氏は、日外アソシエーツの取締役からの転出者で、私のビジネス仲間で旧知だった。短大学科の一つに日本語コミュニケーション学科があって、そこで情報系の専門家を公募しており、東工大の原子力工学科を定年退職する予定の教授など数人が応募していた。

　この学科の前身は国文科であった。当時短大は、大学と専門学校からの挟撃 (きょうげき)、何より社会の大きな変化により、ピーク時 50 万人あった入学者が 4 分の 1 以下に激減するという凋落 (ちょうらく) 傾向にあった。中でも短大教育の花形であった国文系への入学志願者は、全体では 10 万人の志願者のうち、わずか 2000 名足らず

しかいないのが現況であった。

　実践女子短大でも50年続いた国文科を改め、「日本語コミュニケーション学科」に科名変更を行い対応していた。科名変更に際して、コンピュータ・情報系などの実学系科目も加えたが、基本的には国文科の授業が踏襲されていたと思われる。2000年度の学生募集の結果は、定員161名に対し入学者81名に半減するという極めて厳しい状態となってしまった。学園としても、短大のドル箱であった伝統ある国文科の立て直しを図るため、情報系の教員の増員に踏み切ったのであろう。

　私は採用され学科の一員となって、担当する科目の授業の準備に追われた。しかし、100名に減らされていたものの、どのようにして定員を確保するかが学科にとって喫緊の重要課題であった。私は、就職直前までビジネスコンサルタントをしていたこともあり、このまま入学者が減り学科が廃止になったら沽券（こけん）に関わると、深刻に思っていた。

　なぜ短大に学生が入学しなくなったのか、そもそも短期大学は社会にとってどのような役割を持つものなのかも考えてみた。

　所属した学科は、教養教育は申し分なかったが、短大のもう一つの大事な特性である、2年という短期に社会で通用する実務能力の育成教育に欠けていた。

　そこで、私は教養修得をベースにおいて、学科にビジネス・情報・出版の三つのコース制を設けることを提案した。私のコース制のイメージは、学科入学者全員がコンピュータ技術とビジネス能力に関する資格取得ができ、かつコース独自の専門性の高い資格にも挑戦できるというものであった。

　私は自ら行動し、出版は日本エディタースクールとの間で専門講師の派遣と教材提供の交渉をまとめ、情報については情報科学技術協会の研究仲間に声をかけて講師陣を整えることができた。ビジネスコースの方は、言語の専任教員がいたので言葉とコミュニケーション能力をベースとした講座が用意された。当時、短大部長には学科所属の教授が就任していたこともあって、短大内での議論もスムースにいき、学科を三コース制にすることができた。

　学科の教育理念と方針、各コースの教育内容を鮮明に説明したカラー刷りのパンフを首都圏中心とした全国約1,000の高校の進路指導担当の教諭にDMを行った。

　年に何度かのオープンキャンパスでも学科のPRに努めた結果、2001年度の入学者は定員100名に減らされていたものの、定員オーバーを果たすこと

ができた。その後も毎年定員オーバーが続いた。後に調べてみたところ、文部省の高等教育に関する規定には、学部・学科のコースには専任教員を置くこととあった。私は、各コースの基礎となる概論的な科目を受け持っていたので、期せずしてこの規定は守られていたのではないか思っている。

　後の昭和大学との大学間の相互評価では、この学科改革の評価は高かった。また、定員割れを起こした短大の国文系学科が定員オーバーに回復するのは奇跡的ともいわれた。この学科がコース制を敷くに至った経緯、それぞれのコースの教育内容についての詳細は、学科誌「歌子」第12号（2004年）の「文学教育の新たな展開―実践女子短期大学のケース」で報告されている。出版専門の学科なり専門コースを持つ大学は稀で、出版学会でも話題になった。私は折に触れ、学会の研究会で報告を行い会誌にも投稿し、実情と授業内容を報告した。また、実践の校舎で学会の春季研究発表会を開催するなどアピールした。この学会では、出版編集コースの学生たちが会の運営に協力し、会は成功裏に終えることができた。このコースの授業内容は全講座名、学生の授業理解度・満足度などを含め、2006年秋に出版学会と共催された東京経済大学コミュニケーション学部10周年記念シンポジウムでも発表した。「大学における出版編集教育―実践女子短期大学のケース―」として、シンポジウムの予稿集に詳細が記載されている（**本書の第5章参照**）。

　ビジネス時代に大学や企業、図書館関係者に対して多くの講義・講演を行う機会も多く、大学に身を置いてみるのもいいかと思ったこともあった。実践でその念願もかない、短大生活は有意義で充実していた。定年退職後にも、同じ市内に住む当時の学長だった飯塚幸子先生とは顔を合わせる機会があり、ご厚誼を頂いている。先生は、大学・短期大学改革委員会などの座長を務められており、委員会でご一緒させていただく機会が多かった。委員会ではいつもシャープで建設的な意見を述べられ、学長として出色だった。同先生は、後援会などからの強い要望があって、実践初の同学出身で学長になった。また、初の女性学長でもあった。いまは、かみさん共々お付き合いいただいているが、晩年になってほんとに尊敬できる方と交流できる幸せを感じている。

　また、退職後10年以上たったが、教え子が結婚の報告に訪れたり、誕生した子供共ども会いに来てくれたりするのも嬉しい。

第3節

情報学とはなにか

(初出誌：実践女子短期大学「歌子」第9号　2001年3月)

　実践女子短期大学の伝統ある国文学科は、2000年（平成12年）4月から「日本語」を基盤として「文学」「文化」「ことば」「情報」を学ぶ学科に改編された。

　「文化」「ことば」はともかくとして、なぜここに「情報」を加えたのかが理解し難いと思われる。

　本稿では、日本語コミュニケーション学科という新学科の中での情報の位置づけを考えてみたい。そこでまず情報とは、情報学とは、何かから入りたい。

1.1　情報とは何か

　情報の定義はさまざまで、定説的なものはないとされている。曰く、三省堂字林21「ある特定の目的について、適切な判断を下したり、行動の意志決定をするために役立つ資料や知識」。さらに学者達の情報の定義の主なものには次のようなものがある。

　＊「環境からの刺激」（コミュニケーション学者　加藤秀俊）

　＊「人間と人間とのあいだで伝達されるいっさいの記号の系列」（文化人類学者　梅棹忠夫）

　＊「（微少のエネルギーで）複製可能であり、かつ、複製されたのちもなお元と同一の状態を保つようなものについて、その複製された内容」（経済学者　野口悠紀雄）

　＊「不確実性を減少させるもの」（数学者　C.Eシャノン）

＊「すべての知識が情報であるとは言えないが、通常の意味で、すべての情報は知識である」（経済学者　フリッツマッハルプ）

＊「我々が外界に適応しようと行動し、またその調節行動の結果を外界から感知するさいに、我々が外界と交換するものの内容」（数学者・電気工学者　N. ウィーナー）

＊「データに意味と目的を付加したものが、情報である。したがって、データを情報に転換するためには、知識が不可欠である」（経営学者・未来学者　ドラッカー）

＊「対象となる発生源を見たり、聞いたり、理解することにより発生するもの」（電気情報通信学会）

1.2　情報学とは何か

　情報の定義の一端を示してみたが、それでは情報学とは何かを定義から探ってみる。

　まず、岩波情報科学辞典によれば、次のように解説されている。

　情報学とは「情報の発生、収集、組織化、蓄積、検索、理解、伝達、活用などにかかわる本質性質を究明し、かつそこで明らかにされた事項の社会的適応可能性を追求する学問。情報科学が情報の持つ論理的数学的な構造、アルゴリズムなどを研究対象とする学問であるのに対し、情報学は性質のちがった大量の情報をどのように扱うかに重きを置く。」

　「コンピュータによる情報処理技術によって、情報学は急速に発展し、発生情報の収集、組織化、蓄積、伝達などが自動化されてきている。組織化された情報の活用では情報検索技術が中心となる。言葉を媒介として伝えられる情報の内容は概念の結合によってとらえられるので、基本概念ならびに複合概念にどのような言葉を与えるか、また言葉はこれらの概念の形成にどのような影響をあたえるかを研究する用語学も情報学の重要な分野である。文字で表現される情報だけでなく、音、図形、画像、映像など種々の情報が情報科学的に取扱われるようになってきて、情報学と情報科学との関係は密接になりつつある」

さらに幾つかの定義を例示すると、以下のようになる。

＊「社会における情報交換(communication of information)に関する研究」
　　情報学者　B.C. ヴィカリー

＊「情報の本質に関する理論や知識を体系化すること、さらにその応用と
　　して思考活動の質と効率の向上を図ること」、つまり「情報とは何か」、
　　「情報をどう使うか」を追求する学問」(「情報学とその課題」、情報処理、
　　vol,36No.10』)

＊「学術情報に代表される情報流通過程を研究対象とし、特に情報の蓄積と
　　流通、利用のためのメディア、およびこれを支援する社会組織を中心に扱
　　う研究領域。図書館学とドキュメンテ―ションを基盤として、情報検索研
　　究や科学コミュニケーション研究、情報探索行動研究などを合わせて、第
　　二次大戦後に形成された」(日本図書館学会「図書館情報学用語辞典」)。

　このように情報学は、図書館情報学やコンピュータ科学分野に深く関わる学
問分野であると見てとれる。

　しかし、現在ではそれらに加えて言語学、心理学、哲学、認知科学、サイバ
ネティックス、人工知能、その他多くの情報をも研究対象とする学問分野を含
む総合的な学問分野として考えられている。

1.3　何を学ぶか

　以上のように情報および情報学が対象とする研究分野は極めて広く、深い。
情報の哲学的な解釈は、平凡社の『哲学事典』によれば、次のように考えられ
ている。

　　「情報現象は生物や機械や社会組織といった系にも認められ、ウィーナー
　　のサイバネティックスの構想いらい、情報概念は再検討され、物質、エネ
　　ルギーとならぶ位置を与えられている。すなわち、広義の物質現象に、狭
　　義の物質要素、材料の質的形態とＨネルギー形態の他に、第三の重要な
　　形態として情報が加わったのである。
　　広義の情報は、物質、エネルギー（秩序×無秩序）的次元からみた共通形
　　式性であり、時間的、空間的、定性的、定量的な一切のパターンである。

このパターンは、パターンの担い手に関わりなく、加工伝達、変換、貯蔵が可能であり、担い手としての物質、エネルギーがどんな形態をとろうとしても、量的に測定可能である。情報の量的側面はシャノンの提唱した情報理論によって解明され、そこでは、情報の質的な側面としての「意味内容」を捨象し、確率課程として処理するから、情報量が客観的に測定され、情報量を表現するために、エントロピーという語が用いられる」。

　長々と引用したのは、「情報は理性的な存在としての人間が特定目的に対して持つ知識、意味との」理解は極めて狭義でしかないことを強調したかったからである。
　ハーバード大学の今井賢一教授は、その著書『情報ネットワーク社会』（1984年の中で次のようなことを言っている。）
　　「情報という言葉は、まことに不思議な言葉である。現代社会をつかむ上でかぎとなっている概念であるにもかかわらず、人々が共通に理解している定義のようなものが固まっているわけではない。例えば、いま第一線でコンピュータ関係の仕事をしている人々であれば、情報は１と０からなる符合の系列であると考え、もっぱらそういった形式に着目することが、彼らの情報概念の特色なのである。
　　しかし、文科系の人間からみれば、情報の実質的な内容とか意的文脈を問わない情報理論には、価値を認めないであろう」。

　ここで言う「情報の実質的内容価値」は、自然科学的な広義の情報概念に対して、社会学的な情報概念と呼ばれる。
　知識やニュースなど有意味なメッセージ一般を指す。メッセージ一般は、われわれの関心を引かないものもあるが、多くの場合、われわれの関心の対象になり、意志決定に何らかの影響を及ぼすようなデータやメッセージ、知識などで「意味」を持つ。これは広義な自然科学的な情報に対し狭義の情報である。

　それでは、日本語コミュニケーション学科で学ぶ情報学とは何か。その内容は、以下の２つとなろぅ。
　（１）コンピュータリテラシー（コンピュータ活用のたの知識と技術）。

（2）広義の情報ではない、狭義の情報。

　つまり、広義の情報概念に関わる技術に基づくコンピュータなどの情報機器・データベースの「利用技術」と、狭義の情報概念に属する情報が日常生活における価値判断や意志決定にどのように関係するのかの「知識」の二つを、ここで学ぶことになる。

1.4　教育と社会

　未来学者のアルビン・トフラーは、現代を、農業革命に起因する第一の波、産業革命に起因する第二の波に次ぐ、情報革命に起因する第三の波の時代と捉えた。

　第二の波の時代を英国の 1650 年〜 1750 年と捉えているが、この時期は名誉革命などの市民革命により議会政治が確立しつつあった時期であり、ワットの蒸気機関の発明による産業革命開始の直前期であった。

　第三の波は、米国の 1955 年〜 1965 年期を指しているが、商用コンピュータが普及し始め、1964 年には IBM360 というネットワーク対応型コンピュータが開発され、本格的なネットワーク社会の前兆期であった。

　いまの時代は情報化社会と呼ばれているが、イギリスで始まった産業革命が日本にまで及んだ年数は 100 年以上を要していることを考えると、トフラーの言う第三の波の始まりから 50 年近くを経過し、現在は情報革命のまっただ中と言える。

　米国商務省は、1998 年に情報技術（IT）と電子商取引が経済全体にいかなる影響を及ぼすかの経済分析を「デジタルエコノミー」というレポートで行った。

　その中で、IT 革命を「1990 年代半ばに始まったパソコンとインターネットの融合による情報産業の大衆化」と定義している。パソコンはすでに 1980 年代には普及が始まっていてオンライン端末の機能を果たしていたが、インターネットの登場まで、ネットワーク料金は非常に高価であったので個人利用は極めて少数であった。

　「大衆化」の意味は、パソコン自体の低廉化使い勝手の改善とネットワーク使用料の低廉化により、それまではビジネス企業でしか使えなかったこれらの情報ツールが、コンシューマ個人が使えるようになったことを指している。

　また、「革命」の本質は、技術的な革新もさることながら利用の主体が組織から「個人」に移ったことにある。情報革命の意味は、「有用なものの素材としての〈物質〉、それを有用な形に変えたり、必要な場所に運んだりする〈エネルギー〉以上に、それに適切な形で手を加えたり動かしたりする情報の重要性が高まっていることを指している。

　21 世紀の未来像として、IT 情報技術革命、グローバル化、バイオサイエンス（生命科学）、ナノテクノロジー（超微細技術）、宇宙科学の進展などが挙げられているが、特徴的なことは、IT に限らずすべての分野で情報が主役であることである。

　産業革命は人間を筋肉労働から解放し、工場の生産性を著しく高めた。同様に、情報革命にあっては、人間の頭脳労働の効率化が高められつつある。情報社会は、「情報の価値」の発見が社会の変革を生みつつあるとも言われている。

　しかし、インターネット技術などによる情報革命は社会を大きく変えるとの主張に対し、果たしてそうか、近代産業社会はもともと変化していくものであり情報技術はそれを加速しているに過ぎない、との意見もある。

　現在そして近未来は、極めて変化が読みにくい時代である。そうした社会状況の中で、学生にどのような情報教育を施すべきかというテーマは易しいテーマではない。コンピュータリテラシーは、学生にとって一般教養になりつつある。

　しかし、情報については何を、どのように、どの程度理解し、知識化すれば良いのかの基準を立てるのがなかなか難しい。一つ言い得ることは、情報選別能力の涵養の大切さであろう。

　情報選別能力は、情報学を学ぶことによってのみ得られるものではない。文化的な教養がその能力の源泉であるに違いない。

　学生が、「日本文化の教養を基礎として情報の挙動を学ぶことによって、現代社会の最先端を知り社会的適応性を修得できる」といった授業が情報および情報学の内容となる。

講演記録

サーチャーの役割と重要性
―「オンライン検索の過去・現在・未来」より―

（初出誌：『情報の科学と技術』Vol.38 No.1 1998.11）

◇講演記録の収録にあたって

本稿は、1988 年 5 月 13 日に開催された「日本オンライン情報検索ユーザ会（OUG）」の第 10 回会員総会で行った「オンライン検索の過去・現在・未来」と題する特別講演の記録からの抜粋である。

『情報の科学と技術』38 巻 11 号の619 ～ 636 ページに掲載された講演記録から、サーチャーの役割の重要性に触れた個所を収録した。サーチャーとは、情報検索の専門職者のことである。

「オンライン検索の過去・現在・未来」講演記録

今日は、「10 年後のオンライン検索」という観点から、多方面にお話してきました。最後に私なりに感じている「データベースの問題点」などを少しお話ししてみたいと思います。

◇データベースの使われ方

講演レジメの最後に、「彼我の相違について」とあります。彼我と言いましても、主として日本、アメリカ、欧米との比較になると思います。

さて、このデータベースのことですが、1985 年の 4 月に、NTT が民営化しまして、日本でもオンラインサービス、日本語のデータベースサービスが、急速に始まって、いま、10 社ぐらいがサービス業をしています。

しかし、皆様もお感じになっていると思いますが、Bibliographic タイプの専門情報誌、日本の情報を取りたいという時に取れるかと言いますと、新聞情報ばかりがやたらと出回っておりまして、他の情報になりますと、ちょうど何か Chemical Information とか。科学の情報、あるいは医学の情報、工学の情報、エレクトロニクスなどの情報を取りたいといった時に、欧米人のように各分野の CA、INSPEC、MEDLINE のような優れた専門テータベースに直ちにアクセスできるという状態にありません。

理工学情報は JOIS の理工学ファイルで検索しようというのは、便宜的でしかない。欧米に比べ、質量ともに絶対的にデータベースが少ないということが言いたいわけです。

それから、利用という点から考えてみ

ますと、だいたい欧米でよく使われているデータベースは、日本でも同じように使われていますが、たとえば、日本の場合は、MEDLINE が異常にたくさん使われていると Dialog 社では言っています。

逆にはっきりしているのは、ビジネスファイル、これは例えば、PREDICASTS とか、ABI/INFOM とか、あるいは、Management Contents とか、Dun & Bradstreet が作っているデータベース Dow Jones とかのビジネス情報の利用が極端に少ない。

日本の企業情報がいっぱい入っていれば、皆様もっとお使いになるわけで、とにかく企業人の使用に耐え得るようなビジネスファイルが科学技術分野同様に欠如しているということです。

日本国内で日本のビジネスファイルのすばらしいものができれば、例えば、C&C VAN とか、HINET を通して皆様ご利用になれるのですが、新聞情報と会社の信用情報ぐらいしかない。

科学技術分野はその分野で、ビジネス分野はその分野で、欧米、特にアメリカでは質量ともに非常に充実したファイルを駆使して企業活動なり、研究開発が日常的に行われている。

一方、日本は、欧米人が作った欧米データベースを英語で読んで、情報ギャップを埋め、日本の情報(データベース)は貧困なわけですから、このギャップによるツケは、いつか廻って来るのではないかと危惧するわけです。

DIALOG のユーザの方はご存知ですが、Dialog 社から毎年1回、データベースカタログが送られて来ますが、あのカタログをずっと始めから終わりまでご覧になった方はいないと思いますが、国別で一体、日本のデータベースはあるかというと、あるわけなくて、案の定一つもありません。

さて、イギリスはどうかと数えると、INSPEC のようなものがある。オランダはどうかというと EMBASE があります。しかし、ヨーロッパ、要するにアメリカ以外を集めてみて、10 もなく、データベースの世界は完全にアメリカの独占の状態に入っています。

このことにも、重大な関心が払われなければならないでしょう。

先ほど、データベース自体は、3,700もあって、公共サービスに供されていると言いましたが、先ほどの表では BRS 以下、14 のディストリビュータがこの Bibliographic データベースの提供の中心になっていますが、1986 年の第3四半期の時点で、ここに載っているディストリビュータは、506 のデータベースをオンラインでサービスを行っています。

ですから3,700 あると言っていますが、Bibliographic タイプ、要するにみなさんがよくお使いになるようなものは、だいたい 500 ぐらいしかない。その 500 の中の恐らく、科学技術系、ビジネス系とは半々ぐらい、どちらかと言うとビジネス系の方が多いと思います。

◇サーチャーの教育の問題
二つ目の問題ですが、これは非常に大切なことでサーチャーの教育問題です。

日本では大学の情報科学教育と言いますか、図書館情報学という名前の付いて

いる大学、そういう講座を持っている大学は国立と私立一つずつしかなく、それぞれ100人ぐらいずつの人しか毎年卒業していません。

とても需要に追い付かない。特に図書館情報大学の場合は、図書館学というよりも、コンピュータ、ソフトウェアの教育が中心になっているようで、実際に図書館とか、情報管理部門に就職する人は少数派になってしまっています。

これは余談ですが、私の娘が図書館情報大学を今年（1988年）の3月に卒業しましたが、最初から、図書館などへの就職はまったく念頭になく、ソフトハウスや、計算センターみたいなところばかり会社訪問して結局、コンピュータ系のところに就職しました。情報の「情」の字、ましてや図書館の「図」の字などには全然興味がないわけです。

そういう具合ですから、非常にこれはデータベースを提供する側としても、困るわけで、情報に関係ない学部出身者の人材育成を企業内で行なわなければならなくなるわけです。

この現実は、データベース業発展の阻害要因となっています。それから、そういう情報管理、情報を必要としている企業、大学、官庁にとっても、そういう人がもっともっと採用できないと困ると思います。

その辺のところはアメリカにしてもヨーロッパにしても、いったん学科を卒業しまして、大学院のコースとしてLibrary and Information Science というものを勉強するのです。ですから、図書館情報学科を卒業した人が、制度的にそ

ういう教育体制をとっている国との差が歴然とあると思います。

特にアメリカの場合は、データベースプロデューサがなんといっても自分の身近にいますから、プロデューサ自身が、ユーザオリエンテッドなセミナーをやってくれるということが可能です。

日本ではなかなか期待できない。私どもがたまにそういうことをやろうとすると、海外から人を招いたりしますから、どうしてもセミナー料が高くなってしまい、ユーザに負担をかけてしまうことになります。

情報についての価値感、意識の問題ですが、こういう問題になってくると根が深く、考えれば考えるほどうんざりという大きな問題ということになります。

Dialog 社のニュースレターでは、いつも年の初めに社長が、前年こういうことがあって、今年はこういうことがやりたいと言う挨拶を行っていますが、去年（1987年）はこんなグチっぽい話が載っていました。

Dialog 社は「データベースサービス業を十数年やってきたけれども、もうひとつ発展しない、もっともっと普及していいのではないか」というような内容で、アメリカは相当な規模で使われているのにそれでも、そういう話を聞いて、内心、半ば安心したような記憶があります。

その時に、社長のサミット氏は、グーテンベルクの印刷術、これは15世紀の初めの発明ですが、それが確立して、「本や活字が普及するのに200年かかった、データベースはまだたった20年ではな

いか、だから普及度が低いのは当然であって、これからまだまだ拡大していくし、情報利用の重要性の認識の伝播を図らなければならない」と言っていました。

アメリカ人は、なぜもっと情報の重要性を認識してくれないのか、という苛立たしさが、にじんでいるわけです。

サミット氏の場合は、そうは言っても、オンラインサービスの世界の第一人者の物言いというゆとりがあるわけですが、日本で活動する我々にとっては、この問題はもっと深刻です。

我々、データベースにかかわっているサービス側も、プロデューサ側も、だれもが同じような意識を持って重要性というものを、アピールしていく必要があるのは、もちろんのことと思います。

前回の OUG の会報を見てみますと、なかなか OUG の会合に会社業務で出してもらえない、出にくいといった報告が寄せられています。

ですから、出やすくするためには、「半年に１回でも、OUG に出席すればこういうようなメリットがある」というレポートを出してくれ、そうすると恐らく、そういうものを上司に示して、こういうことがあるから、やっぱり出なければいけないのですと説得できるということなのだと思います。

もちろん、こういうことも大事だと思いますが、もっともっと飛躍するかも知れませんが、会社の経営者も、為政者も学会、そういう意味で、先ほどのような学会が発足したということは非常によいことだと思いますが、認識を深める必要があると思います。

産業構造審議会の中の情報部会で、1978 年の答申で、日本人は情報に対する価値意識が乏しいと指摘していました。

それでは具体的にどうすればよいか、例えば教育制度から見直すなどの具体的な勧告を出してくれないと産業界にとっては益がないわけです。

このあたりの環境が、もっともっと改善されないと、この業界自体は、決して発展しないと思います。

◇サーチャーの交流と研究

これが最後のテーマになりますが、サーチャーの問題でありますが、私が 10 年前に、市場調査に行った時、一番最初に目を付けたのが、多分、ユーザグループです。

アメリカのことだから同好者グループがいて団体を作っているのではないかということで捜しましたらありまして、あるユーザグループの 30 ページぐらいのレポートが非常に参考になりました。

要するに、ディストリビュータにいろいろ文句をつけているわけです。そういう中の一人に、もちろんユーザ会のことなども聞きまして、たまたまその人は、インフォメーションブローカの人でしたが、必ず会合には出てきます。

どういう会合に出て、なぜ出てるのかと聞きましたら、その人自身は、図書館情報学を専攻した女性ですが、私が出ているのは、Science and Technology の方のミーティングに出てますと、それは私が専門ではないからだということです。そこに出て話を聞いているだけで非常に参考になるということです。

　もちろん、インフォメーションブローカですから、どんな会合に出ても参考になるのですが、大切なのはそういう姿勢です。だれがユーザとかではなくて、誰もが Give & Take でメリットを感じて、自然発生的にユーザ会ができ会合が行われていくということです。

　教育とか研究とか、そういうグループが何かのことをやって、検証をするなど、研究目的でユーザグループがパスワードを使わなければならないことがありましょう。

　OUG が最初にできた時に、私どもは申し上げましたが、なかなか会ができても、なにか一つの研究テーマをやろうと言っても、会社のパスワードを使って無制限にはできないでしょうから、そういう時にお越しください。場所も提供しますと、そういう考え方は今も変わりませんし、たまにそのようなことがあります。

　先ほどの女性の話では、アメリカでもそういう時は、ディストリビュータに電話して、こういう目的で使うから、特別安くしてくれと言ってやっているようで、なかなか抜け目のない活動をやっています。

　それからもう一つ、ある化学系の会社の本社に行った時、何人サーチャーがいますかと聞いたら、3名いますとのことでした。なぜ、3名も必要なのかと聞いたら、もちろん、分野は分かれています。

　私は、ビジネス、私は化学、私は特許というように分れています。複数の人がいるというのは絶対に必要なんだと言います。なぜかというと、誰かが病気で休んだ時に検索ができないと困る、これが第一です。それから、重要なテーマは、別の人が同じ事を実行してアテストする必要がある。A さんがやったものを、A さんが絶対にプロフェッショナルであっても、それでいいのかと見る、つまりダブルチェックをやっている感じです。

　あなたは検索だけやっているのですかと聞いたら、そうじゃない、ほかのことも当然やっています。朝から晩まで検索の仕事があるわけではない。でも、そういうふうに、複数制でやっていますということでしたが、検索にタッチしている時間を聞いたら、相当な時間を割いていました。

　これも、その時の 10 年前の話になりますが、SDC の ORBIT サービスというのは、サンタモニカにコンピュータがありまして、そこで処理をやっていて、今の Cuadra のダイレクトリで高名な Cuadra 氏がサービスの責任者でした。

　幸いというか、彼は SDC を退職しフリーになっていたので、私は、直接、非常に興味ある話が聞けました。

　彼は、Dialog 社のサミット氏と双璧で、アメリカのオンラインビジネスを確立した人でしたので、私どもが、日本でオンラインサービスを始める直前に、データベースのことがよくわからなかったので同氏を呼んで、日経新聞社とタイアップして、講演会を開催しました。

　そのころは、データベースと言っても、何かピンときませんで、日経ホールの広い方を借りたのですが、3分の1ぐらいしか、人が来なかったいう、苦い思い出があります。

サーチャーが複数でやっているとお話したことにわけがあります。彼は、個々の企業、大学あるいは試験機関などのオンライン利用に関し、個々の企業の競争、研究者同士の開発競争では、勝敗は優秀なサーチャーに情報検索を依頼できるか否かで決まってしまうと言いました。

つまり、なんだかんだ理屈ではなくて、そういう「ベテランの素晴らしいサーチャーを持っているということは、短期的には差がないかもしれないけど、長期的に見ていった場合には必ず差がつく」ということです。

そのことは単に、企業レベルで当然そういうことが起るけれども、もっと大きく見ていった場合に、国家間でも同じことが起こるだろうと彼は言ったのです。

各国間で激しい経済戦争、技術開発競争をやっていますが、「技術・経済の面だけではなく、いろいろな面で、情報というのは、そのぐらい重要なものであり、ありとあらゆる活動の基になっていると考えなさい」ということでした。

日米間のデータベース格差というのは、こういうサーチャーの質量、経営者、為政者の認識差も勘案して考えるべきことなのです。このことは、私がデータベースサービスをやっているから言っているのではなく、そもそも情報というか、データベースというのはそういうものだということなのです。最近、いろいろな人がそのような主旨のことを発言するようになってきました。

私の課題は、今のようなことをどうやって形で示して、実際に実権といいます

か、そういう力を持っている人たちを結束させられるか。例えば、文部省の考え方を変えてもらって、欧米流の図書館情報学科みたいなものを、もっともっと増やしてもらう必要があるでしょう。

サーチャーは研究産業というか、研究業務というか、研究業務(学門)はもとより、人間の社会活動、社会行動の源泉になる情報の収集を行うプロとして、確立された社会公認の職業人であるべきです。

これは、一個人、一現場とかなんかの努力と共に、もちろん、日本データベース協会、データベース振興センターみたいな関係機関が、そういうところに関心を向け、社会にアピールしていかなければいけないことだと思います。

なかなか、難しい問題だと思いますが、ぜひOUGも、個々の会合で、即効的なメリットを追求していくことは、もちろん大切であり、ユーザクループのそれがもっとも基本だと思いますが。

一方、社会、マスコミなどを使って、実はこういうことが問題だよとアピールすることをおやりになってもいいかと思います。

私は、データベース業界の一員としてオンラインユーザグループがもっと強力になって、社会的な発言力と発言権を増すことを、業界発展のために行っていただきたいと切望する次第です。

あとがき

　本書に掲載される論文・記事・書き物などの校正原稿を読み返しながら、その時々の出来事が思い返された。私は、1961年(昭和36年)から、教員時代の8年間を除きビジネスの世界に身を置いてきた。その教員時代の8年間も、データベースサービスビジネス時代のことで書き残したことを整理し、仕上げる貴重な時間となった。

　本書には、主に、私のビジネスマン時代に生じたことが書かれている。

　顧みる時、多くの書き物、学協会や業界活動、政府機関の情報関連委員会の委員の仕事、はたまたマスコミ対応等々、これらは何のために行ってきたのか。

　一言で言うなら、それはデータベースビジネスの発展に必要なこととの強い思いがあったからであろう。そして、言わせていただくなら、恐らく時代の要請でもあったのだろう。

　サービス料金のこと、著作権関連のこと、ドキュメントデリバリーのこと、新サービスのことなどについて多く執筆し、講義や講演を行っていたが、こうした行為は、すべて、顧客・ユーザあってのことであった。

　一体なぜ、この書物に記したようなさまざまな行為・活動をすることになったのか。第6章の「周縁」にも記録があるが、そもそも紀伊國屋書店の洋書部での営業担当先に、国の中央図書館である国会図書館、科学技術情報センター、慶應大学の医学情報センターがあったことに端を発している。その担当先で情報先達的な人達に出会い、データベースサービスビジネスへ導かれた。

　諸外国のさまざまなオンライン情報サービスを導入したときも、科学分野、情報技術分野、図書館情報学分野などの多くの学者・専門家の協力・支援を受けた。提供していた情報が主として科学技術分野の学術専門情報であったこと、新たな情報サービスを行うためには情報検索・書誌情報などについての専門知識が必要であったこと、がその理由であった。

　さまざまな学術専門家の方々、なにより私と共に業務を遂行してくれた仕事仲間の皆さん、本書の編集者の下村昭夫氏、英文の校正に手を貸してくれた次女の池田麻美子に深謝して後記とする。

　2021年10月

国立の自宅書斎より　三浦　勲

索　引

◎筆者紹介

三浦 勲 （みうらいさお）
東京都立大学法経学部経済学科卒。
㈱紀伊國屋書店常務を経て、三浦事務所開設後、
実践女子短期大学教授。

日本データベース協会の設立、情報知識学会の
設立等に寄与。
㈱紀伊國屋書店時代にデータベースビジネスの
立ち上げ、ビジネスとしての成功に貢献。
また「データベース統合利用に関する調査研究」
（郵政省）の座長を務めるなど日本のデータベー
ス産業発展のために尽力。
その後実践女子短期大学日本語コミュニケー
ション学科の教授、2008年同学退職、現在に至る。

データベースサービス業の誕生と展開
© 2021 三浦 勲

2021年11月15日　　　第1版 第1刷発行

著　者：三浦 勲
発行所：出版メディアパル　〒272-0812 市川市若宮１１１
Tel&Fax：047-334-7094
e-mail：shimo@murapal.com
URL：http://www.murapal.com/

カバーデザイン：荒瀬光治　　編集：出版メディアパル　組版：高田信夫
CTP印刷・製本：平河工業社

ISBN 978-4-902251-40-1　　　Printed in Japan